編著｜植田一三
著｜上田敏子、Michy里中、田中秀樹

音声ファイルの利用方法
スマホで音声をダウンロード

無料アプリ abceed でダウンロードして音声を聴くことができます。

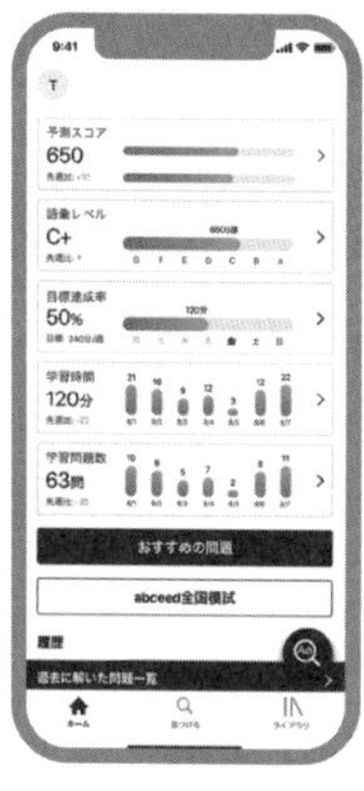

❶ ページ下の QR コードまたは URL から、無料アプリ abceed（Android / iOS 対応）をダウンロードしてください。

❷ 画面下の「見つける（虫めがねのアイコン）」タブをクリックして、本書タイトルで検索します。
表示された書影をクリックし、音声>ボタンをクリックすると、音声一覧画面へ遷移します。

❸ 再生したいトラックをタップすると音声が再生できます。また、倍速再生、区間リピートなど、学習に便利な機能がついています。

＊ アプリの詳細は www.abceed.com にてご確認ください。

以下の音声が聞けます。

Chapter 1 の 171 語、Chapter 2 の 800 語、Chapter 3 の 300 語

付録　アカデミック用語

＊ ページの右上に Track 001 などと記載されています。

＊ 音声は見出し語（英語）、意味（日本語）、用例（英語）の順に収録しています。

アプリのダウンロードはこちら

https://www.abceed.com/

abceed は株式会社 Globee の商品です。

アプリについてのお問い合わせ先

info@globeejp.com

（受付時間：平日の 10 時 -18 時）

プロローグ

グローバル化が進み、高度な実用英語力が求められる中、英検1級に合格できる英語力へのニーズが高まっています。実際、1級合格は、国公立では筑波大学、一橋大学、広島大学などの国立大学や、早稲田大学、立教大学、明治大学、獨協大学、南山大学などの私立大学で英語試験免除や、公募推薦、AOなどで有効となっています。また、アメリカ・カナダの約400の大学は、留学に必要な英語力の証明として1級を採用しています。

このように実用英語力の指標として評価が高まっている英検1級ですが、ボキャビルに関しては、一般の高校生にはハードルが高いものになっています。特に英文献を読むのに最低必要な1万語水準の語彙力が要求される語彙問題では、よくて5割ぐらいしか得点できないのが現状です。

そこで、語彙問題で高得点が取れ、英文献や英語放送も楽しめる1級必須語彙を光速で習得するための本書の特長は次の6つです。

1. 最短時間&最小エネルギーでマスターするために、**必須語彙800語&句動詞300語を厳選**し、かつ100語ごとに重要度をランキング!
2. 1級の基礎力を養うために、主に**準1級レベルの語彙の漏れをなくす厳選された約170語をマスター!**
3. 効率よく認識語彙(読解でわかる語彙)・運用語彙(使える語彙)をUPさせるために、**最も頻度の高くて覚えやすいフレーズを厳選!**

4. 言い換えが基調である読解やリスニング問題に対応できるように、収録語彙・句動詞ともに**最も意味の近い類語を厳選！**
5. 単語記憶効率を高めるために**ギャグの記憶術や単語の由来を紹介！**
6. 英語の試験対策の効率を UP させるために、**見出し語の派生語は最も頻度の高いものを採用！**

本書の制作にあたり、惜しみない努力をしてくれたアクエアリーズスタッフの上田敏子氏、田中秀樹氏、ミッチー里中氏、西宮正太朗氏と、われわれの努力の結晶である著書を愛読してくださる読者の皆さんには、心からお礼を申し上げます。それでは明日に向かって英悟の道を

Let's enjoy the process!（陽は必ず昇る）

植田一三

CONTENTS

Chapter 3

付　録

本書の特色と使い方

英語の試験対策のためには単語学習は欠かせません。しかし重要なのは、それを素早く終えること。身につけた語彙力を土台にして、リーディング、リスニング、ライティング、スピーキングの技能を総合的に伸ばしていくのが効果的です。

本書は英検1級合格に本当に必要な単語を素早くマスターするための本です。

本書の特色と学習法

1 合格に必要な単語と句動詞を厳選

本書では英検についての長年の研究成果と最近の出題傾向の分析をもとに、単なる過去問での出現頻度順にとどまらず、本当に学習すべき語彙を重要度順に学習できるようになっています。また語彙力に漏れができないように、最初に準1級レベルの最重要語を復習します。

2 サクサク何度も学習

人間の脳は何度も触れた情報を重要な情報だと判断して長期記憶に残す仕組みになっています。したがって一回の学習には時間をかけず、サクサク何周も学習するのが効果的。本書では重要度順に1グループ100個ずつ学習できるように構成されています。毎日1グループずつ学習し、一度学習したグループを数日おいて再度学習することを繰り返す学習法をお勧めします。

3 最小単位の用例で学習

単語とその意味だけを機械的に覚えたのでは本物の語彙力にはなりません。しかし1つの単語を覚えるのに例文をまるごと学習するのは非効率。本書では、最短で学習できるように、重要なコロケーションなどを含む最小単位の用例で学習できるようになっています。

4 すべての単語に覚え方がついている

語彙を自分のものにするためには自らの経験を伴うエピソード記憶として記憶するのが効果的です。本書ではすべての単語について、覚え方のヒント、語源、語呂合わせなど、その単語に適した記憶法を紹介しています。それらについて自分で考えながら学習を進めることで、語彙学習を経験化することができます。

5 アカデミック用語を押さえる

最後に1級レベルで出題される可能性のある重要な専門用語をまとめて紹介しています。これらをすべて記憶する必要はありません。サクサク3度ほど目を通しておきましょう。出題されたときに慌てずにすむようにするのが狙いです。

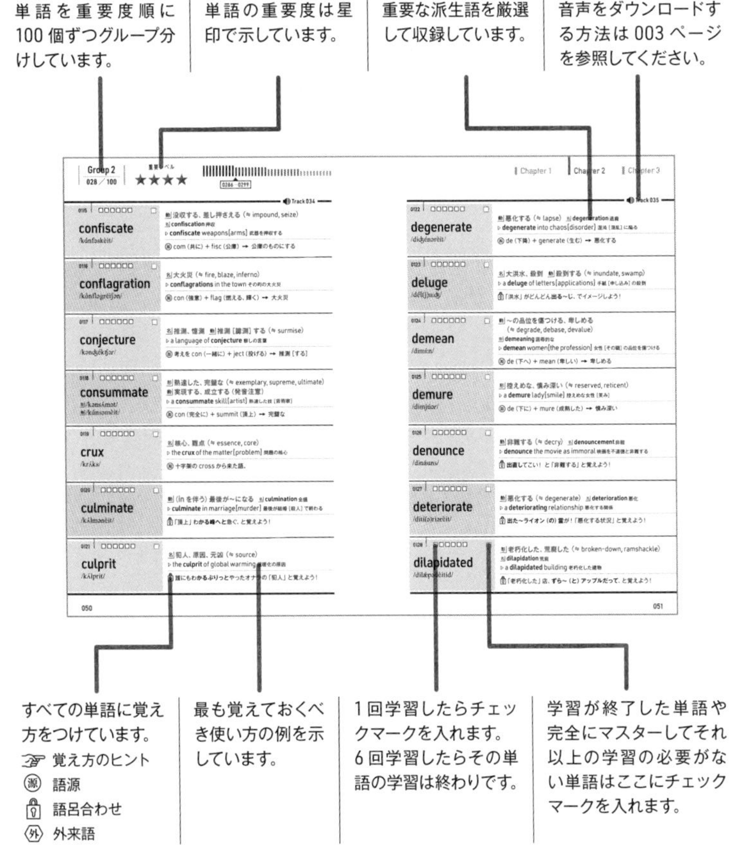

Chapter 1

準１級語彙のもれをなくす171語

Track 001

0001 □□□□□□ □
abbreviation
/əbrìːviéiʃən/

名 省略、略語 動 **abbreviate** 短縮する
▷ a list of **abbreviations** 略語の一覧

0002 □□□□□□ □
adjacent
/ədʒéisnt/

形 隣接［近接］した
▷ **adjacent** rooms[buildings] 隣接した部屋［建物］

0003 □□□□□□ □
adjourn
/əʤə́ːrn/

動 一時休止する、中断する、散会する
▷ **adjourn** the meeting[trial] 会議［裁判］を一時休止する

0004 □□□□□□ □
admonish
/ædmɑ́niʃ/

動（悪い行為を）叱責する、懸命に忠告する
▷ **admonish** the student for being late
遅刻したことで生徒を叱責する

0005 □□□□□□ □
aggravate
/ǽgrəvèit/

動 さらに悪化させる、怒らせる 名 **aggravation** 悪化
▷ **aggravate** the problem 問題を一層悪化させる

0006 □□□□□□ □
alleviate
/əlíːvièit/

動（問題・苦しみ）を軽減する、緩和する
▷ **alleviate** the problem[pain] 問題［痛み］を緩和する

0007 □□□□□□ □
allocate
/ǽləkèit/

動 割り当てる、位置を定める 名 **allocation** 割り当て
▷ **allocate** budget for the welfare 福祉に予算を割り当てる

0008 □□□□□□ □
amass
/əmǽs/

動（情報・お金を）集める、蓄積する
▷ **amass** information 情報を集める
▷ **amass** a fortune 財産を築く

0009 □□□□□□ □
amicable
/ǽmikəbl/

形 友好的な、平和的な
▷ an **amicable** settlement[agreement] 友好的な解決［同意］

0010 □□□□□□ □
apathy
/ǽpəθi/

名 無関心、無感動 形 **apathetic** 無関心な
▷ political[voter] **apathy** 政治的［投票者の］無関心

Track 002

0011 □□□□□□ □
ardent
/ɑ́:rdnt/
形 熱烈な、熱狂的な 副 ardently 熱心に、熱烈に
▷ **ardent** supporters[fans] 熱烈な支持者［ファン］

0012 □□□□□□ □
augment
/ɔ:gmént/
動 増大させる、増強する 名 augmentation 増大
▷ **augment** the income[supply of labor]
収入［労働供給］を増大させる

0013 □□□□□□ □
avert
/əvə́:rt/
動 回避する、(目を) そらす 名 aversion 回避
▷ **avert** the war [danger] 戦争［危険］を回避する

0014 □□□□□□ □
benevolent
/bənévələnt/
形 慈悲深い 名 benevolence 慈悲心、善行
▷ a **benevolent** heart[spirit] 慈悲深い心［精神］

0015 □□□□□□ □
bleak
/blí:k/
形 寒い、暗い、わびしい 名 bleakness わびしさ
▷ a **bleak** future[prospect] 暗い将来［見通し］

0016 □□□□□□ □
candid
/kǽndid/
形 率直な、遠慮のない
▷ a **candid** interview 率直なインタビュー
▷ a **candid** discussion 遠慮のない議論

0017 □□□□□□ □
captive
/kǽptiv/
形 捕われた 名 捕虜
名 captivity 捕われ 動 captivate ～を魅了する
▷ **captive** animals 捕獲動物
▷ **captive** soldiers 捕虜の兵士

0018 □□□□□□ □
complacent
/kəmpléisnt/
形 (現状に) 自己満足した、無関心な
▷ a **complacent** attitude toward the problem
問題に対する無関心な態度

0019 □□□□□□ □
composure
/kəmpóuʒər/
名 沈着、平静
▷ keep[lose] my **composure** 平静を保つ［失う］

0020 □□□□□□ □
confide
/kənfáid/
動 (秘密を) 打ち明ける、(貴重なものを) 委託する
▷ **confide** his fear to her 彼の不安を彼女に打ち明ける
▷ **confide** in my friend 友人に打ち明ける

Track 003

0021 □□□□□□ □
consecutive
/kənsékjutiv/

形 連続した
▷ **consecutive** days[wins] 連日［連勝］

0022 □□□□□□ □
cordial
/kɔ́ːrdʒəl/

形 心からの　副 **cordially** 心から
▷ **cordial** welcome 温かい歓迎
▷ **cordial** friendships 友好関係

0023 □□□□□□ □
cozy
/kóuzi/

形 居心地の良い、くつろいだ
▷ a **cozy** room[gathering] 居心地の良い部屋［集まり］

0024 □□□□□□ □
curb
/kə́ːrb/

動 制限する、抑制する　名 抑制、歩道の縁石
▷ **curb** CO_2 emissions 二酸化炭素排出を抑える

0025 □□□□□□ □
dazzle
/dǽzl/

動 （光で）目をくらませる、目を奪う、驚嘆させる
▷ be **dazzled** by the scenery [beauty]
光景［美しさ］に目を奪われる

0026 □□□□□□ □
deflection
/diflékʃən/

名 ゆがみ、偏向　動 **deflect** そらす
▷ the **deflection** of light 光の屈折

0027 □□□□□□ □
dejected
/didʒéktid/

形 落胆した、意気消沈した　名 **dejection** 落胆
▷ a **dejected** heart[expression] 落胆した気分［表情］

0028 □□□□□□ □
demote
/dimóut/

動 降格する　名 **demotion** 降格
▷ He was **demoted** from the rank of director.
彼は取締役から降格させられた。

0029 □□□□□□ □
dent
/dént/

名 へこみ、（数の）減少　動 へこませる、弱める
▷ make a **dent** in the deficit[costs] 借金［費用］を減らす

0030 □□□□□□ □
deplore
/diplɔ́ːr/

動 公に激しく非難する　形 **deplorable** 嘆かわしい
▷ **deplore** the violence[killing] 暴力［殺人］を激しく非難する

Track 004

0031 □□□□□□ □
disable
/diséibl/

動 (体) に障害を負わせる
形 **disabled** 身体障害のある 名 **disability** 身体障害
▷ be **disabled** by the accident[disease] 事故 [病気] で障害を負う

0032 □□□□□□ □
discredit
/diskrédit/

動 (証言を) 信用しない、(評判を) 落とす
▷ **discredit** his testimony 彼の証言を信用しない
▷ **discredit** his reputation 彼の評判を落とす

0033 □□□□□□ □
discretion
/diskréʃən/

名 思慮、分別、自由裁量 形 **discreet** 慎重な
▷ at your **discretion** あなたの自由裁量で

0034 □□□□□□ □
displace
/displéis/

動 移す、解任する、取り換える
▷ be **displaced** from home 家から立ち退かされる

0035 □□□□□□ □
dubious
/d(j)ú:biəs/

形 疑わしい、曖昧な 副 **dubiously** 疑わしげに
▷ **dubious** practices[motives] いかがわしい行為 [動機]

0036 □□□□□□ □
eminent
/émənənt/

形 高名な、優れた
▷ an **eminent** artist[writer] 著名な芸術家 [作家]

0037 □□□□□□ □
empathy
/émpəθi/

名 共感、感情移入 動 **empathize** 共感する
▷ emotional **empathy** 情動的共感
▷ feel great **empathy** for others 他者に大いに共感する

0038 □□□□□□ □
eradicate
/irǽdəkèit/

動 根絶させる、撲滅する 名 **eradication** 撲滅、根絶
▷ **eradicate** poverty[the disease] 貧困 [病気] を撲滅する

0039 □□□□□□ □
excavation
/èkskəvéiʃən/

名 発掘、洞穴、遺跡 動 **excavate** 発掘する
▷ an **excavation** site 発掘現場

0040 □□□□□□ □
exquisite
/ikskwízit/

形 精巧な、(感覚が) 鋭敏な、(痛みが) 激しい
▷ **exquisite** jewelry 精巧な宝石
▷ have an **exquisite** wine taste ワインに対する鋭い感覚を持つ

Track 005

0041 □□□□□□ □
feasible
/fíːzəbl/
形 実行可能な 名 **feasibility** 実行可能性
▷ a **feasible** plan[approach] 実行可能な計画［手法］

0042 □□□□□□ □
feeble
/fíːbl/
形 弱い、乏しい
▷ **feeble** voices[efforts] 弱い声［乏しい努力］

0043 □□□□□□ □
foe
/fóu/
名 敵、敵対者
▷ political friends and **foes** 政友と政敵

0044 □□□□□□ □
fraud
/frɔ́ːd/
名 詐欺、ペテン師
▷ a tax[insurance] **fraud** 税金［保険金］詐欺

0045 □□□□□□ □
frivolous
/frívələs/
形 （分別がなく）軽薄な、ふざけた 名 **frivolity** 軽薄
▷ **frivolous** lawsuits[claims] ふざけた裁判［主張］

0046 □□□□□□ □
gratifying
/grǽtəfàiiŋ/
形 満足な、喜ばしい 動 **gratify** 満足させる
▷ a **gratifying** experience[result] 満足な経験［結果］

0047 □□□□□□ □
gratuity
/grət(j)úːəti/
名 心付け、チップ 形 **gratuitous** 根拠のない、無料の
▷ give[receive] a **gratuity** 心付けをやる［受ける］

0048 □□□□□□ □
graze
/gréiz/
動 放牧する、擦(す)れる 名 かすり傷
▷ **graze** on the grass 草原で草を食べる

0049 □□□□□□ □
grim
/grím/
形 厳しい、気がめいる、（表情が）険しい、不気味な
▷ a **grim** reality[expression] 厳しい現実［表情］

0050 □□□□□□ □
grudge
/grʌ́ʤ/
名 恨み、遺恨 動 惜しむ、ねたむ
▷ have[harbor] a **grudge** 恨みを抱く

Track 006

0051 □□□□□□ □
harness
/hɑ́ːrnis/

動 利用する、馬具を装着する 名 馬具
▷ **harnesses** the energy[power] of the sun
太陽のエネルギー [パワー] を利用する

0052 □□□□□□ □
haven
/héivən/

名 安全な場所、避難所
▷ a tax **haven** 租税回避地
▷ a safe **haven** 安全な避難場所

0053 □□□□□□ □
hectic
/héktik/

形 (目まぐるしく) 非常に忙しい、慌しい
▷ a **hectic** schedule[lifestyle] 慌しい予定 [ライフスタイル]

0054 □□□□□□ □
herald
/hérəld/

動 先触れを示す、歓迎する 名 先触れ、伝令官
▷ **herald** the arrival[start, end] of spring
春の到来 [始まり、終わり] を告げる

0055 □□□□□□ □
hypocrite
/hípəkrit/

名 偽善者 形 **hypocritical** 偽善的な
▷ Politicians are sometimes considered **hypocrites**.
政治家は時には偽善者とみなされる。

0056 □□□□□□ □
immunize
/ímjunàiz/

動 予防注射を打つ、免疫を与える
▷ **immunize** people against a disease[virus]
ある病気 [ウイルス] に対する予防接種をする

0057 □□□□□□ □
imperative
/impérətiv/

形 必要不可欠の 名 必須 [緊急] 事項、義務
▷ It is **imperative** that complaints be handled properly.
苦情は適切に処理することが必要不可欠である。
▷ a moral[ethical] **imperative** 道徳 [倫理] 的義務

0058 □□□□□□ □
impersonate
/impə́ːrs(ə)nèit/

動 物まねする、まねる 名 **impersonation** 演技
▷ **impersonate** the actor 俳優の物まねをする

0059 □□□□□□ □
implication
/ìmplikéiʃən/

名 将来予想される影響 [結果]、(悪事の) 関与、暗示
動 **implicate** (悪事・有害なものに) 関連する
▷ the social **implications** of AI technology AI技術の社会的影響

0060 □□□□□□ □
implicit
/implísit/

形 暗黙の、絶対的な 副 **implicitly** 暗黙的に
▷ **implicit** agreements[rules] between two countries
二国間の暗黙の同意 [ルール]

Track 007

0061 □□□□□□ □
incessant
/insésnt/

形 （不快で）絶え間ない 副 incessantly 絶え間なく
▷ (an) **incessant** rain[noise] 絶え間ない雨［騒音］

0062 □□□□□□ □
indebted
/indétid/

形 恩義がある、負債がある
▷ heavily **indebted** countries 重負債国
▷ be morally **indebted** to him 彼に恩義がある

0063 □□□□□□ □
indignant
/indígnənt/

形 （不当扱いに）憤慨した 副 indignantly 憤って
▷ **indignant** protests[voices] 憤慨した抗議［声］

0064 □□□□□□ □
induce
/ind(j)úːs/

動 説得して～させる［し向ける］、誘発する
▷ **induce** sleep[allergy, labour] 睡眠［アレルギー、分娩］を誘発する

0065 □□□□□□ □
inflict
/inflíkt/

動 （不快なもの・痛みなどを）与える、負わせる
▷ **inflict** damage[pain] on him 彼に害［苦痛］を与える

0066 □□□□□□ □
influx
/ínflʌks/

名 （突然の）流入、殺到
▷ an **influx** of immigrants[refugees] 移民［難民］の流入

0067 □□□□□□ □
innate
/inéit/

形 先天的な、生来の
▷ have an **innate** ability to learn language [sense of art]
生来の言語学習能力［アートセンス］がある

0068 □□□□□□ □
innumerable
/in(j)úːm(ə)rəbl/

形 （数え切れないほど）非常に多くの
▷ (an) **innumerable** number[examples]of successes
非常に多くの成功数［例］

0069 □□□□□□ □
inquiry
/inkwái(ə)ri/

名 問い合わせ、調査 動 inquire 尋ねる、調査する
▷ launch a judicial **inquiry** 法的調査を行う

0070 □□□□□□ □
instrumental
/ìnstrəméntl/

形 役に立つ、楽器の、計器の
▷ Smartphones are **instrumental** in communication.
スマホはコミュニケーションに役立つ。

Track 008

0071 □□□□□□ □
intervene
/ìntərvíːn/

動 介在する、介入する 名 **intervention** 介入
▷ **intervene** in a dispute 紛争に介入する

0072 □□□□□□ □
intriguing
/intríːgiŋ/

形 興味をそそる、面白い 名 動 **intrigue** 陰謀、好奇心をそそる
▷ **intriguing** stories[questions] 興味をそそる話［質問］

0073 □□□□□□ □
intrinsic
/intrínsik/

形 本来備わっている 副 **intrinsically** 本質的に
▷ the **intrinsic** value of gold 金の本質的な価値

0074 □□□□□□ □
lament
/ləmént/

動 （悲しみ・いら立ち・失望で）嘆く
▷ **lament** the death[loss, absence] of the leader
リーダーの死［喪失、不在］を嘆く

0075 □□□□□□ □
lavish
/lǽviʃ/

形 ぜいたくな、物惜しみしない 動 気前よく与える
▷ **lavish** lifestyles ぜいたくなライフスタイル
▷ **lavish** praise on her 彼女への惜しみない賞賛

0076 □□□□□□ □
legacy
/légəsi/

名 遺産、遺物
▷ the **legacy** of the past[imperialism] 過去［帝国主義］の遺産

0077 □□□□□□ □
litter
/lítər/

動 （大量に乱雑に）散らかす 名 ごみ
▷ The desk is **littered** with papers. 机は書類で散らかっている。

0078 □□□□□□ □
lofty
/lɔ́ːfti/

形 そびえ立つ、高尚な 名 **loftiness** 高潔さ
▷ a **lofty** mountain そびえ立つ山
▷ a **lofty** goal 高尚な目標

0079 □□□□□□ □
majestic
/mədʒéstik/

形 雄大な、堂々とした 副 **majestically** 雄大に
▷ **majestic** scenery[mountains] 雄大な景色［山］

0600 □□□□□□ □
mediate
/míːdièit/

動 調停する、仲裁する 名 **madiation** 仲裁
▷ **mediate** a conflict 争いを仲裁する
▷ **mediate** between the company and the union
会社と労働組合を仲裁する

Track 009

0081 □□□□□□ □
mediocre
/mìːdióukər/

形 （平均・平均以下で）平凡な、月並みな
▷ a **mediocre** performance[quality] 平凡な成績［質］

0082 □□□□□□ □
memoir
/mémwɑːr/

名 回想録、（memoirs で）自叙伝
▷ write[publish] a **memoir** 回想録を執筆［出版］する

0083 □□□□□□ □
milestone
/máilstoun/

名 画期的出来事［事件］、節目
▷ The invention of cars is a **milestone** in human history.
車の発明は、人類史上画期的な出来事である。

0084 □□□□□□ □
morale
/mərǽl/

名 士気、意欲、やる気
▷ boost the **morale** of employees 従業員の士気を高める

0085 □□□□□□ □
nuisance
/n(j)úːsns/

名 （継続中の）迷惑行為、厄介なもの
▷ **nuisance** calls[e-mails] 迷惑電話［メール］

0086 □□□□□□ □
oblivious
/əblíviəs/

形 （周囲の状況に）気づかない　名 **oblivion** 忘却
▷ be **oblivious** to other's feelings[the fact]
他人の感情［事実］に気づかない

0087 □□□□□□ □
obsolete
/àbsəlíːt/

形 時代遅れの　動 時代遅れにする、廃れさせる
▷ **obsolete** weapons[equipment] 時代遅れの兵器［設備］

0088 □□□□□□ □
offset
動 /ɔ̀(ː)fsét/ 名 /ɔ́(ː)fsèt/

動 相殺する、埋め合わせる　名 相殺するもの
▷ **offset** the losses against the gains 損失を利益で相殺する

0089 □□□□□□ □
ominous
/ámənəs/

形 不吉な、驚異的に悪いことが起こりそうな
▷ **ominous** signs 不吉な兆候
▷ **ominous** threats against opponents
敵対者に悪感を感じさせる脅し

0090 □□□□□□ □
outburst
/áutbəːrst/

名 （突発的な）噴出［爆発］
▷ an **outburst** of emotion[violence, energy]
感情［暴力、エネルギー］の爆発［噴出］

Track 010

0091 □□□□□□□ □
outskirts
/áutskə:rts/

名 町外れ、郊外、周辺
▷ on the **outskirts** of the town 町の郊外で

0092 □□□□□□□ □
overcast
/óuvərkæ̀st/

形 雲に覆われた、どんよりした
▷ an **overcast** sky[weather] 曇った空［どんよりした天気］

0093 □□□□□□□ □
overflow
動/òuvərflóu/ 名/óuvərflou/

動 氾濫する、あふれる 名 氾濫、過剰、流出
▷ The river has **overflowed** the bank. 川が土手から溢れ出た。
▷ Her heart is **overflowing** with gratitude[joy].
彼女の心は感謝［喜び］に満ち溢れている。

0094 □□□□□□□ □
overthrow
動/òuvərθróu/ 名/óuvərθrou/

動 ひっくり返す、転覆させる 名 打倒、転覆
▷ **overthrow** the government[dictator] 政府［独裁者］を倒す

0095 □□□□□□□ □
paranoid
/pǽrənɔ̀id/

形 被害妄想的な、偏執症の 名 **paranoia** 偏執症
▷ a **paranoid** personality disorder 妄想性人格障害

0096 □□□□□□□ □
peddle
/pédl/

動 行商［密売］する、広める 名 **peddler** 行商人
▷ **peddle** goods[drugs] 商品を行商する、薬を密売する
▷ **peddle** fake news 偽情報を広める

0097 □□□□□□□ □
pending
/péndiŋ/

形 未決定の、審理中の、差し迫った 前 ～まで
▷ a **pending** trial 係争中の裁判
▷ a **pending** issue 懸案事項

0098 □□□□□□□ □
perseverance
/pə̀:rsəví(ə)rəns/

名 忍耐、粘り強さ 動 **persevere** 根気よくやり抜く
▷ The job requires **perseverance**. 仕事には忍耐が必要。

0099 □□□□□□□ □
plausible
/plɔ́:zəbl/

形 もっともらしい
▷ **plausible** explanations[stories] もっともらしい説明［話］

0100 □□□□□□□ □
poach
/póutʃ/

動 密猟する、（人材を）引き抜く、（アイデアを）盗む
▷ **poach** deer 鹿を密猟する
▷ **poach** an employee 従業員を引き抜く

Track 011

0101 □□□□□□ □
predator
/prédətər/

名 捕食［肉食］動物 形 predatory 捕食性の、肉食の
▷ Lions are **predators** of herbivorous animals.
ライオンは草食動物の捕食者である。

0102 □□□□□□ □
presumably
/prizú:məbli/

副 おそらく、推定では 形 presumable 推定できる
▷ The politician is **presumably** involved in the crime.
その政治家はおそらく犯罪に関与している。

0103 □□□□□□ □
prosecute
/prásikjù:t/

動 起訴する、告訴する 名 prosecution 起訴、告訴
▷ **prosecute** a defendant for murder 被告人を殺人で起訴する

0104 □□□□□□ □
prudent
/prú:dnt/

形 慎重な、賢明な 名 prudence 慎重さ、賢明さ
▷ **prudent** management[advice] 賢明な経営［助言］

0105 □□□□□□ □
publicity
/pʌblísəti/

名 広報、宣伝、注目、評判
▷ receive positive[negative] **publicity**
肯定的［否定的］な評判を受ける

0106 □□□□□□ □
quaint
/kwéint/

形 古風な趣のある、風変わりで興味深い
▷ **quaint** customs[traditions] 古く趣のある習慣［伝統］

0107 □□□□□□ □
rash
/rǽʃ/

形 （非常に早くて）軽率な 名 発疹（ほっしん）
▷ make a **rash** decision[promise] 軽率な決定［約束］をする

0108 □□□□□□ □
receptive
/riséptiv/

形 （意見・提案に）物分りの良い、包容力のある
▷ a **receptive** audience 受けの良い観客

0109 □□□□□□ □
reciprocal
/risíprəkəl/

形 お互いの、返礼の 動 reciprocate 報いる
▷ a **reciprocal** relationship[agreement] 相互関係［条約］

0110 □□□□□□ □
redundant
/ridʌ́ndənt/

形 不必要な、余分の 名 redundancy 余分、過剰
▷ **redundant** workers 余剰労働者
▷ **redundant** sentences 冗長な文章

Track 012

0111 □□□□□□ □
reiterate
/riːítərèit/

動 繰り返して言う 名 reiteration 繰り返し
▷ **reiterate** my point[support, position]
要点[支持、立場]を繰り返して言う

0112 □□□□□□ □
relic
/rélik/

名 遺物、名残、慣習、記念品
▷ **relics** of the war[past] 戦争[過去]の遺物

0113 □□□□□□ □
remnant
/rémnənt/

名 (後に残ったわずかの)残骸、名残、面影
▷ the **remnants** of the star 星の残骸
▷ the **remnants** of the castle 城の面影

0114 □□□□□□ □
remodel
/rìːmɑ́d(ə)l/

動 (建物などの外観や構造を)改装する
▷ **remodel** an old building 古いビルを改装する

0115 □□□□□□ □
renovate
/rénəvèit/

動 修復[革新]する 名 renovation 修復、革新
▷ **renovate** a living room リビングルームを改装する

0116 □□□□□□ □
repeal
/ripíːl/

動 (公に)廃止する、無効にする 名 取り消し、廃止
▷ **repeal** the law[act] 法律[法令]を廃止にする

0117 □□□□□□ □
repel
/ripél/

動 撃退する、(水などを)はじく 名 repellant 防虫剤
▷ **repel** attacks[insects] 攻撃[虫]を撃退する
▷ **repel** water 水をはじく

0118 □□□□□□ □
responsive
/rispɑ́nsiv/

形 (適切に)素早く反応する 動 respond 反応する
▷ be **responsive** to the society's needs[change]
社会の必要性[変化]に素早く対応する

0119 □□□□□□ □
retrieve
/ritríːv/

動 回収する、回復する、検索する 名 retrieval 回収
▷ **retrieve** the password パスワードを回復する
▷ **retrieve** information 情報を取り出す

0120 □□□□□□ □
rigorous
/rígərəs/

形 (徹底的に)厳しい、厳密な 副 rigorously 厳密に
▷ **rigorous** testing [standards] 厳しい検査[基準]

Track 013

0121 □□□□□□ □
roam
/róum/
動 （あてもなく）ぶらつく、歩き回る、放浪する
▷ **roam** (around) the streets[desert] 通り［砂漠］を歩き回る

0122 □□□□□□ □
robust
/roubʌ́st/
形 たくましい、健全な、丈夫な、断固とした、濃厚な
▷ **robust** growth[economy] 健全な成長［経済］
▷ **robust** flavors 濃厚な味わい

0123 □□□□□□ □
scrutinize
/skrú:t(ə)nàiz/
動 綿密に調べる　名 scrutiny 精密な調査
▷ **scrutinize** the data[document] データ［書類］を精査する

0124 □□□□□□ □
secluded
/siklú:did/
形 辺ぴな、隠遁した　名 seclusion 隔離
▷ be **secluded** from the world 世界から隔離された

0125 □□□□□□ □
sequel
/sí:kwəl/
名 続編、続き
▷ a **sequel** to the novel[film] 小説［映画］の続編

0126 □□□□□□ □
setback
/sétbæk/
名 障害、挫折、後退
▷ suffer a political **setback** 政治的後退に陥る

0127 □□□□□□ □
shabby
/ʃǽbi/
形 みすぼらしい、（態度が）卑しい、卑劣な
▷ **shabby** clothes みすぼらしい服装
▷ the **shabby** treatment of workers 労働者のひどい待遇

0128 □□□□□□ □
shudder
/ʃʌ́dər/
動 （恐怖・寒さで）震える　名 身震い、激しい揺れ
▷ **shudder** with fear[cold] 恐怖［寒さ］で震える

0129 □□□□□□ □
sizzle
/sízl/
動 非常に暑い、（肉を）ジュージュー焼く
▷ a **sizzling** summer 非常に暑い夏
▷ a **sizzling** steak ジュージュー焼けるステーキ

0130 □□□□□□ □
slash
/slǽʃ/
動 （激しく）切り付ける、（数量を）大幅に減らす
▷ **slash** the costs [prices, budget]
コスト［価格、予算］を大幅に減らす

Track 014

0131 □□□□□□ □
sloppy
/slάpi/
形 (注意や秩序がなく) だらしない、(服が) ゆるい
▷ **sloppy** management だらしのない経営
▷ **sloppy** clothes ゆったりした服装

0132 □□□□□□ □
sluggish
/slʌ́giʃ/
形 動きが遅い、不活発な 名 sluggishness 不活発
▷ a **sluggish** economy[market] 不活性な経済 [市場]

0133 □□□□□□ □
sparse
/spɑːrs/
形 わずかな 副 sparsely わずかに
▷ a **sparse** population わずかな人口
▷ **sparse** hairs わずかな毛

0134 □□□□□□ □
speculative
/spékjulətiv/
形 推測の、投機的な 名 speculation 推測、投機
▷ a **speculative** theory 推論
▷ a **speculative** investment 投機的投資

0135 □□□□□□ □
staggering
/stǽgəriŋ/
形 驚異的な、よろめく 動 stagger 仰天させる
▷ a **staggering** success[beauty] 目を見張るような成功 [美人]

0136 □□□□□□ □
stale
/stéil/
形 新鮮でない、つまらない、(考え方が) 古い
▷ **stale** food[air] 新鮮でない食べ物 [空気]
▷ **stale** jokes つまらない冗談

0137 □□□□□□ □
stern
/stə́ːrn/
形 厳格な、断固とした 名 船尾、後部
▷ **stern** measures 断固とした手段
▷ a **stern** face 険しい顔付き

0138 □□□□□□ □
stoop
/stúːp/
動 身をかがめる、(悪事に) 身を落とす 名 前かがみ
▷ **stoop** down to pat a dog 犬をなでるためにかがむ
▷ **stoop** to cheating 人をだますことに身を落とす

0139 □□□□□□ □
stray
/stréi/
動 それる、はぐれる 形 はぐれた 名 野良犬 [猫]
▷ **stray** from the path[group] 道 [集団] からそれる

0140 □□□□□□ □
strenuous
/strénjuəs/
形 精力的な、骨の折れる 副 strenuously 精力的に
▷ **strenuous** efforts[exercise] 精力的な努力 [運動]

Track 015

0141 □□□□□□ □
stuffy
/stʌ́fi/
形 風通しの悪い、鼻が詰まった、融通のきかない
▷ a **stuffy** room[nose] 息苦しい部屋、詰まった鼻
▷ a **stuffy** culture 融通のきかない文化

0142 □□□□□□ □
substantial
/səbstǽnʃəl/
形 実質的な、相当な 動 **substantiate** 実証する
▷ a **substantial** agreement 実質的な合意
▷ a **substantial** amount 相当な量

0143 □□□□□□ □
summon
/sʌ́mən/
動 招集する、奮い起こす
▷ **summon** members メンバーを招集する
▷ **summon** (up) the strength 力を奮い起こす

0144 □□□□□□ □
suppress
/səprés/
動 抑圧する、もみ消す
▷ **suppress** the riot[rebellion] 暴動［反乱］を鎮圧する

0145 □□□□□□ □
susceptible
/səséptəbl/
形 影響を受けやすい、多感な 名 **susceptibility** 多感
▷ be **susceptible** to damage 被害に遭いやすい
▷ be **susceptible** to the diseases 病気にかかりやすい

0146 □□□□□□ □
swamp
/swámp/
動 （仕事などで）圧倒する、殺到する 名 沼地、低湿地
▷ be **swamped** with work 仕事に追われる
▷ be **swamped** with calls[tourists] 電話［観光客］が殺到する

0147 □□□□□□ □
swarm
/swɔ́ːrm/
名 群れ、大群 動 群れで移動する、一杯になる
▷ a **swarm** of insects[tourists] 虫［観光客］の群れ

0148 □□□□□□ □
synchronize
/síŋkrənàiz/
動 同調させる 名 **synchronization** 同期化、同調
▷ **synchronize** sound with animation
音を動画と同調［シンクロ］させる

0149 □□□□□□ □
treacherous
/trétʃərəs/
形 不誠実な、不安定な、危険な
▷ a **treacherous** plot 裏切りの策略
▷ **treacherous** mountain roads 危険な山道

0150 □□□□□□ □
tenacious
/tənéiʃəs/
形 粘り強い 名 **tenaciousness** 粘り強さ
▷ **tenacious** efforts [resistance, opposition]
粘り強い努力［抵抗、反対］

Track 016

0151 □□□□□□ □
testament
/téstəmənt/
名 証、証拠、遺言、(キリスト教の) 聖書
▷ This success is a **testament** to our efforts.
その成功は我々の努力の証である。

0152 □□□□□□ □
texture
/tékstʃər/
名 (材質の) 質感、触感、(食べ物の) 食感
▷ the smooth **texture** of silk 絹の滑らかな触感
▷ the smooth **texture** of desserts デザートの滑らかな食感

0153 □□□□□□ □
toll
/tóul/
名 犠牲者、通行料金 動 (死者に) 鐘を鳴らして送る
▷ The disaster took a heavy **toll**. 災害で多数の犠牲者が出た。

0154 □□□□□□ □
torment
動 /tɔːrmént/ 名 /tɔ́ːrment/
動 いじめる、苦しめる 名 苦痛、苦悩
▷ be **tormented** by guilt[regret] 罪悪感 [後悔] に悩まされる

0155 □□□□□□ □
touchy
/tʌ́tʃi/
形 (簡単に怒らせる恐れがあり) 敏感な、厄介な
▷ a **touchy** issue [subject] 敏感な問題 [話題]

0156 □□□□□□ □
transient
/trǽnziənt/
形 つかの間の、はかない 名 **transience** はかなさ
▷ **transient** happiness はかない幸せ
▷ a **transient** life はかない命

0157 □□□□□□ □
trifling
/tráifliŋ/
形 取るに足らない、ささいな
▷ a **trifling** matter[sum] 取るに足らない事 [額]

0158 □□□□□□ □
unearth
/ʌnə́ːrθ/
動 発掘する、暴く
▷ **unearth** objects 物を発掘する
▷ **unearth** the truth 真実を暴く

0159 □□□□□□ □
unfold
/ʌ̀nfóuld/
動 展開する、広げる
▷ The story **unfolds**. 話が展開する。
▷ **unfold** a map 地図を広げる

0160 □□□□□□ □
unveil
/ʌnvéil/
動 正体を明かす、明らかにする
▷ **unveil** the mystery 謎を解明する
▷ **unveil** the plan 計画を明らかにする

Track 017

0161 □□□□□□□ □

uphold
/ʌphóuld/

動 支持する、守る
▷ **uphold** the law 法を遵守する
▷ **uphold** the decision 決定を支持する

0162 □□□□□□□ □

uplifting
/ʌplíftiŋ/

形 気分を高揚させる、励みになる
動 名 **uplift** 高揚（させる）、上昇（させる）
▷ an **uplifting** music[story, experience]
気分を高揚させる音楽［話、体験］

0163 □□□□□□□ □

verge
/vɔ́ːrʤ/

名 ふち、瀬戸際 動 直前である、傾く
▷ on the **verge** of tears 今にも泣きそうで

0164 □□□□□□□ □

viable
/váiəbl/

形 実行可能な、成長できる 名 **viability** 生存率
▷ a **viable** alternative 実行可能な代替案

0165 □□□□□□□ □

vibrant
/váibrənt/

形 活気のある、鮮やかな
▷ **vibrant** cities 活気のある都市
▷ **vibrant** colors 鮮やかな色

0166 □□□□□□□ □

vicinity
/visínəti/

名 近隣、近所、近接
▷ in the **vicinity** of the station 駅の近所に

0167 □□□□□□□ □

vicious
/víʃəs/

形 悪意ある、不道徳な、危険な
▷ a **vicious** circle 悪循環
▷ a **vicious** criminal 凶悪犯

0168 □□□□□□□ □

weary
/wí(ə)ri/

形 疲れた、退屈な 動 うんざりさせる
▷ a **weary** face 疲れた顔
▷ a **weary** sigh ため息

0169 □□□□□□□ □

whine
/(h)wain/

動 泣き言を言う 名 泣き声、ヒューという音
▷ **whine** about my job[circumstances]
仕事［境遇］について泣き言を言う

0170 □□□□□□□ □

withhold
/wiðhóuld/

動 差し控える、保留する
▷ **withhold** payment 支払いを保留する
▷ **withhold** information about the case 訴訟の情報の公開を控える

0171 □□□□□□□ □
wreck
/rek/

動 壊す、台無しにする
▷ **wreck** his career[car] 彼の経歴［車］を台無しにする

コラム①

フォーマル度を理解し、適切な語彙を選択しよう！

日本語と同じように英語にもフォーマル度があり、コンテクストに合わせた語彙の選択が重要です。次の表は代表的な語のフォーマル度を 3 段階に分類した一覧です。

■動詞

Informal	Neutral	Formal
get	obtain / gain / collect	acquire / secure
start	begin	commence / initiate
do harm to	threaten / damage	endanger / jeopardize
make ~ better	improve	enhance / ameliorate

■形容詞・副詞

Informal	Neutral	Formal
big	large / significant	substantial
hard	difficult	complex / complicated
plus / besides	also	moreover / furthermore

■名詞

Informal	Neutral	Formal
positive / pro	advantage / benefit	positive aspect
try	effort / attempt	endeavor

Chapter 2

1 級合格単語 800

Group 1 001–100 重要レベル ★★★★
最優先で覚えるべき4つ星単語200語 その1

Group 2 101–200 重要レベル ★★★★
最優先で覚えるべき4つ星単語200語 その2

Group 3 201–300 重要レベル ★★★★
合格圏に突入するための3つ星単語200語 その1

Group 4 301–400 重要レベル ★★★★
合格圏に突入するための3つ星単語200語 その2

Group 5 401–500 重要レベル ★★★★
語彙力を武器にするための2つ星単語200語 その1

Group 6 501–600 重要レベル ★★★★
語彙力を武器にするための2つ星単語200語 その2

Group 7 601–700 重要レベル ★★★★
さらなる高みを目指す人が覚えるべき1つ星単語200語 その1

Group 8 701–800 重要レベル ★★★★
さらなる高みを目指す人が覚えるべき1つ星単語200語 その2

Track 018

0001

abate
/əbéit/

動 **（勢い・痛みなどが）和らぐ（和らげる）**（≒ subside）
▷ The pain [storm] **abated**. 痛み［嵐］が和らいだ。

あベート（abate）ベトに軟膏塗って痛み「和らぐ」と覚えよう！

0002

acquit
/əkwít/

動 **無罪を宣告する、放免する**（≒ absolve, release）
名 **acquittal** 無罪放免
▷ be **acquitted** of crime 無罪放免となる
▷ be **acquitted** of his responsibility 責任から開放された

有罪にするのを quit（やめる）と覚えよう！

0003

acrimonious
/ækrəmóuniəs/

形 **厳しい、辛辣な**（≒ caustic） 名 **acrimony** 厳しさ
▷ an **acrimonious** debate [dispute] 激論

acri（アクリル酸）は毒性・刺激性がある。

0004

adamant
/ǽdəmənt/

形 **断固たる**（≒ inflexible） 副 **adamantly** 断固として
▷ (an) **adamant** refusal [opposition] 断固たる拒絶

あ、黙んとれ！ とわめく「頑固」親父、と覚えよう！

0005

adept
形 /ədépt/ 名 /ǽdept/

形 **熟達した（at, in）**（≒ skillful, expert） 名 **名人、達人**
▷ be **adept** at money-making 金稼ぎが上手
▷ an **adept** at karate 空手の名人

ept（器用な）、inept（不器用な）もセットで覚えよう！

0006

affront
/əfrʌ́nt/

名 **侮辱、無礼な言動**（≒ insult, offence） 動 **侮辱する**
▷ an **affront** to human dignity[democracy]
人間の尊厳［民主主義］への侮辱

front（顔）をたたくと覚えよう！

0007

allay
/əléi/

動 **和らげる、静める**（≒ assuage, alleviate）
▷ **allay** his fear[anxiety] 彼の恐れ［不安］を和らげる

怒り・騒動などを lay（横たえ）「静める」と覚えよう！

Track 019

0008 □□□□□□ □

altruistic
/æltru:ístik/

形 **利他的な** (≒ self-sacrificing)
名 **altruism** 利他主義 反 **egoistic, selfish** 利己主義の
▷ **altruistic** love 利他的な愛
▷ an **altruistic** desire to help others 他者救済の利他者願望

alter (他への) 行為、と覚えよう!

0009 □□□□□□ □

amenable
/əmí:nəbl/

形 **従順な、(治療などに) 適した** (≒ compliant)
▷ **amenable** to guidance[demand] 指示 [要求] に従順な

アメなべる「従順な」人、と覚えよう!

0010 □□□□□□ □

appalling
/əpɔ́:liŋ/

形 **ぞっとするような** (≒ horrendous) 動 **appall** ぞっとさせる
▷ an **appalling** crime[injury] ぞっとするような犯罪 [負傷]

アッ! ポーっとするほど「ひどい」犯罪、と覚えよう!

0011 □□□□□□ □

auspicious
/ɔ:spíʃəs/

形 **幸先の良い、おめでたい** (≒ lucky, favorable)
▷ an **auspicious** occasion[moment] 幸先の良い出来事 [瞬間]

おーぴしゃっ当たって「おめでたい」と覚えよう!

0012 □□□□□□ □

avid
/ǽvid/

形 **熱狂的な、熱心な** (≒ enthusiastic, keen)
▷ an **avid** reader[fan] 熱狂的な読者 [ファン]

あ、ビットコインは「熱狂的」と覚えよう!

0013 □□□□□□ □

belligerent
/bəlídʒərənt/

形 **好戦的な、戦争中の** (≒ bellicose) 名 **belligerence** 好戦
▷ **belligerent** countries [states] 交戦国

源 belli (戦争) + gerent (続ける) → 好戦的な

0014 □□□□□□ □

blatant
/bléit(ə)nt/

形 **露骨な、はなはだしい** (≒ flagrant, glaring)
▷ **blatant** discrimination [lies] 露骨な差別 [ウソ]

「露骨な」批判は**無礼たんと**、と覚えよう!

Track 020

0015 □□□□□□ □

caustic
/kɔ́:stik/

形 **辛辣な、腐食性の** (≒ scathing, acerbic)
▷ a **caustic** remark[tongue] 辛辣な言葉

ここ**こーしてっ**！と「辛辣な」批判、と覚えよう！

0016 □□□□□□ □

coerce
/kouə́:rs/

動 **強要する** (≒ pressure, force)
名 **coercion** 強制 形 **coercive** 強制的な
▷ **coerce** him into confession 彼に自白させる
▷ **coercive** measures 強制的措置

「強制的に」**壊ーす**、と覚えよう！

0017 □□□□□□ □

consecrate
/kánsəkrèit/

動 **神聖化する** (≒ sanctify) 名 **consecration** 奉献、神聖化
▷ **consecrate** a church 献堂する
▷ the **consecrated** water 聖水

源 secra は secret の変形と覚えよう！

0018 □□□□□□ □

contentious
/kənténʃəs/

形 **議論を引き起こす** (≒ controversial)
名 **contention** 論争 動 **contend** 論争する
▷ the **contentious** issue of abortion 論争になっている中絶問題

☞ a bone of contention (論争のもと) で覚えよう！

0019 □□□□□□ □

copious
/kóupiəs/

形 **大量の、豊富な** (≒ ample)
▷ **copious** notes[amounts of food] 大量の注釈［食料］

「大量の」**コピーす**る、と覚えよう！

0020 □□□□□□ □

culpable
/kʌ́lpəbl/

形 **非難すべき、犯罪の** (≒ guilty, blameworthy)
名 **culpability** 有罪性 名 **culprit** 犯罪者・問題の原因
▷ **culpable** homicide 過失殺人
▷ **culpable** negligence 責められるべき怠慢

尻**軽パブ**で「不埒(ふらち)な」行為、と覚えよう！

0021 □□□□□□ □

dearth
/də́:rθ/

名 **不足、欠乏** (≒ scarcity)
▷ a **dearth** of jobs[information] 仕事［情報］不足

源 dear (大事な) から来た語。

Track 021

0022 □□□□□□ □

deference
/défərəns/

名 **敬意**（≒ respect） 形 **deferential** 敬意を表する
▷ show **deference** to the boss[elderly]
上司［年配者］に敬意を示す

源 de（下で）＋ fer（運んで） → 敬意を表す

0023 □□□□□□ □

demeanor
/dimí:nər/

名 **（性格が表れる）振る舞い、態度**（≒ manner）
▷ a calm[mild] **demeanor** 温和な物腰

地味な「振る舞い」やめてよ、と覚えよう！

0024 □□□□□□ □

derision
/diríʒən/

名 **嘲笑**（≒ ridicule, mockery）
動 **deride** 嘲る、あざ笑う 形 **derisive** 冷笑的な
▷ the target of **derision** 嘲笑の的
▷ be greeted with **derision** 嘲笑で迎えられる

源 de（下に）＋ ride（乗って） →「嘲る」

0025 □□□□□□ □

destitute
/déstət(j)ù:t/

形 **極貧の**（≒ impoverished, indigent） 名 **destitution** 極貧
▷ **destitute** children on the street 路上の極貧の子どもたち
▷ a **destitute** living 極貧の暮らし

源 de（否定）＋ stitute（立つ） →「極貧で」立てない

0026 □□□□□□ □

detest
/ditést/

動 **ひどく嫌う**（≒ abhor, loathe） 形 **detestable** 大嫌いな
▷ **detest** violence[smoking] 暴力［たばこ］をひどく嫌う

なんで**テスト**よ「大嫌い」と覚えよう！

0027 □□□□□□ □

detrimental
/dètrəméntəl/

形 **有害な**（≒ harmful, deleterious） 名 **detriment** 損害、損失
▷ be **detrimental** to your health 健康に有害な
▷ have a **detrimental** effect on humans
人間に有害な影響を及ぼす

腹**出とりめん、たる**んでいるのは「有害な」と覚えよう！

0028 □□□□□□ □

disperse
/dispə́:rs/

動 **散り散りになる（する）**（≒ scatter） 名 **dispersal** 散布
▷ **disperse** the crowd[demonstrators]
群衆［デモ参加者］を追い散らす

なんで**スパース**パ吸って煙「まき散らす」と覚えよう！

0029 □□□□□□ □

disseminate
/disémənèit/

動 広まる（広める）（≒ spread, propagate）
名 **dissemination** 普及
▷ **disseminate** the information[findings]
情報［発見内容］を広める

源 di（分散）＋ semen（精液）➡ 広める

0030 □□□□□□ □

dissipate
/dísəpèit/

動 浪費する、消す（消える）（≒ squander, disappear）
名 **dissipation** 浪費、消失
▷ **dissipate** his energy[money] エネルギー［金］を浪費する

お金「浪費」**でしっぺい（大失敗）と**、覚えよう！

0031 □□□□□□ □

divulge
/divʌ́ldʒ/

動 暴露する、あばく（≒ disclose）
▷ **divulge** the secret[personal information]
秘密［個人情報］を暴露する

何**だいばる爺**さん秘密「ばらす」ぞ、と覚えよう！

0032 □□□□□□ □

emanate
/émənèit/

動（光・香・自信などが）生ずる、発する（≒ exude, emit）
▷ Confidence[energy] **emanates** from her.
彼女から自信［エネルギー］がにじみ出ている。

え！ まねてエネルギー「発する」とは、と覚えよう！

0033 □□□□□□ □

embellish
/imbéliʃ/

動 飾る、粉飾する（≒ decorate, adorn）
▷ **embellish** the story 話を飾り立てる
▷ **embellish** the dress with ribbons ドレスをリボンで飾る

源 bel は「美しい」を表す語根。

0034 □□□□□□ □

emulate
/émjulèit/

動 見習う（≒ imitate）、競う（≒ vie with）
名 **emulation** 見習うこと、競争
▷ **emulate** his virtues 彼の善行をまねる
▷ **emulate** the achievement of my father 父の功績と張り合う

ピカソ「見習え」、**絵見れい**、と覚えよう！

0035 □□□□□□ □

engross
/ingróus/

動 没頭させる（≒ absorb） 形 **engrossing** 夢中にさせる
▷ be **engrossed** in reading[my work] 読書［仕事］に没頭する

源 en（の中に）＋ gross（大きな塊）➡ とっぷり没頭

Track 023

0036 □□□□□□ □

enticing
/entáisiŋ/

形 **魅惑的な**（≒ tantalizing, tempting） 動 **entice** 魅了する
▷ an **enticing** aroma[smell] 魅惑的な香り［匂い］

レンタル**延滞する**「魅力」の映画、と覚えよう！

0037 □□□□□□ □

erratic
/irǽtik/

形 **むらがある、風変わりな**（≒ unpredictable）
▷ an **erratic** performance むらのある演奏
▷ an **erratic** behavior 奇行

エラーがあって、「むらがある」と覚えよう！

0038 □□□□□□ □

exasperate
/igzǽspərèit/

動 **憤慨させる**（≒ aggravate, irritate）
形 **exasperating** 腹立たしい
▷ She was **exasperated** by his bad manners.
彼のマナーの悪さに彼女は憤慨した。

源 ex（強意）＋ asper（不快）→ 憤慨させる

0039 □□□□□□ □

exhort
/igzɔ́ːrt/

動 **（人に～するよう）熱心に勧める、（事）を促す**
（≒ urge, encourage）
▷ **exhort** his employees to work harder
社員にもっと懸命に働くように勧める

行くぞーと「駆り立てる」と覚えよう！

0040 □□□□□□ □

exponential
/èkspounénʃəl/

形 **急激な、飛躍的な** 副 **exponentially** 急激に
▷ an **exponential** growth [increase] 急激な増加

☞ exponential function は「指数関数」。

0041 □□□□□□ □

fiasco
/fiǽskou/

名 **大失敗、失策**（≒ failure, debacle）
▷ suffer a miserable **fiasco** in business 商売で惨敗する

ふぃあ！ スコンと着地「大失敗」と覚えよう！

0042 □□□□□□ □

gullible
/gʌ́ləbl/

形 **だまされやすい**（≒ credulous, naive）
▷ **gullible** investors[fools] だまされやすい投資家［愚か者］

源 gull（カモメ・まぬけ）から来た語。

Track 024

0043 □□□□□□ □

harbinger
/há:rbindʒər/

名 前兆、先駆者（≒ omen, potent）
▷ a **harbinger** of death [trouble] 死［災難］の前ぶれ

ド**ハーびんジャー**ジャー水もれ、不吉な「兆し」と覚えよう！

0044 □□□□□□ □

hoard
/hɔ́:rd/

動 ため込む（≒ store, stock） 名 蓄え、蓄積
▷ **hoard** money[cash] 金［現金］をため込む

ア**ホーど**んどん食べ物「ため込む」と覚えよう！

0045 □□□□□□ □

impeccable
/impékəbl/

形 完璧な、非の打ち所がない（≒ flawless, immaculate）
▷ **impeccable** service[work] 完璧なサービス［仕事］

源 pecco（＝罪）のない状態。

0046 □□□□□□ □

incarcerate
/inká:rsərèit/

動 投獄する（≒ imprison, jail） 名 **incarceration** 投獄
▷ be **incarcerated** in prison[labor camps]
刑務所［労働収容所］に収監される

カーソルに入れて「投獄する」と覚えよう！

0047 □□□□□□ □

inept
/inépt/

形 無能な（≒ incompetent） 名 **ineptitude** 無能ぶり
▷ the government's **inept** handling of the crisis
政府の無能な危機対応

源 in（否定）＋ ept（器用）→ 無能な

0048 □□□□□□ □

infatuated
/infǽtʃuèitid/

形 夢中になった（≒ enamored of, captivated by）
名 **infatuation** 夢中
▷ be **infatuated** with a woman[my boyfriend]
女［彼氏］にのぼせる

「夢中で」fatuous（アホ）になる、と覚えよう！

0049 □□□□□□ □

infringement
/infríndʒmənt/

名 侵害（≒ violation）、違反（≒ breach）
動 **infringe**（法律・義務などを）破る、侵害する
▷ an **infringement** on copyright 著作権の侵害

ダメ**イン不倫じ**ゃ権利の「侵害」と覚えよう！

Track 025

0050 □□□□□□ □

insinuate
/insínjuèit/

動 **ほのめかす** (≒ imply, suggest)
名 **insinuation** ほのめかすこと
▷ **insinuate** that he is fool 彼が馬鹿だとほのめかす

いいん (だ) 死ぬえーと「ほのめかす」で覚えよう！

0051 □□□□□□ □

inundate
/ínəndèit/

動 **殺到する** (≒ overwhelm)、**氾濫させる** (≒ deluge)
名 **inundation** 殺到、氾濫
▷ be **inundated** with letters[applications]
手紙 [申し込み] が殺到する

い？ 何デートの約束「殺到する」の、と覚えよう！

0052 □□□□□□ □

languish
/lǽŋgwiʃ/

動 **やつれる、惨めに暮らす** (≒ weaken)
形 **languishing** 衰弱する、長引く
▷ **languish** in prison 獄中で惨めに暮らす
▷ **languishing** economies 沈滞する経済

「やつれた」**ラン、ぐいっしゅ**ーっとなるイメージで覚えよう！

0053 □□□□□□ □

lethargy
/léθərʤi/

名 **倦怠感** (≒ sluggishness) 形 **lethargic** けだるい
▷ summer **lethargy** 夏ばて
▷ A large meal causes **lethargy**. 食べすぎは倦怠感を引き起こす。

お**れさじー**投げたよ「脱力感」と覚えよう！

0054 □□□□□□ □

lucrative
/lúːkrətiv/

形 **儲かる、利益の上がる** (≒ remunerative, profitable)
▷ a **lucrative** job[business] 儲かる仕事

お金どんどん来**るぅ楽ちん**「儲かる」ぜ、と覚えよう！

0055 □□□□□□ □

marginal
/mɑ́ːrʤənəl/

形 **取るに足らない、重要でない** (≒ insignificant)
動 **marginalize** (社会的に) 周縁に追いやる
▷ a **marginal** increase[improvement]
取るに足らない増加 [向上]

源 margin (へり，端) から来た語。

0056 □□□□□□ □

meticulous
/mətíkjuləs/

形 **細部に気を配った** (≒ scrupulous, conscientious)
▷ **meticulous** attention[care] 細心の注意
▷ a **meticulous** accountant 几帳面な会計士

「注意細かい」奴**め、チクルさ**、と覚えよう！

Track 026

0057

misgiving
/misgíviŋ/

名 **懸念、不安** (≒ apprehension, qualm)
▷ **misgivings** about the future 将来の不安

あげる (give) のミスしたか「不安」だ、と覚えよう!

0058

opulent
/ápjulənt/

形 **裕福な、豪華な** (≒ luxurious, wealthy)
▷ **opulent** lifestyles [jewelry] ぜいたくな生活様式 [豪華な宝石]

源 opus (大量に生産) から来た語。

0059

ostracize
/ástrəsàiz/

動 **(社会的に) 追放する、のけものにする** (≒ oust, expel)
▷ be **ostracized** by the peers[neighbors]
同僚 [近所の人] から仲間外れにされる

オス虎再度「追放する」と覚えよう!

0060

oust
/áust/

動 **(ある場所・地位から) 追放する** (≒ banish, expel)
▷ be **ousted** from his position[the board]
地位 [理事会] から追放される

アウ! ストライクで打者「追い出す」と覚えよう!

0061

palatable
/pǽlətəbl/

形 **おいしい、好ましい** (≒ delectable)
▷ **palatable** food[red wine] おいしい食べ物 [赤ワイン]

もっ**ぱら食べる**「おいしい」料理、と覚えよう!

0062

paucity
/pɔ́:səti/

名 **少量、不足** (≒ dearth, deficiency)
▷ a **paucity** of information[resources] 情報 [資金] 不足

ぽおっ (と) しているとお金「不足」するよ、と覚えよう!

0063

penitent
/pénət(ə)nt/

形 **後悔している** (≒ rueful, repentant)
▷ a **penitent** sinner 後悔している罪人
▷ **penitent** tears 後悔の涙

源 penalty (罰) と同じ pen を含んでいる。

Track 027

0064 □□□□□□ □

perpetrate
/pə́ːrpətrèit/

動 **(犯罪などを) 犯す** (≒ commit) 名 **perpetrator** 犯人
▷ **perpetrate** a crime[bank robbery] 罪 [銀行強盗] を犯す

パパー、ペット冷凍するのは罪を「犯す」よ、と覚えよう!

0065 □□□□□□ □

placate
/pléikeit/

動 **なだめる、落ち着かせる** (≒ appease)
▷ **placate** his anger 彼の怒りを静める
▷ **placate** the angry customers 怒る客をなだめる

place (特定の所に置く) から「落ち着かせる」と覚えよう!

0066 □□□□□□ □

plight
/pláit/

名 **窮状、苦境、窮地** (≒ predicament)
▷ the **plight** of refugees[the homeless]
難民 [ホームレス] の窮状

スプライト飲んだら腹痛の「窮地」と覚えよう!

0067 □□□□□□ □

plummet
/plʌ́mit/

動 **急落する、真っ逆さまに落ちる** (≒ nosedive)
▷ **plummeting** stock[land] prices 急落する株価 [地価]

ぷら**ぷらメトロ**で線路に「落ちる」と覚えよう!

0068 □□□□□□ □

precept
/príːsept/

名 **道徳的な教え、教訓** (≒ principle)
▷ moral **precepts** and beliefs 道徳的規範と信念

源 pre (前もって) + cept (受け入れたもの) → 教訓

0069 □□□□□□ □

preclude
/priklúːd/

動 **排除する、妨げる** (≒ exclude, rule out)
名 **preclusion** 妨げ
▷ **preclude** the possibility 可能性を排除する

源 pre (前に) + clude (閉じて) → 妨げる

0070 □□□□□□ □

pristine
/prístiːn/

形 **原始の、新品同様の** (≒ immaculate, unspoiled)
▷ **pristine** nature 手つかずの自然
▷ in **pristine** condition 新品同様の

pre (前の) + (fir)st のイメージで覚えよう!

Track 028

0071 □□□□□□ □

procrastinate
/proukræstənèit/

動 **先延ばしにする**（≒ delay） 名 **procrastination** 先延ばし
▷ **procrastinate** till the last minute 土壇場まで先延ばしにする

プロクラスってねーなんでも「先延ばしする」よ、と覚えよう！

0072 □□□□□□ □

prodigious
/prədídʒəs/

形 **（量・程度などが）並外れた**（≒ staggering, stunning）
名 **prodigy** 神童、奇跡
▷ a **prodigious** memory[talent] 並外れた記憶力［才能］

prod（どんどん駆り立てて）「神童」作る、とイメージしよう！

0073 □□□□□□ □

profuse
/prəfjúːs/

形 **多量の、むやみやたらに多い**（≒ copious）
▷ **profuse** sweating[bleeding] 多量の発汗［出血］

源 pro（前に）＋ fuse（注ぐ） ➡ 豊富な

0074 □□□□□□ □

propagate
/prápəgèit/

動 **広める、繁殖する**（≒ disseminate）
名 **propagation** 広まること 名 **propaganda**（主義・思想の）宣伝
▷ **propagate** the information 情報を広める

プロは（ぱ）ゲートを「広める」と覚えよう！

0075 □□□□□□ □

propensity
/prəpénsəti/

名 **性癖、傾向**（≒ proclivity）
▷ a **propensity** for stealing[violence] 盗癖［暴力癖］

文筆の**プロ、ペン捨て**る「性癖」あり、と覚えよう！

0076 □□□□□□ □

rampage
名 /rǽmpeidʒ/ 動 /ræmpéidʒ/

名 **凶暴な行動、大暴れ**（≒ berserk） 動 **暴れ回る**
▷ a shooting **rampage** 銃乱射
▷ Demonstrators **rampaged** through the street.
デモ隊が通りを暴れ回った。

源 ramp（飛びかかる）＋ rage（激怒） ➡ 暴れ回ること

0077 □□□□□□ □

recuperate
/rik(j)úːpərèit/

動 **回復する**（≒ recoup, convalesce） 名 **recuperation** 回復
▷ **recuperate** from illness[the flu]
病気［インフルエンザ］から回復する

はりきゅう（針灸）**晴れて**元気「回復する」と覚えよう！

Track 029

0078 □□□□□□ □

relegate
/réləgèit/

動 降格させる、左遷する (≒ demote)
▷ be **relegated** to a lower position[status] 左遷される

源 re (後ろ) + leg(send) → 左遷する

0079 □□□□□□ □

relinquish
/rilíŋkwiʃ/

動 放棄する、断念する (≒ renounce, waive)
▷ **relinquish** his position[power] 彼の地位［権力］を放棄する

源 re (後は) + linquish (置いていく) → 放棄する

0080 □□□□□□ □

reprimand
/réprəmæ̀nd/

動 叱責する、懲戒する (≒ rebuke, berate)
▷ be **reprimanded** for my carelessness[negligence]
不注意［怠慢］を叱責される

源 re (何度も) +プリプリ+ mand (命令する) → 叱責する

0081 □□□□□□ □

respite
/réspit/

名 動 小休止 (する)、中断 (する)、猶予 (≒ rest, recess, hiatus)
▷ a temporary **respite** from work 仕事の小休止
▷ a **respite** for payment 支払の猶予

☞ rest と似ていて覚えやすい!

0082 □□□□□□ □

resuscitation
/risʌ̀sətéiʃən/

名 蘇生 (術) (≒ revival) 動 **resuscitate** 蘇生させる
▷ mouth-to-mouth **resuscitation** 口移し式蘇生法
▷ emergency **resuscitation** 救急蘇生術

☞ re (何度も) さすって「蘇生」させるイメージ。

0083 □□□□□□ □

revoke
/rivóuk/

動 無効にする (≒ rescind, annul)
▷ **revoke** the contract[license] 契約［認可］を無効にする

源 re (後ろへ) + voke (声を出す) → 無効にする

0084 □□□□□□ □

rout
/ráut/

動 (戦い・選挙などで) 完敗させる (≒ defeat)
▷ **rout** the enemy[opposition] 敵［相手］を完敗させる

☞ 勝って out (外へ) 追い出すイメージ。

Track 030

0085 □□□□□□ □

scrupulous
/skrúːpjuləs/

形 **入念な、几帳面な**
（≒ meticulous, fastidious）
名 動 **scruple** 良心の呵責、気がとがめる
▷ **scrupulous** attention[care] 入念な注意［世話］
☞ scr（こすって）「入念に」磨くイメージ。

0086 □□□□□□ □

sporadic
/spərǽdik/

形 **突発的な、散在的な**（≒ spasmodic）
▷ **sporadic** violence[fighting] 突発的な暴力［戦闘］
🔒 sp（スパーっ）と飛び出る勢い、と覚えよう！

0087 □□□□□□ □

squander
/skwándər/

動 **（金・時などを）浪費［散財］する**（≒ dissipate）
▷ **squander** money[time] on gambling
ギャンブルにお金［時］を浪費する
🔒「浪費して」メ**シ食わんだー**、と覚えよう！

0088 □□□□□□ □

stigma
/stígmə/

名 **汚名、烙印**（≒ disgrace, blemish）
動 **stigmatize** 烙印を押す、汚名を着せる
▷ a **stigma** attached to mental illness 精神疾患に伴う汚名
☞「汚名」で sting（刺す）イメージ。

0089 □□□□□□ □

stipulate
/stípjulət/

動 **（契約条項として）規定［明記］する**（≒ prescribe, state）
名 **stipulation** 規定
▷ be **stipulated** by the law[contract] 法［契約］に規定された
🔒 st（固定）＋テンプレートの連想で覚えやすい！

0090 □□□□□□ □

stringent
/stríndʒənt/

形 **厳重な、厳しい**（≒ strict, exacting）
▷ **stringent** regulations[conditions] 厳しい規制［条件］
🔒 strict と同じ要素を含んでいる。

0091 □□□□□□ □

substantiate
/səbstǽnʃièit/

動 **（主張・証言・理論などを）立証する、実証する**
（≒ verify, corroborate）
▷ **substantiate** the theory[allegations]
その理論［主張］を立証する
☞ substance（実体）を与える、と覚えよう！

Track 031

0092 □□□□□□ □

tantamount
/tǽntəmàunt/

形 **同等の、等価の**（≒ equivalent, equal）
▷ Her request is **tantamount** to a threat.
彼女の要求は脅しに等しい。

源 tant（多い）＋ amount（量）→ 同等の

0093 □□□□□□ □

taunt
/tɔ́:nt/

動 **ののしる**（≒ jeer at, deride, ridicule）
形 **taunting** ばかにした
▷ **taunt** the loser 敗者をなじる

とーんと叩いて「馬鹿にする」と覚えよう！

0094 □□□□□□ □

vehement
/ví:əmənt/

形 **激しい**（≒ intense）
▷ **vehement** opposition[criticism] 猛烈な抗議［批判］

び一**びー面と**向かって「激しい」わめき声、と覚えよう！

0095 □□□□□□ □

vent
/vént/

動 **発散させる、排出する**（≒ discharge, release）
名 **通気孔、はけ口**（≒ outlet）
▷ **vent** her anger[fury] 怒りを発散させる
▷ an air **vent** in the wall 壁の通気孔

弁当投げて怒りを「発散させる」と覚えよう！

0096 □□□□□□ □

vie
/vái/

動 **争う、競う**（≒ compete, contend）
▷ **vie** for power[seats] 権力［席］を奪い合う

権力「争い」**バイ**バーイ、と覚えよう！

0097 □□□□□□ □

vindicate
/víndəkèit/

動 **（潔白を）証明する、正当さを立証する**
（≒ clear, establish）
名 **vindication** 立証、照明
▷ **vindicate** my rights[honor] 権利［名誉］を回復する

びん**びんでケート**の無罪を「立証する」と覚えよう！

0098 □□□□□□ □

voracious
/vɔ:réiʃəs/

形 **貪欲な、大食いの**（≒ insatiable, greedy）
▷ a **voracious** appetite 旺盛な食欲
▷ **voracious** readers むさぼり読む読者

「貪欲な」商人は**ぼれーしやす**、と覚えよう！

0099 □□□□□□ □

wince
/wíns/

動 **たじろぐ、ひるむ**（≒ grimace, recoil）
▷ **wince** in pain 痛くてひるむ

ウィーン好きと言われて「たじろぐ」体育会系、と覚えよう！

0100 □□□□□□ □

zenith
/zí:niθ/

名 **絶頂、天頂**（≒ peak, pinnacle） 反 **nadir** どん底
▷ at the **zenith** of his career 成功の絶頂

銭好（ぜにす）きで資本主義の「頂点」と覚えよう！

類語をまとめてチェック！ 形容詞編 ①

- □ **(acrimonious, caustic, scathing, incisive)** remarks 辛辣な言葉
- □ **(ardent, fervent, avid, zealous, staunch)** supporters 熱烈な支持者
- □ an **(ascetic, austere)** life 禁欲的な生活
- □ **(assiduous, zealous)** workers 熱心な労働者
- □ **(audacious, intrepid, daring, gallant)** explorers 勇敢な探検家
- □ a(n) **(auspicious , propitious)** sign 吉兆
- □ a **(banal, mundane, lackluster, mediocre)** story ありふれた話
- □ a **(belligerent, feisty, bellicose)** attitude 好戦的な態度
- □ a **(biased, slanted , bigoted)** view 偏った見方
- □ a **(blatant, brazen)** lie 見え透いた嘘
- □ a **(blunt, brusque, curt)** manner ぶっきらぼうな態度
- □ **(boorish, uncouth, crass)** manners 下品な作法
- □ **(brisk, vivacious, animated)** young women 元気な若い女性

□ **(clandestine, covert, furtive)** meetings 秘密会議
□ a(n) **(coherent, articulate, tenable)** argument 筋の通った意見
□ a **(compelling, cogent)** argument 説得力のある主張
□ a(n) **(compulsive, obsessive, confirmed)** gambler ギャンブルに取りつかれた人
□ a **(condescending, patronizing)** attitude 横柄な態度
□ **(confidential, classified, hush-hush)** documents 極秘書類
□ **(contentious , polemic , disputatious)** students 議論好きの学生
□ **(crooked , venal , bribable)** politicians 汚職政治家
□ a(n) **(cryptic, arcane, esoteric, inscrutable)** writing 不可解な文書
□ **(degrading, mortifying, demeaning)** experiences 屈辱的な経験
□ **(demanding, arduous, strenuous, grueling)** work きつい仕事
□ a **(demure, bashful, coy, diffident)** lady 内気な女性
□ **(derisive, disparaging, derogatory, pejorative)** remarks 軽蔑の言葉
□ **(destitute, impoverished, indigent, needy)** students 貧しい学生
□ **(detrimental, deleterious, pernicious)** effects of smoking タバコの有害な影響
□ a **(dour, sullen, sulky)** character 陰気な性格
□ **(downright, consummate)** follies 全くの愚行
□ **(dexterous, deft, adroit)** surgeons 器用な外科医
□ **(eclectic, catholic, multifarious)** interests 幅広い趣味
□ **(emaciated, gaunt, haggard)** patients やつれた患者
□ an **(embryonic , incipient)** stage 初期の段階
□ a(n) **(engaging, enchanting, captivating)** smile 魅力的なスマイル
□ **(enigmatic, inscrutable, baffling, elusive)** behavior 不可解な行動

重要レベル

Track 032

0101 □□□□□□ □

adroit
/ədrɔ́it/

形 **巧みな、機転の利く**（≒ dexterous, deft）
名 **adroitness** 機転
▷ **adroit** management[handling] 巧みな経営［対応］

あ**あ驚いた**、「機転が利く」とは、と覚えよう！

0102 □□□□□□ □

articulate
形 /ɑːrtíkjələt/ 動 /ɑːrtíkjəlèit/

形 **（意味が）明確な** 動 **はっきりと話す**（≒ enunciate）
▷ an **articulate** speaker 明確に話す講演者

会ってくれ！ と「はっきり言う」と覚えよう！

0103 □□□□□□ □

assail
/əséil/

動 **激しく攻撃［非難］する**（≒ assault, castigate）
名 **assailant** 攻撃者 形 **assailable** 攻撃できる
▷ **assail** him with insults 彼を激しく侮辱する

あせるなよ、「攻撃されて」も、と覚えよう！

0104 □□□□□□ □

atrocious
/ətróuʃəs/

形 **凶悪な、ひどい**（≒ savage） 名 **atrocity** 残虐行為
▷ **atrocious** crimes 凶悪犯罪
▷ an **atrocious** war 残虐な戦争

おっとろしや、「残忍な」やつ、と覚えよう！

0105 □□□□□□ □

audacious
/ɔːdéiʃəs/

形 **大胆な**（≒ daring, dauntless） 名 **audacity** 大胆不敵
▷ an **audacious** attack[adventure] 大胆な攻撃［冒険］

ゲテモノ**オーダーして**「大胆不敵」と覚えよう！

0106 □□□□□□ □

baffle
/bǽfl/

動 **困惑させる**（≒ perplex） 形 **baffling** 当惑させる
▷ be **baffled** by his question 彼の質問に困惑する
▷ a **baffling** mystery 困惑させるような謎

バ**バ振る**とは「当惑する」ぜ、と覚えよう！

0107 □□□□□□ □

bask
/bǽsk/

動 **（in を伴い）日向浴をする、（恩恵に）浴する**（≒ revel）
▷ **bask** in the sun 日光浴をする
▷ **bask** in the glory 栄光に浸る

バスク地方で「日向ぼっこ」と覚えよう！

Track 033

0108 □□□□□□ □

bolster
/bóulstər/

動 強化する、支持する (≒ boost, buttress)
▷ **bolster** the relationship[economy] 関係 [経済] を高める

さぼるスターを「強化せよ」と覚えよう!

0109 □□□□□□ □

burgeon
/bə́ːrdʒən/

動 急成長する、開花する (≒ skyrocket, mushroom)
▷ **burgeoning** markets[industry] 拡大する市場 [産業]

どばージャンジャン「急成長」と覚えよう!

0110 □□□□□□ □

cinch
/síntʃ/

名 簡単なこと、朝飯前 (≒ breeze, a piece of cake)
▷ Driving is a **cinch**. 運転は朝飯前だ。

北新地ではしご酒は「朝飯前」と覚えよう!

0111 □□□□□□ □

circumvent
/sə̀ːrkəmvént/

動 回避する、避ける (≒ evade, bypass, get around)
▷ **circumvent** the problem[law] 問題 [法律] を回避する

さーかんべんして! と問題を「避ける」と覚えよう!

0112 □□□□□□ □

clandestine
/klændéstin/

形 秘密 [内密] の (≒ covert, furtive, surreptitious)
▷ a **clandestine** meeting[mission] 秘密会議 [極秘任務]

おなかふくらんで捨てたい「秘密の」脂肪、と覚えよう!

0113 □□□□□□ □

clemency
/klémənsi/

名 寛容、寛大な処置 (≒ compassion, leniency)
▷ appeal for **clemency** 寛大な処置を求める
▷ a plea for **clemency** 寛大な処置を求める嘆願

「寛大な処置」をしてくれめんしー、と覚えよう!

0114 □□□□□□ □

commotion
/kəmóuʃən/

名 混乱、騒動 (≒ racket, uproar, tumult)
▷ raise a **commotion** 騒動を引き起こす
▷ What's the **commotion**? なんて騒ぎだ?

源 com (共に) + motion (動き) → 騒動

Track 034

0115 □□□□□□ □

confiscate
/kάnfəskèit/

動 **没収する、差し押さえる** (≒ impound, seize)
名 **confiscation** 押収
▷ **confiscate** weapons[arms] 武器を押収する

源 com (共に) + fisc (公庫) → 公庫のものにする

0116 □□□□□□ □

conflagration
/kὰnfləgréiʃən/

名 **大火災** (≒ fire, blaze, inferno)
▷ **conflagrations** in the town その町の大火災

源 con (強意) + flag (燃える、輝く) → 大火災

0117 □□□□□□ □

conjecture
/kənʤéktʃər/

名 **推測、憶測** 動 **推測 [臆測] する** (≒ surmise)
▷ a language of **conjecture** 察しの言葉

源 考えを con (一緒に) + ject (投げる) → 推測 [する]

0118 □□□□□□ □

consummate
形 /kənsʌ́mət/
動 /kάnsəmèit/

形 **熟達した、完璧な** (≒ exemplary, supreme, ultimate)
動 **実現する、成立する (発音注意)**
▷ a **consummate** skill[artist] 熟達した技 [芸術家]

源 con (完全に) + summit (頂上) → 完璧な

0119 □□□□□□ □

crux
/krʌ́ks/

名 **核心、難点** (≒ essence, core)
▷ the **crux** of the matter[problem] 問題の核心

源 十字架の cross から来た語。

0120 □□□□□□ □

culminate
/kʌ́lmənèit/

動 **(in を伴う) 最後が〜になる** 名 **culmination** 全盛
▷ **culminate** in marriage[murder] 最後が結婚 [殺人] で終わる

🔒「頂上」わ**かる峰へと**急ぐ、と覚えよう！

0121 □□□□□□ □

culprit
/kʌ́lprit/

名 **犯人、原因、元凶** (≒ source)
▷ the **culprit** of global warming 温暖化の原因

🔒 誰にもわ**かるぷりっと**やったオナラの「犯人」と覚えよう！

Track 035

0122 □□□□□□ □

degenerate
/didʒénərèit/

動 **悪化する**（≒ lapse） 名 **degeneration** 退廃
▷ **degenerate** into chaos[disorder] 混沌［混乱］に陥る

源 de（下降）＋ generate（生む）→ 悪化する

0123 □□□□□□ □

deluge
/dél(j)uːdʒ/

名 **大洪水、殺到** 動 **殺到する**（≒ inundate, swamp）
▷ a **deluge** of letters[applications] 手紙［申し込み］の殺到

「洪水」がどんどん**出る〜じ**、でイメージしよう！

0124 □□□□□□ □

demean
/dimíːn/

動 **〜の品位を傷つける、卑しめる**
（≒ degrade, debase, devalue）
形 **demeaning** 屈辱的な
▷ **demean** women[the profession] 女性［その職］の品位を傷つける

源 de（下へ）＋ mean（卑しい）→ 卑しめる

0125 □□□□□□ □

demure
/dimjúər/

形 **控えめな、慎み深い**（≒ reserved, reticent）
▷ a **demure** lady[smile] 控えめな女性［笑み］

源 de（下に）＋ mure（成熟した）→ 慎み深い

0126 □□□□□□ □

denounce
/dináuns/

動 **非難する**（≒ decry） 名 **denouncement** 非難
▷ **denounce** the movie as immoral 映画を不道徳と非難する

出直してこい！ と「非難する」と覚えよう！

0127 □□□□□□ □

deteriorate
/dití(ə)riərèit/

動 **悪化する**（≒ degenerate） 名 **deterioration** 悪化
▷ a **deteriorating** relationship 悪化する関係

出た〜ライオン（の）霊が！「悪化する状況」と覚えよう！

0128 □□□□□□ □

dilapidated
/dilǽpədèitid/

形 **老朽化した、荒廃した**（≒ broken-down, ramshackle）
名 **dilapidation** 荒廃
▷ a **dilapidated** building 老朽化した建物

「老朽化した」店、**ずら〜（と）アップルだって**、と覚えよう！

Track 036

0129 □□□□□□ □

disparate
/díspərət/

形 **異なる、異種の** (≒ different, unlike)
▷ **disparate** elements[subjects] 異なる要素［話題］

「異なる」絵の具を**弟子（の）パレット**にのせる、と覚えよう！

0130 □□□□□□ □

disparity
/dispǽrəti/

名 **格差、不均衡** (≒ discrepancy, unevenness)
▷ an income [economic] **disparity** 収入［経済］格差

弟子パリッとしない収入「格差」と覚えよう！

0131 □□□□□□ □

dwindle
/dwíndl/

動 **減少する、縮小する** (≒ diminish, deteriorate)
▷ (a) **dwindling** natural resources[population]
減少する天然資源［人口］

ドゥインドルドルとお金が「減る」と覚えよう！

0132 □□□□□□ □

efficacy
/éfikəsi/

名 **効果** (≒ potency) 形 **efficacious 有効な**
▷ the **efficacy** of the drug[treatment] 薬［治療］の効果

バイクの悪**い吹かし**、マフラー「効果」ダウン、と覚えよう！

0133 □□□□□□ □

elicit
/ilísit/

動 **引き出す、引き起こす** (≒ induce, engender)
▷ **elicit** information[responses] 情報［反応］を引き出す

酒**入り嫉妬**で怒りを「引き出す」と覚えよう！

0134 □□□□□□ □

elusive
/ilúːsiv/

形 **とらえどころのない** (≒ difficult to catch[find])
動 **elude 逃れる**
▷ an **elusive** criminal[animal] 捕らえ難い犯人［動物］

けいさつ**いるーど**「逃れる」のは難しい、と覚えよう！

0135 □□□□□□ □

embed
/imbéd/

動 **組み込む、埋め込む** (≒ implant, lodge)
▷ A sensor is **embedded** in the robot.
センサーがロボットに埋め込まれている。

ええベッドには宝石が「埋め込まれ」ている、と覚えよう！

Track 037

0136 □□□□□□ □

embody
/imbádi/

動 **体現する、具体化する**（≒ epitomize, exemplify）
名 **embodiment** 具現化
▷ **embody** freedom in the UN charter
国連憲章で自由を具体的に体現する

ええボディを「体現する」ボディビルダー、と覚えよう！

0137 □□□□□□ □

encroach
/inkróutʃ/

動 **侵入［侵害］する**（≒ intrude） 名 **encroachment** 侵入
▷ **encroach** on their territory[privacy]
領土［プライバシー］を侵す

源 cockroach（ゴキブリ）がem（中に）侵入する、と覚えやすい！

0138 □□□□□□ □

engender
/indʒéndər/

動 **生じる、発生させる**（≒ arouse, incite, induce）
▷ **engender** suspicion[controversy] 疑い［論争］を生む

え～んじゃ暴力が「発生して」も、と覚えよう！

0139 □□□□□□ □

epitomize
/ipítəmàiz/

動 **～の典型である**（≒ embody） 名 **epitome** 典型
▷ The character **epitomized** the spirit of the time.
その人物はその時代の精神の典型となった。

絵ぴたっと見てピカソの絵の「典型」と見抜く、と覚えよう！

0140 □□□□□□ □

eschew
/istʃúː/

動 **避ける、慎む**（≒ abstain[refrain] from, shun）
▷ **eschew** violence[alcohol] 暴力［酒］を慎む

イエス、チューを「避ける」で覚えやすい、と覚えよう！

0141 □□□□□□ □

evict
/ivíkt/

動 **立ち退かせる**（≒ expel, oust） 名 **eviction** 追立て
▷ **evict** a tenant from the building テナントをビルから退去させる

源 vict（勝って）＋ e（外へ）→ 追い出す

0142 □□□□□□ □

exacerbate
/igzǽsərbèit/

動 **悪化させる**（≒ aggravate） 名 **exacerbation** 悪化
▷ **exacerbate** the problem[situation] 問題［事態］を悪化させる

いくさの弁当は胃腸を「悪くする」と覚えよう！

0143 □□□□□□ □

extol
/ikstóul/

動 **激賞する**（≒ acclaim） 名 **extolment** 激賞
▷ **extol** the virtues of the democracy 民主主義の長所を激賞する

えらい！ **くさを取る**のは「あっぱれ」だ、と覚えよう！

0144 □□□□□□ □

extrapolate
/ikstrǽpəlèit/

動 **推定する**（≒ estimate） 名 **extrapolation** 推定
▷ **extrapolate** the future from the past 過去から将来を推測する

数学・統計用語で既知の事実から「推定する」。

0145 □□□□□□ □

falter
/fɔ́:ltər/

動 **ためらう、よろける、低迷する**（≒ waver）
▷ (a) **faltering** economy[steps] よろめく経済［足取り］

フォールしたーのは「よろける」から、とイメージしよう！

0146 □□□□□□ □

fervent
/fə́:rvənt/

形 **熱烈な、熱心な**（≒ ardent, vehement）
▷ **fervent** supporters[believers] 熱烈な支持者［信者］

う**はー！（ばん）ばん**とやる「熱心な」と覚えよう！

0147 □□□□□□ □

flagrant
/fléigrənt/

形 **はなはだしい、目に余る**（≒ blatant, glaring）
▷ a **flagrant** violation[crime] 目に余る違反［犯罪］

ほれごらんと「目に余る」犯罪を、と覚えよう！

0148 □□□□□□ □

frantic
/frǽntik/

形 **必死の、大急ぎの**（≒ frenetic, distraught）
▷ a **frantic** search 必死の捜索
▷ the **frantic** pace of life 大急ぎの生活のペース

一心**不乱**で「必死の」捜索、と覚えよう！

0149 □□□□□□ □

haggle
/hǽgl/

動 **値切る、交渉する、言い争う**（≒ wrangle）
▷ **haggle** over the price 値段交渉をする

ハグ（して）グルで「値切り交渉する」と覚えよう！

Track 039

0150 □□□□□□ □

huddle
/hʌ́dl/

動 **集まる、密談する** (≒ gather, throng)
▷ **huddle** around the fire 火の周りに集まる

はは一ドルの操作の「密談」か、と覚えよう！

0151 □□□□□□ □

idyllic
/aidílik/

形 **牧歌的な、のどかな、田園風の** (≒ rustic, pastoral)
▷ the **idyllic** countryside のどかな田舎
▷ an **idyllic** landscape のどかな風景

愛で陸を越える「のどかな」旅、と覚えよう！

0152 □□□□□□ □

immaculate
/imǽkjulət/

形 **欠点のない、完璧な** (≒ pristine, impeccable)
▷ an **immaculate** performance[reputation] 完璧な演技 [評判]

今くれと「完璧な」企画書、と覚えよう！

0153 □□□□□□ □

impasse
/ímpæs/

名 **行き詰まり、袋小路** (≒ deadlock, stalemate)
▷ a(n) political[economic] **impasse** 政治 [経済] の行き詰まり

い〜ん (だ) パスできない「行き詰まり」と覚えよう！

0154 □□□□□□ □

impervious
/impə́ːrviəs/

形 **通さない、影響されない** (≒ immune to)
▷ be **impervious** to water[heat] 水 [火] を通さない

源 im (反) + pervade と同じ perv (通り抜ける) → 通さない

0155 □□□□□□ □

inculcate
/inkʌ́lkeit/

動 **教え込む、説き聞かせる** (≒ instill, implant)
▷ **inculcate** moral[virtue] in [into] young people
若者に道徳 [美徳] を教え込む

い〜んか流刑となっても？ と「説き聞かせる」と覚えよう！

0156 □□□□□□ □

insatiable
/inséiʃəbl/

形 **飽くなき、強欲な** (≒ voracious, rapacious)
▷ an **insatiable** appetite[desire] 飽くなき食欲 [願望]

お**い聖者ぶる**人「強欲な」くせに、と覚えよう！

0157 □□□□□□ □

inscrutable
/inskrúːtəbl/

形 **謎めいた、不可解な、測り知れない**（≒ enigmatic）

▷ an **inscrutable** face[smile] 謎めいた顔［微笑］

源 in（反）＋ scrutiny（綿密調査）の scrut ＋ abe（できる）
➡ 不可解な

0158 □□□□□□ □

instill
/instíl/

動 **徐々に教え込む、植え付ける**（≒ inculcate, implant）

▷ **instill** confidence[discipline] into children
子供に自信［規律］を教え込む

い～ん？ 捨てる技を子供に「教え込む」と覚えよう！

0159 □□□□□□ □

mesmerize
/mésməràiz/

動 **魅了する、うっとりさせる**（≒ enchant, bewitch）

▷ be **mesmerized** by her beauty[performance]
彼女の美しさ［演奏］にうっとりする

この**メスめ！ 雷蔵**くんを「魅了する」とは、と覚えよう！

0160 □□□□□□ □

mundane
/mʌndéin/

形 **平凡な、面白みのない**（≒ humdrum, tedious）

▷ a **mundane** job[life] 平凡な仕事［生活］

日給 **1 万でえいん**とは「平凡な」奴、と覚えよう！

0161 □□□□□□ □

nonchalant
/nànʃəláːnt/

形 **無関心な、平然とした**（≒ indifferent, blase）

▷ a **nonchalant** attitude[expression] 無関心な態度［表情］

▷ be **nonchalant** about his fame 名声には無関心の

そん**なの知らんと**「平然とした」態度、と覚えよう！

0162 □□□□□□ □

nudge
/nʌ́dʒ/

動 **（注意を引くために）ひじで軽く突く、軽く促す**
（≒ poke, prod）

名 **ひじの軽いつつき**

▷ **nudge** members into action メンバーを行動へと軽く促す

なじって「つついて促そう」と覚えよう！

0163 □□□□□□ □

ostensible
/asténsəbl/

形 **見せかけの、表向きの**（≒ apparent, specious）

名 **ostentation** 見せびらかし

▷ an **ostensible** reason[purpose] 見せかけの理由［目的］

何**を捨てん渋る**のは「見せ掛けだ」と覚えよう！

Track 041

0164 □□□□□□ □

penchant
/péntʃənt/

名 **好み、傾向** (≒ propensity, proclivity)
▷ have a **penchant** for drinking 酒を好む傾向がある

「好み」の**ペンちゃんと**使ってよ、と覚えよう!

0165 □□□□□□ □

plagiarize
/pléidʒəràiz/

動 **盗作する、盗む** (≒ poach) 名 **plagiarism** 盗作、盗用
▷ **plagiarize** the work[thesis] その作品[論文]を盗用する

プレイじゃリズムに乗って「盗作する」と覚えよう!

0166 □□□□□□ □

plunder
/plʌ́ndər/

動 **略奪する、盗む** (≒ loot) 名 **略奪品**
▷ **plunder** a village[treasures] 村[財宝]を略奪する

「略奪」**プランだ**、実行するぜ、と覚えよう!

0167 □□□□□□ □

poignant
/pɔ́injənt/

形 **痛切な、強く胸を刺す** (≒ agonizing, harrowing)
▷ a **poignant** memory[reminder] 胸を刺すような思い出[の人・物]

ポイ、ニャン子捨て「胸が痛む」と覚えよう!

0168 □□□□□□ □

precarious
/prikέ(ə)riəs/

形 **不安定な、危険な** (≒ perilous, hazardous)
▷ a **precarious** position[state] 不安定な立場[状態]

源 prec (祈り) から運に任せ「不安定な、危険な」で覚えやすい!

0169 □□□□□□ □

precursor
/prikə́ːrsər/

名 **先駆け、前兆、前触れ** (≒ pioneer, forerunner)
形 **precursory** 先駆けの
▷ a **precursor** of modern computers 現代のコンピュータの先駆け

源 pre (前に) + cur (走る) → 先駆け

0170 □□□□□□ □

predicament
/pridíkəmənt/

名 **苦境、窮地** (≒ plight, quandary, quagmire)
▷ a political[economic] **predicament** 政治[経済の]苦境

源 pre (前もって) + dic (状況を言う) → 苦境

Track 042

0171 □□□□□□ □

premise
/prémis/

名 **前提、根拠、(複数形 premises で) 土地、建物** (≒ preposition, hypothesis)
▷ the **premise** of political stability 政局安定の前提
▷ vacate the **premises** 建物を明け渡す

源 pre (前に) + mission の mis (送る) ➜ 前提

0172 □□□□□□ □

premonition
/prèmənı́ʃ(ə)n/

名 **予感、前兆** (≒ presentiment, foreboding)
▷ have an uneasy **premonition** of danger[death]
危険 [死] の不吉な予感がする

源 pre (前もって) + mon (忠告) ➜ 予感、前兆

0173 □□□□□□ □

prerequisite
/prìːrékwizit/

名 **必要条件** (≒ precondition) 形 **前もって必要な**
▷ a **prerequisite** for the job その仕事の必要条件

源 pre (前もって) + requisite (必要なもの) ➜ 必要条件

0174 □□□□□□ □

presumptuous
/prizʌ́m(p)ʧuəs/

形 **厚かましい、ずうずうしい** (≒ brazen, arrogant)
▷ a **presumptuous** claim[attitude] 厚かましい要求 [態度]

源 pre (先に) + sumptuous (ぜいたく) ➜ 厚かましい

0175 □□□□□□ □

prod
/prɑ́d/

動 **駆り立てる、促す、突く** (≒ spur, prompt)
▷ **prod** the government into action 政府を行動するように促す

しごきの**プロど**んどん「駆り立てる」と覚えよう！

0176 □□□□□□ □

prolific
/prəlı́fik/

形 **多作の、多産の** (≒ productive, fertile)
▷ **prolific** writers 多作の作家
▷ **prolific** birds 多産の鳥

源 prol (子孫) という意味に由来する言葉で覚えやすい！

0177 □□□□□□ □

quandary
/kwɑ́nd(ə)ri/

名 **苦境、困惑、板ばさみ** (≒ plight, quagmire)
▷ ethical[moral] **quandaries** 倫理的 [道徳的] な板ばさみ

何も**食わんだりー**の「苦境」に陥る、と覚えよう！

Track 043

0178 □□□□□□ □

quench
/kwéntʃ/

動 **(渇きを) 癒やす、(火を) 消す** (≒ satiate, extinguish)
▷ **quench** my thirst[appetite] 渇き [食欲] を和らげる

何も**食えん乳 (ちち)** で「渇きを癒やす」と覚えよう!

0179 □□□□□□ □

ransack
/rǽnsæk/

動 **あさり回る、略奪する** (≒ plunder, pillage, loot)
▷ **ransack** a house[town] 家 [町] を荒らし回る

☞ ran (走らせて) サックに入れるで覚えやすい!

0180 □□□□□□ □

rebuff
/ribʌ́f/

動 **拒絶する、はねつける** (≒ spurn) 名 **拒絶**
▷ **rebuff** his request[offer] 彼の要求 [申し出] を拒む

ス**リばふっ**と「はねつける」と覚えよう!

0181 □□□□□□ □

rebut
/ribʌ́t/

動 **反論 [反証] する** (≒ refute) 名 **rebuttal** 反論 [証]
▷ **rebut** an argument[evidence] 主張 [証拠] に反論する

re (何度も) + butt (頭突きをする) → 反論する

0182 □□□□□□ □

remorse
/rimɔ́ːrs/

名 **自責の念、強い後悔** (≒ repentance, contrition)
形 **remorseful** 後悔の
▷ feel **remorse** for my crime[sin] 犯罪 [罪悪] への自責の念を感じる

真相知**り申す**! と「自責の念」と覚えよう!

0183 □□□□□□ □

rescind
/risínd/

動 **廃止する、破棄する** (≒ revoke, repeal, abrogate)
▷ **rescind** the law[contract] 法律 [契約] を破棄する

無**理! しんど**い、「廃止する」と覚えよう!

0184 □□□□□□ □

resilient
/rizíljənt/

形 **回復力のある、弾力性のある** (≒ hardy, elastic)
名 **resilience** 回復力、弾力性
▷ a **resilient** economy[material] 弾力性のある経済 [物質]

ほ**れじり (じり) 円と**にかく「回復する」と覚えよう!

Track 044

0185 □□□□□□ □

revamp
/rìːvǽmp/

動 **改善する、改装する**（≒ renovate, refurbish）
▷ **revamp** the system[building] 制度［建物］を改良する

それバンパイアが城を「改修する」と覚えよう！

0186 □□□□□□ □

rift
/ríft/

名 **不和、亀裂**（≒ schism, fissure）
▷ a **rift** between the two countries 2国間の対立

し**りふっと**割れて「亀裂」ができる、と覚えよう！

0187 □□□□□□ □

salient
/séiliənt/

形 **最も重要な、目立つ**（≒ most noticeable）
▷ **salient** features[characteristics] 目立った特徴

さあ離縁！ と最近「目立つ」離婚の増加、と覚えよう！

0188 □□□□□□ □

scrawl
/skrɔ́ːl/

動 **走り［殴り］書きする**（≒ scribble, jot down）
名 **走り［殴り］書き**
▷ **scrawl** a message[note] 伝言［手紙］を殴り書きする

☞ scr は「摩擦と抵抗」で覚えやすい！

0189 □□□□□□ □

sedentary
/sédntèri/

形 **座りがちの、座業の**（≒ seated, deskbound）
▷ **sedentary** lifestyles[work] 座りがちな生活［仕事］

背～出ん足りんのは「座りがちの」生活から、と覚えよう！

0190 □□□□□□ □

shackle
/ʃǽkl/

動 **束縛する**（≒ fetter） 名 **手かせ、足かせ、束縛**
▷ be **shackled** in chains 鎖につながれる
▷ be **shackled** by tradition 伝統に縛られる

頭くしゃく**しゃくる**くる「縛る」と覚えよう！

0191 □□□□□□ □

squabble
/skwɑ́bl/

動 **言い争う** 名 **口論**（≒ spat, altercation）
▷ a family **squabble** 内輪もめ
▷ **squabble** over money お金をめぐって言い争う

「言い争う」乗客、席**すくわ！ ぶる**ぶるしないで、と覚えよう！

Track 045

0192 □□□□□□ □

succinct
/səksíŋkt/

形 **簡潔な、簡明な** (≒ concise, pithy)
▷ a **succinct** answer[summary] 簡潔な答え [要約]

さくさく切って「簡潔」にするイメージで覚えやすい！

0193 □□□□□□ □

tarnish
/tá:rniʃ/

動 **汚す、色あせる** (≒ blemish, stain)
▷ **tarnish** his reputation[image] 彼の名声 [イメージ] を汚す

ニコチン・タールの tar で汚す、で覚えやすい！

0194 □□□□□□ □

thwart
/θwɔ́:rt/

動 **阻止する、妨害する** (≒ forestall, impede)
▷ **thwart** a plan[terrorist attack]
計画 [テロリストの攻撃] を阻止する

タバコ**吸おうと**するのを「妨げる」と覚えよう！

0195 □□□□□□ □

trepidation
/trèpədéiʃən/

名 **不安、恐怖** (≒ uneasiness, nervousness, dread)
▷ look at them in **trepidation** 彼らをおびえた目で見る

源 tremble と同じ tre (震える) を含む語で覚えやすい！

0196 □□□□□□ □

turmoil
/tə́:rmɔil/

名 **混乱、騒動** (≒ tumult, commotion)
▷ a political [economic] **turmoil** 政治 [経済] の混乱

ま**た～燃える**社会の「混乱」と覚えよう！

0197 □□□□□□ □

ulterior
/ʌltí(ə)riər/

形 **隠された、裏の、将来の** (≒ covert, undisclosed)
▷ a(n) **ulterior** motive[purpose] 裏の動機 [目的]

源 ult (超えた) から「隠された、将来」の意味。

0198 □□□□□□ □

unfounded
/ʌnfáundid/

形 **根拠のない** (≒ groundless, unproven)
▷ **unfounded** fears[rumors] 根拠のない不安 [うわさ]

源 un (否定) + found (築く) → 根拠のない

0199 □□□□□□ □

versatile
/və́ːrsətl/

形 **多芸の、多用途の** (≒ multi-talented, all-round)
名 **versatility** 多才
▷ **versatile** entertainers 芸達者
▷ **versatile** equipment 万能な装置

婆さんタイル使って装飾「多才」だね、と覚えよう！

0200 □□□□□□ □

wane
/wéin/

動 **衰える、弱くなる** (≒ diminish, dwindle, deteriorate)
▷ **waning** popularity[influence] 衰える人気［影響］

人気「衰え」**うぇーん**うぇーんと泣く、と覚えよう！

類語をまとめてチェック！ 形容詞編 ②

□ an **(equitable , evenhanded)** settlement 公平な解決

□ an **(evasive, equivocal)** answer あいまいな返事

□ a **(fair-weather, treacherous)** partner 不誠実なパートナー

□ a **(far-reaching , pervasive , sweeping)** influence 広範囲に渡る影響

□ **(faulty, fallacious , erroneous)** reasoning 間違った推論

□ a(n) **(fickle, capricious, erratic, whimsical)** boyfriend 気紛れな恋人

□ a(n) **(flagrant, blatant, atrocious, heinous, hideous)** crime 忌むべき犯罪

□ a **(flamboyant, flashy, gaudy)** dress はでばでしいドレス

□ a(n) **(fleeting, ephemeral, evanescent, transitory)** love 束の間の愛

□ **(flimsy, tenuous)** evidence もろい証拠

□ **(fractious, intractable, unruly)** boys 手におえない少年

□ a(n) **(frail, fragile, feeble, brittle, infirm)** body 弱々しい体

□ a **(frantic, frenetic, frenzied)** pace すさまじいペース
□ a **(frivolous, flippant, skittish)** young woman 軽薄な若い女の子
□ **(fussy, finicky, fastidious)** about furniture 家具にうるさい
□ **(graphic, explicit)** descriptions of sex 生々しいセックスの描写
□ a **(grating, jarring, strident)** noise 耳障りな音
□ a(n) **(gregarious, extroverted)** woman 外向的な女性
□ a(n) **(gruesome, horrid, horrendous, appalling, lurid)** story 恐ろしい話
□ a(n) **(harrowing, wrenching, excruciating)** experience 悲痛な経験
□ a(n) **(idyllic, rustic)** life 田舎の生活
□ a(n) **(imminent, impending, looming)** danger 差し迫った危険
□ a(n) **(impromptu, extemporaneous, improvised)** speech 即興スピーチ
□ **(irreparable, irrevocable)** damage 取り返しのつかない損害
□ a(n) **(incendiary, inflammatory, seditious)** speech 扇動的なスピーチ
□ a(n) **(indecisive, wishy-washy, vacillating)** manager 優柔不断な経営者
□ **(indigenous, endemic)** tribes 土着の部族
□ **(inept, maladroit)** handling 下手な扱い
□ **(intractable, inveterate)** diseases 慢性病
□ a(n) **(insatiable, voracious, unquenchable)** appetite for sweets 甘いものへの飽くなき欲望
□ **(jubilant, ecstatic, elated, exhilarated)** winners 歓喜した勝者
□ **(jumpy, restive, fidgety)** students そわそわした学生
□ a **(jovial, jaunty, jocular)** clerk 陽気な店員

0201 □□□□□□ □

abstinence
/æbstənəns/

名 **節制、禁欲**（≒ temperance） 動 **abstain** 控える
▷ **abstinence** from alcohol[sex] 禁酒［禁欲］

あぶ捨てねいと「禁欲」させるぞ、と覚えよう！

0202 □□□□□□ □

accentuate
/æksénʧuèit/

動 **強調する、目立たせる**（≒ underscore, underline）
▷ **accentuate** the point[features] その点［特徴］を強調する

accent（アクセント）をつけて「強調する」と覚えよう！

0203 □□□□□□ □

accrue
/əkrúː/

動 **生じる、発生する**（≒ accumulate） 形 **accrued** 未収の
▷ Interests **accrue** to the deposit. 利子が保証金に生じる。
▷ Economic benefits will **accrue** to Africa.
経済的恩恵がアフリカに生じる。

あっ、くるくる回って利回りが「つく」で覚えやすい！

0204 □□□□□□ □

acquiesce
/ækwiés/

動 **黙って従う、黙認する**（≒ consent to）
▷ **acquiesce** to the demands[in the decision]
要求［決定］に黙って従う

悪、イエスと罪を「認めよ」と覚えよう！

0205 □□□□□□ □

alacrity
/əlækrəti/

名 **敏速、気軽**（≒ promptness, eagerness）
▷ act with **alacrity** 即座に行動する

アラ、くり**くりっと**目を「敏速」に動かす、と覚えよう！

0206 □□□□□□ □

allegiance
/əlíːʤəns/

名 **忠誠、忠義**（≒ loyalty, fidelity） 動 **allege** 誓う
▷ **allegiance** to the government[my country]
政府［母国］への忠誠

「忠義」くずれ なんでも**ありーじゃんす**、で覚えやすい！

0207 □□□□□□ □

annihilation
/ənàiəléiʃən/

名 **全滅、絶滅**（≒ decimation, obliteration）
動 **annihilate** 絶滅させる
▷ the threat of **annihilation** by nuclear weapons
核兵器による全滅の脅威

「全滅」させ**穴へ入れい！** と命ず、で覚えやすい！

Track 047

0208 □□□□□□ □

archaic
/ɑːrkéiik/

形 **古い、古風な** (≒ obsolete, ancient)
▷ **archaic** words[civilizations] 古語 [古代文明]

源 古代ギリシア彫刻のアルカイック・スマイルでおなじみ。

0209 □□□□□□ □

arid
/ǽrid/

形 **不毛の、乾燥した** (≒ barren, dry)
▷ an **arid** desert[climate] 不毛の砂漠 [乾燥気候]

あり、**ど**んどん出てくる「乾燥」地帯、で覚えやすい！

0210 □□□□□□ □

assuage
/əswéidʒ/

動 **緩和する、静める** (≒ alleviate, mitigate)
▷ **assuage** your pain [thirst] 痛み [のどの渇き] を和らげる

明日、英二 (えいじ)君を「なだめよう 」と覚えよう！

0211 □□□□□□ □

astounding
/əstáundiŋ/

形 **びっくり仰天させる** (≒ astonishing, staggering)
動 **astound** 仰天させる
▷ an **astounding** success[discovery] 驚くべき成功 [発見]

源 astonish と同じ asto (驚かす) を含んだ語。

0212 □□□□□□ □

aversion
/əvə́ːrʃən/

名 **嫌がること、嫌悪** (≒ revulsion, disgust)
動 **avert** 背ける、そらす
▷ have an **aversion** to snakes[alcohol] 蛇 [酒] が大嫌いである

嫌 (いや**あ) バージョン** UP はもう「嫌」だ、と覚えよう！

0213 □□□□□□ □

barrage
/bərɑ́ːʒ/

名 **集中砲撃、質問攻め** (≒ bombardment)
▷ a **barrage** of questions[criticism] 質問 [非難] の連続

どば**ー！** large **(ラージ)** な「砲撃」耐えられない、と覚えよう！

0214 □□□□□□ □

berate
/biréit/

動 **叱りつける、がみがみ言う** (≒ rebuke, reprimand)
▷ **berate** him for his forgetfulness[tardiness]
彼の物忘れ [遅刻] を叱りつける

B レイトつけて「非難する」で覚えやすい！

Track 048

0215 □□□□□□ □

besiege
/bisíːdʒ/

動 **包囲する、攻め立てる**（≒ beleaguer, surround）
名 **siege** 包囲
▷ a **besieged** town[castle]（敵に）包囲された町［城］

淋（さび）**しい爺**さん、人に「取り囲まれる」と覚えよう！

0216 □□□□□□ □

bestow
/bistóu/

動 **（名誉・学位を）授ける**（≒ confer）
▷ **bestow** an honor on[upon] him 彼に名誉を与える
▷ **bestow** a title on her 彼女に称号を授ける

ベストうまいと賞を「授ける」と覚えよう！

0217 □□□□□□ □

bigoted
/bígətid/

形 **偏狭な**（≒ prejudiced, opinionated）
名 **bigotry** 偏狭さ　名 **bigot** 偏狭な人
▷ a **bigoted** conservative 偏狭な保守派
▷ be **bigoted** in his opinion 持論に頑迷に固執した

頭が**ビッグ** (big) になり「偏狭な」と覚えよう！

0218 □□□□□□ □

bombard
/bɑmbáːrd/

動 **砲撃する、攻める**（≒ shell, inundate）
名 **bombardment** 砲撃
▷ be **bombarded** with questions[phone calls]
質問［電話］攻めにあう

源 bomb（爆弾）の砲撃、と覚えよう！

0219 □□□□□□ □

caliber
/kǽləbər/

名 **度量、能力**（≒ quality, ability）、**直径**
▷ a man of high **caliber** 度量の大きい人
▷ a high-**caliber** staff 優秀なスタッフ

キャリーバーをはずして「直径」測る、と覚えよう！

0220 □□□□□□ □

clamor
/klǽmər/

動 **叫ぶ、騒ぎ立てる**　名 **抗議の叫び**（≒ uproar, demand）
形 **clamorous** 騒々しい
▷ **clamor** for reform[higher wages] 改革［賃上げ］を強く要求する

源 clam, claim は「叫ぶ」の意味。

0221 □□□□□□ □

consternation
/kɑ̀nstərnéiʃən/

名 **狼狽、困惑**（≒ dismay, alarm）
▷ be struck with fear and **consternation** 恐怖と狼狽におそわれる

ゴミ、誰も**来ん捨てないと**「不安」になる、で覚えよう！

Track 049

0222 □□□□□□ □

corroborate
/kərάbərèit/

動 **強める、確証する** (≒ verify, substantiate)
形 **corroborative** 裏付けとなる 名 **corroboration** 確証、裏付け
▷ **corroborate** the evidence[finding] 証拠［発見］を裏付ける

☞ **ロボット** (robo) が「強める」、と覚えよう！

0223 □□□□□□ □

cringe
/kríndʒ/

動 **畏縮する、へつらう** (≒ cower, flinch, recoil)
名 **身がすくむこと**
▷ **cringe** in fear[pain] 恐怖［痛み］ですくむ

くりくり**くり**っと「身がすくむ」、と覚えよう！

0224 □□□□□□ □

debunk
/dìːbʌ́ŋk/

動 **誤りを暴露する** (≒ expose, disclose)
▷ **debunk** the popular notion[myth]
社会通念［神話］の誤りを暴く

不正融資**でバンク**を「暴露する」と覚えよう！

0225 □□□□□□ □

defunct
/difʌ́ŋkt/

形 **故人となった、消滅した** (≒ dead, extinct)
▷ a **defunct** company[organization] 消滅した会社［組織］

源 de (下へ) + function → 「機能しない」

0226 □□□□□□ □

defuse
/diːfjúːz/

動 **(緊張、危険など) を和らげる** (≒ disable, mitigate)
▷ **defuse** the tension[crisis] 緊張［危機］を和らげる

源 de (離) + fuse (起爆装置)
→ フューズを取り除いて「緊張緩和する」と覚えよう！

0227 □□□□□□ □

delude
/dilúːd/

動 **欺く、惑わす** (≒ deceive, mislead)
名 **delusion** 妄想、思い違い
▷ **delude** him into believing the story
彼をまんまと欺いてその話を信じ込ませる

源 elude と同じく lude は「おちょくる」の意味。

0228 □□□□□□ □

delve
/délv/

動 **探求する、詮索する** (≒ inquire into, investigate)
▷ **delve** into the matter その問題を掘り下げる
▷ **delve** into the details 詳細を徹底的に調べる

血が**出る部**位を「探求する」と覚えよう！

Track 050

0229 □□□□□□ □

demise
/dimáiz/

名 死去、(活動・存在などの)消滅(≒ death, disintegration)
動 死亡する
▷ the **demise** of democracy[the organization] 民主主義[組織]の崩壊
▷ the **demise** of the emperor 天皇の崩御

社長「死ん」で舞鶴(**まいづる**)で埋葬、と覚えよう!

0230 □□□□□□ □

dismantle
/dismǽntl/

動 分解する、解体する(≒ disassemble, demolish)
▷ **dismantle** the machine[system] 機械[制度]を解体する

源 dis(分離)+ mantle(マントル) → 分解する

0231 □□□□□□ □

dissuade
/diswéid/

動 説得してやめさせる(≒ discourage)
名 **dissuasion** 思いとどまらせること
▷ **dissuade** her from smoking 彼女を説得して喫煙をやめさせる

dis をつけて persuade の反対、と覚えよう!

0232 □□□□□□ □

ecstatic
/ekstǽtik/

形 夢中の、有頂天の(≒ elated, euphoric) 名 有頂天
▷ an **ecstatic** dance[welcome] 狂喜のダンス[歓迎]

外 エクスタシー(ecstasy)は「恍惚」の意味。

0233 □□□□□□ □

emaciated
/iméiʃièitid/

形 やつれた(≒ haggard, gaunt)
▷ an **emaciated** body[patient] やつれた体[患者]

いらな**い飯ええと**「やつれた」病人、と覚えよう!

0234 □□□□□□ □

entail
/intéil/

動 伴う、必要とする(≒ necessitate, require)
▷ **entail** a huge cost 多くの費用を伴う
▷ **entail** a loss of income 収入の損失を伴う

源 en(中へ)+ tail(or)(仕立て屋が切る) → 必要とする

0235 □□□□□□ □

evasion
/ivéiʒən/

名 (義務などの)回避、ごまかし(≒ dodging, avoidance)
動 **evade** 避ける、逃れる 形 **evasive** 責任逃れの
▷ tax **evasion** 脱税
▷ draft **evasion** 徴兵忌避

☞ avoid と違ってこそこそ逃げる。

Track 051

0236 □□□□□□ □

excruciating
/ikskrú:ʃièitiŋ/

形 **耐え難い、極度の** (≒ agonizing, unbearable)
動 **excruciate** 苦しめる
▷ an **excruciating** pain 耐え難い痛み
▷ **excruciating** torture 耐え難い拷問

源 crucifix (キリスト磔刑像) から来た語。

0237 □□□□□□ □

expedite
/ékspədàit/

動 **(進行を) 早める** (≒ accelerate, precipitate)
名 **expedience** 好都合 形 **expedient** 便宜の
▷ **expedite** the learning process 学習プロセスを早める

源 ex (どんどん) + ped (足) をこいで → 早める

0238 □□□□□□ □

exuberant
/igzú:b(ə)rənt/

形 **元気溢れる、生い茂る、派手な** (≒ ebullient, lush)
▷ **exuberant** young people 元気溢れる若者
▷ **exuberant** energy 溢れんばかりのエネルギー

行くじゅばーっと「ほとばしる」、と覚えよう!

0239 □□□□□□ □

fissure
/fíʃər/

名 **裂け目** (≒ rift, chasm) 動 **亀裂が生じる**
▷ a **fissure** in the rock[ocean floor] 岩 [海底] の亀裂

fissure **フィシャー**と水漏れる「裂け目」から、と覚えよう!

0240 □□□□□□ □

flamboyant
/flæmbɔ́iənt/

形 **派手な、燃えるような** (≒ dashing)
▷ **flamboyant** costumes 派手なドレス
▷ a **flamboyant** singer 鮮やかな衣装の歌手

flame (炎) の boy のように「華やかな」、と覚えよう!

0241 □□□□□□ □

flaunt
/flɔ́:nt/

動 **誇示する、見せびらかす** (≒ parade, show off)
▷ **flaunt** his wealth[knowledge] 富 [知識] を誇示する

源 vaunt, taunt と同じく aunt は「自慢」の意味。

0242 □□□□□□ □

flimsy
/flímzi/

形 **薄弱な、うすっぺらい** (≒ feeble, frail)
▷ **flimsy** evidence 根拠の薄弱な証拠
▷ a **flimsy** excuse 見え透いた言い訳

不倫じいさん、意志「薄弱な」と覚えよう!

Track 052

0243 □□□□□□ □

furtive
/fə́ːrtiv/

形 **ひそかな、内密の**（≒ surreptitious, sly）
▷ a **furtive** glance[look] 盗み見

うふぁー恥部を「こっそり」さわる、と覚えよう！

0244 □□□□□□ □

gloat
/glóut/

動 **満足そうに眺める**（≒ crow over, delight in）
▷ **gloat** over her victory[success]
彼女の勝利［成功］を満足してながめる
▷ **gloat** over his death 彼の死をほくそ笑む

源 glory と同じ語根の gl は「光」の意味。

0245 □□□□□□ □

harrowing
/hǽrouiŋ/

形 **痛ましい、悲惨な**（≒ traumatic, heartbreaking）
▷ a **harrowing** tragedy[experience] 痛ましい悲劇［経験］

arrow（矢）が突き刺さったような痛み、で覚えよう！

0246 □□□□□□ □

havoc
/hǽvək/

名 **破壊、大混乱**（≒ devastation, disorder）
▷ wreak[play] **havoc** on the economy 経済に大惨事をもたらす

破！ 爆発の「大混乱」と覚えよう！

0247 □□□□□□ □

hermit
/hə́ːrmit/

名 **世捨て人、仙人**（≒ recluse） 形 **hermitic** 隠遁生活の
▷ a **hermit** living in a remote mountain 山奥に住む世捨て人

穴に**はまっ**て「世捨て人」と覚えよう！

0248 □□□□□□ □

impending
/impéndiŋ/

形 **（危険などが）切迫した**（≒ imminent）
▷ an **impending** danger[disaster] 差し迫った危険［災害］

源 im（中に）＋ pending（ぶら下がった）➡ 切迫した

0249 □□□□□□ □

inadvertently
/ìnədvə́ːrt(ə)ntli/

副 **うっかり、不注意に**（≒ unwittingly, unintentionally）
形 **inadvertent** 不注意な
▷ **inadvertently** reveal the secret うっかり秘密をもらす

in（否定）＋ advert（注意を向ける）➡ 注意を向けそこなう

Track 053

0250 □□□□□□ □

indelible
/indéləbl/

形 **消えない** (≒ ineradicable, permanent)
▷ an **indelible** impression 拭い去れない印象
▷ be **indelibly** etched into my memory 記憶に深く刻まれて消えない

delete (消す) することができない、と覚えよう!

0251 □□□□□□ □

indigenous
/indíʤənəs/

形 **土着の、原産の** (≒ native, aboriginal)
▷ **indigenous** people 先住民
▷ be **indigenous** to Japan 日本原産の

源 indi (中に) + gen (生まれる) → 生来の

0252 □□□□□□ □

indoctrinate
/indάktrənèit/

動 **教え込む、吹き込む** (≒ inculcate, brainwash)
名 **indoctrination** 教化
▷ **indoctrinate** people with an idea 人々にある考えを吹き込む

源 in (中へ) + doctrine (教義) → 教え込む

0253 □□□□□□ □

infest
/inféstj/

動 **荒らす、寄生する** (≒ overrun, invade)
▷ be **infested** with insects[snakes] 虫[蛇]に荒らされる

源 fest は fester と同じく「はびこる、膿む」の意味。

0254 □□□□□□ □

invincible
/invínsəbl/

形 **征服できない、頑強な** (≒ unassailable, impregnable)
▷ an **invincible** army[warrior] 無敵の軍隊[戦士]

源 in (否定) + vincible (征服できる) → 征服できない

0255 □□□□□□ □

jeopardy
/ʤépərdi/

名 **危険** (≒ danger, peril) 動 **jeopardize** 危険にさらす
▷ My life is in **jeopardy**. 私の人生は危険な状態にある。

行く**ぜパーティ**「危険」な乱交、と覚えよう!

0256 □□□□□□ □

juncture
/ʤʌ́ŋktʃər/

名 **(重大な) 時点、岐路** (≒ point in time)
▷ The economy[government] is at a critical **juncture**.
経済[政府]は重大局面にある。

じゃん**じゃん食っちゃ**うこの「時点」と覚えよう!

Track 054

0257 □□□□□□ □

knack
/næk/

名 **技巧、こつ**（≒ technique, skill）
▷ have a **knack** for business[making money]
ビジネス［金儲け］のこつを知っている

泣く子をだまらせる「コツ」知ってるね、と覚えよう！

0258 □□□□□□ □

lackluster
/lǽklʌ̀stər/

形 **活気のない、ぱっとしない**（≒ unimpressive, insipid）
▷ a **lackluster** performance さえない業績
▷ **lackluster** domestic consumption ぱっとしない国内消費

源 lack（欠）＋ luster（光沢）➡ さえない

0259 □□□□□□ □

lenient
/líːniənt/

形 **寛大な**（≒ clement, forgiving） 名 **leniency** 哀れみ、慈悲深さ
▷ a **lenient** sentence 寛大な判決
▷ a **lenient** punishment 寛大な刑罰

「寛大な」処置は、**利に縁遠（とお）**い、と覚えよう！

0260 □□□□□□ □

luminary
/lúːmənèri/

名 **啓発者、著名人**（≒ celebrity, expert）
▷ jazz[musical] **luminaries** ジャズ［ミュージカル］の権威

イルミネーションのように「光り輝く人」と覚えよう！

0261 □□□□□□ □

meander
/miǽndər/

動 **（川・道が）曲がりくねる、（人が）あてもなくさまよう、（会話が）とりとめなく続く**（≒ wind, saunter）
▷ a **meandering** river[road] 蛇行する川［道］

意味ある人だろか、「とりとめない」話に、と覚えよう！

0262 □□□□□□ □

mortify
/mɔ́ːrtəfài/

動 **はずかしめる、苦行する**（≒ humiliate, discipline）
▷ **mortify** the flesh[body] 肉欲を制する

源 mort（死）＋ fy ➡ 死ぬような目に合わせる

0263 □□□□□□ □

myriad
/míriəd/

形 **数えられないほど多くの**（≒ countless, innumerable）
名 **無数**
▷ a **myriad** of options[stars] 無数の選択肢［星］

million に音が似ているので覚えやすい！

Track 055

0264 □□□□□□ □

obnoxious
/əbnákʃəs/

形 **非常に不快で失礼な**（≒ disgusting, repugnant）
▷ an **obnoxious** smell[manner] 不快なにおい［マナー］

横暴のくしゃくしゃさせる「不快な」奴、と覚えよう！

0265 □□□□□□ □

onslaught
/ánslɔ̀ːt/

名 **猛攻撃**（≒ attack, raid）
▷ an **onslaught** on the country[city] その国［都市］への猛攻撃

源 on（～に対する）＋ slaught（一撃）➡ 攻撃すること

0266 □□□□□□ □

permeate
/pə́ːrmièit/

動 **浸透する、普及する**（≒ pervade, fill）
形 **permeable** 通過性の
▷ **permeate** the air[room] 大気中［部屋］に充満する

パパー、**見えて**る光が「通り抜けて」と覚えよう！

0267 □□□□□□ □

pertinent
/pə́ːrt(ə)nənt/

形 **適切な、関連する**（≒ relevant, germane）
動 **pertain** 関連する
▷ **pertinent** questions[information] 関連する質問［情報］

ぱーっと寝んと「適切な」質問する、と覚えよう！

0268 □□□□□□ □

pinnacle
/pínəkl/

名 **峰、頂点**（≒ zenith, climax）
▷ at the **pinnacle** of success[my career]
成功［キャリア］の絶頂で

☞ pin（ピン）の先と覚えよう！

0269 □□□□□□ □

pique
/píːk/

動 **（興味などを）そそる、いら立たす**（≒ stimulate, irritate）
▷ **pique** my interest[curiosity] 興味［好奇心］をそそる

ぴくっと感じて「そそられる」と覚えよう！

0270 □□□□□□ □

placid
/plǽsid/

形 **穏やかな**（≒ tranquil, serene）
▷ a **placid** lake[sea] 穏やかな湖［海］

源 place（安定させて置く）から来た語。

Track 056

0271 □□□□□□ □

preemptive
/priémptiv/

形 **先制の**（≒ preventive）
▷ a **preemptive** attack[strike] 先制攻撃
▷ **preemptive** rights 先取権

源 pre（先に）＋ empty（空にする）➡ 先制の

0272 □□□□□□ □

ramification
/ræməfikéiʃən/

名 **影響、結果、波及効果**（≒ effect）
▷ political[economic] **ramifications** 政治的［経済的］影響

悪い「結果」、世間のしが**らみ**（で）**老けしょん**ぼり、と覚えよう！

0273 □□□□□□ □

recoup
/rikú:p/

動 **取り戻す**（≒ recover, redeem）
▷ **recoup** the investment[cost] 初期投資［費用］を回収する

無理（に）食いっぷりは「元取る」ぞ、と覚えよう！

0274 □□□□□□ □

redress
/ridrés/

動 **是正する、取り戻す**（≒ rectify, remedy） 名 **改善、救済**
▷ **redress** the imbalance[income gap]
不均衡［所有格差］を是正する

ソー**リー**、**ドレス**を「矯正する」と覚えよう！

0275 □□□□□□ □

refute
/rifjú:t/

動 **反証する、論破する**（≒ disprove, discredit）
形 **refutable** 反論できる
▷ **refute** the argument[evidence] その主張［証拠］を論破する

理不（尽）と「論破する」と覚えよう！

0276 □□□□□□ □

reinstate
/rì:instéit/

動 **復帰［復職・復活］させる**（≒ restore）
名 **reinstatement** 復職
▷ **reinstate** her as president 彼女を社長に復帰させる
▷ **reinstate** the death penalty 死刑を復活させる

源 re（再び）＋ instate（状態に置く）➡ 復帰させる

0277 □□□□□□ □

relentless
/riléntlis/

形 **情け容赦のない**（≒ unrelenting, merciless）
動 **relent** 優しくなる
▷ **relentless** attacks[criticism] 情け容赦ない攻撃［批判］

源 relent（優しくなる）＋ less（ない）➡ 情け容赦のない

Track 057

0278 □□□□□□ □

replenish
/ripléniʃ/

動 **補充する**（≒ refill） 名 **replenishment** 補充
▷ **replenish** their supplies[stock] 生活必需品［在庫］を補充する

源 re（再び）＋ plenty（いっぱい）にする、で覚えやすい！

0279 □□□□□□ □

reprieve
/riprí:v/

動 **刑の執行を猶予する**（≒ pardon） 名 **刑執行の猶予**
▷ a **reprieve** from death sentence 死刑執行猶予

🔒 お**れプリー（ズ）**ぶたれる「刑執行猶予」願う、と覚えよう！

0280 □□□□□□ □

resplendent
/rispléndənt/

形 **まばゆい、光輝く**（≒ glittering, splendid）
▷ **resplendent** jewelry 光輝く宝石類
▷ a man **resplendent** in a tuxedo タキシードを着て輝いている男

源 re（強意）＋ splendid（華麗）→ まばゆい

0281 □□□□□□ □

resurgence
/risə́:rʤəns/

名 **復活、盛り返し**（≒ revival, resurrection）
形 **resurgent** 生き返る、再起の
▷ a **resurgence** of nationalism 国粋主義の復活
▷ a **resurgence** of interest in religion 宗教への関心の復活

源 re（再び）＋ surge（上がる）→ 復活

0282 □□□□□□ □

reticent
/rétəs(ə)nt/

形 **無口な、控えめな**（≒ reserved, taciturn）
名 **reticence** 寡黙
▷ be **reticent** about his private life 私生活について話したがらない

🔒 押さ**れて先頭**に立つ「無口な」人、と覚えよう！

0283 □□□□□□ □

revelation
/rèvəléiʃən/

名 **暴露、啓示**（≒ disclosure, oracle） 動 **reveal** 明かす、漏らす
▷ a God-given **revelation** 神の啓示
▷ the **Revelations** ヨハネの黙示録《新約聖書》

☞ reveal の名詞形で覚えやすい！

0284 □□□□□□ □

revitalize
/rì:váit(ə)laiz/

動 **活性化する、復興させる**（≒ reinvigorate）
名 **revitalization** 再活性化
▷ **revitalize** the community[economy] 地域［経済］を活性化する

源 re（再び）＋ vital（活力のある）→ 活性化する

0285 □□□□□□ □

rubble
/rʌ́bl/

名 **破片、瓦礫**（≒ debris）
▷ be reduced to **rubble** 瓦礫の山と化す
▷ comb through the **rubble** of a collapsed building
壊れた建物の瓦礫をくまなく探す

コラ！ ブルドーザーで「瓦礫」にするぞ！ と覚えよう！

0286 □□□□□□ □

rudimentary
/rù:dəmént(ə)ri/

形 **初歩の、未熟の**（≒ basic, elementary, introductory）
▷ a **rudimentary** knowledge[education] 初歩的な知識［教養］

源 rude から来た語で basic と違い悪い意味もある。

0287 □□□□□□ □

rustic
/rʌ́stik/

形 **田舎の、素朴な**（≒ rural, simple）
▷ a **rustic** cottage[hut] 田舎の小別荘［小屋］

藁（わ**ら**）**すチック**な小屋は「質素」だね、と覚えよう！

0288 □□□□□□ □

shun
/ʃʌ́n/

動 **避ける**（≒ avoid, shy away from）
▷ **shun** publicity[society] 世間［社会］の注目を避ける

しゃんとしないと人は「避ける」、と覚えよう！

0289 □□□□□□ □

squeamish
/skwí:miʃ/

形 **すぐに気分が悪くなる、潔癖の**
（≒ easily nauseated, fastidious）
▷ be **squeamish** about blood[bugs]
血［虫］を見るとすぐに気分が悪くなる

☞ squeeze（締め付け）と squirm（もだえる）から類推！

0290 □□□□□□ □

subvert
/səbvə́:rt/

動 **転覆させる**（≒ topple, overthrow）
名 **subversion** 破壊、転覆 形 **subversive** 転覆させる
▷ **subvert** the government[democracy] 政府［民主主義］を倒す

源 sub（下で）＋ vert（ひっくり返す）➞ 転覆させる

0291 □□□□□□ □

succumb
/səkʌ́m/

動 **屈服する**（≒ surrender, capitulate）
▷ **succumb** to temptation[the pressure] 誘惑［圧力］に屈する

源 suc（下で）＋ cumb（横たわる）➞ 屈服する

Track 059

0292 □□□□□□□ □

taint
/téint/

動 汚染する、汚す (≒ tarnish, pollute)
▷ **tainted** blood[food] 汚染された血液 [食物]

やめ**ていん**！ 意図的に「汚す」のは、と覚えよう！

0293 □□□□□□□ □

tantalizing
/tǽnt(ə)làiziŋ/

形 じらす、じれったい (≒ tempting, titillating)
動 **tantalize** じらす
▷ a **tantalizing** smell[aroma] 食欲をそそる匂い [香り]

冷**淡たらい**まわしで「じらされる」、と覚えよう！

0294 □□□□□□□ □

teeming
/tíːmiŋ/

形 豊富な、いっぱいの (≒ swarming with)
動 **teem** 満ちる、富む
▷ be **teeming** with life 生命に満ちた
▷ a **teeming** city 活気あふれる町

チームみんな「あふれて」ばかり、と覚えよう！

0295 □□□□□□□ □

tepid
/tépid/

形 生ぬるい、熱意のない
▷ **tepid** water ぬるい水
▷ a **tepid** response 気のない返事

何**てひど**い「生ぬる」いスープ、と覚えよう！
☞ tepid は lukewarm より「ぬる過ぎる」という意味を持つ。

0296 □□□□□□□ □

tout
/táut/

動 しつこく売り込む、ほめちぎる (≒ solicit, publicize)
▷ **tout** a new product 新製品をしつこく売り込む
▷ be **touted** as a hero 英雄としてほめちぎられる

ヒット作歌（う**た**）**うと**「宣伝する」、と覚えよう！

0297 □□□□□□□ □

uncouth
/ʌnkúːθ/

形 無骨な、粗野な (≒ boorish, crude)
▷ an **uncouth** child[manner] 粗野な子ども [マナー]

い**やんくす**くす笑われる「無骨」者、と覚えよう！

0298 □□□□□□□ □

upshot
/ʌ́pʃɑːt/

名 結果、結末 (≒ outcome, end result)
▷ the **upshot** of the discussion[meeting] 議論 [会議] の結末

源 アーチェリーの試合の「最後の一矢」に由来。

0299 □□□□□□ □

volatile

/válətl/

形 **不安定な、激しやすい** (≒ mercurial, temperamental)

名 **volatility** 不安定さ

▷ **volatile** situations in the Middle East 中東の不安定な状態

▷ the **volatile** stock market 不安定な株式市場

ほら耐えるのだ、「激しやすい」奴に！

0300 □□□□□□ □

waive

/wéiv/

動 **放棄する、差し控える** (≒ relinquish, give up)

名 **waiver** 権利放棄

▷ **waive** the inheritance right 相続権を放棄する

さぁ食ぅ**えいー、ぶた**マンを「放棄する」な！ と覚えよう！

類語をまとめてチェック！ 形容詞編 ③

- □ a **(lethargic, listless, languid)** worker 元気のない労働者
- □ a **(loquacious, garrulous)** girl おしゃべりな女の子
- □ a **(lucrative, remunerative)** job 儲かる仕事
- □ **(luscious, delectable, savory)** fruits おいしい果物
- □ **(mitigating, extenuating)** circumstances 酌量すべき事情
- □ **(obscene, filthy, salacious, lewd)** stories 猥褻な雑誌
- □ **(obsolete, antiquated, outmoded)** weapons 古くさい兵器
- □ **(ominous, portentous)** signs 不吉な前兆
- □ **(ostentatious, affected, pretentious)** lifestyles これみよがしのライフスタイル
- □ **(outgoing, gregarious, extroverted, convivial)** women 外向的な女性
- □ a **(penitent, repentant, remorseful, rueful)** criminal 後悔する犯罪人
- □ a **(perfunctory, lukewarm)** greeting おざなりの挨拶

- □ a **(plausible , specious)** argument もっともらしい議論
- □ a **(preposterous, ludicrous)** idea ばかげた考え
- □ a(n) **(prodigious, uncanny)** memory ものすごい記憶力
- □ **(profane, blasphemous)** language 冒とく的な言葉
- □ a(n) **(prohibitive, exorbitant, appalling)** price 法外な値段
- □ **(predatory, carnivorous)** animals 肉食動物
- □ a **(pugnacious, belligerent)** ruler 好戦的な支配者
- □ **(pungent , piquant)** food ピリッとする食べ物
- □ **(redundant, excess, superfluous)** workers 過剰労働者
- □ a **(redundant, verbose, tautological)** description 冗長な記述
- □ be **(relevant, pertinent, germane)** to the subject 主題に関連した
- □ a **(repellent, repulsive, revolting, repugnant)** attitude むかつく態度
- □ be **(rife, fraught, rampant)** with corruption 汚職がはびこって
- □ a **(ruthless, remorseless, callous)** dictator 非情な独裁者
- □ a **(sarcastic, satirical, cynical, sardonic)** comment 皮肉な言葉
- □ **(scathing, caustic, incisive, acrid, acrimonious)** remarks 辛らつな言葉
- □ a **(serene, placid, sedate)** life 穏やかな生活
- □ **(serendipitous, fortuitous)** discoveries 思いがけない発見
- □ a **(shady, dubious, fishy)** character いかがわしい人物
- □ a **(shoestring, meager, paltry, skimpy)** budget 乏しい予算

Track 060

0301 □□□□□□ □

abject
/ǽbdʒekt/

形 (極度に) 絶望的な [惨めな] (≒ miserable, wretched)
▷ **abject** poverty 極貧
▷ an **abject** failure 惨めな失敗

「惨めな」**アブ、ジェット**機から追い出される、と覚えよう!

0302 □□□□□□ □

abrasive
/əbréisiv/

形 研磨の 、失礼な、不快な (≒ harsh, caustic)
名 **abrasion** 磨耗
▷ an **abrasive** manner 失礼な態度
▷ an **abrasive** cleaner 研磨洗浄剤

あぶれじゃんじゃん「磨耗」させる、と覚えよう!

0303 □□□□□□ □

abridged
/əbrídʒd/

形 簡略した、要約した 反 **unabridged** 完全な
▷ an **abridged** version of a book 本の簡略版

あっブリッジかけて距離を「短縮した」ルート、と覚えよう!

0304 □□□□□□ □

absolve
/æbzálv/

動 許す、免責する (≒ exonerate, discharge)
▷ **absolve** him from his sin 彼の罪を許す
▷ **absolve** him from his responsibility 彼を免責する

アブ、そろばんの授業を「免除される」と覚えよう!

0305 □□□□□□ □

accolade
/ǽkəlèid/

名 賞賛、栄誉 (≒ tribute, acclaim)
▷ receive[earn] an **accolade** from people 称賛を得る

あこれぞ傑作と「賞賛」する、と覚えよう!

0306 □□□□□□ □

affable
/ǽfəbl/

形 愛想の良い (≒ amiable, genial)
▷ an **affable** personality[character] 愛想良い性格 [人物]

あファ (ファ) ぶりっ子「愛想がいい」と覚えよう!

0307 □□□□□□ □

align
/əláin/

動 提携する、一直線にする (≒ arrange, line up)
名 **alignment** 提携
▷ Desks are **aligned** in straight rows. 机が整列している。

あ、ラインで「一直線に並べる」と覚えよう!

Track 061

0308 □□□□□□ □

animosity
/ænəmásəti/

名 敵意、反目 (≒ antipathy, hostility)
▷ **animosity** between races 人種間の反目

アニマ(ル)捨てるやつ、こん「畜生」と覚えよう!

0309 □□□□□□ □

annotation
/ænətéiʃən/

名 注釈、注記 (≒ note, footnote)
▷ book[novel] **annotations** 本[小説]の注釈

あの立ち読みだめ! と本に「注記」する、と覚えよう!

0310 □□□□□□ □

ascetic
/əsétik/

形 禁欲的な、苦行の (≒ abstemious)
名 **asceticism** 禁欲、苦行
▷ an **ascetic** life 禁欲的な生活
▷ an **ascetic** monk 修行僧

汗ちくちく目に入る「苦行」の連続、と覚えよう!

0311 □□□□□□ □

astute
/əst(j)úːt/

形 鋭敏な、抜け目のない (≒ shrewd, adroit)
▷ **astute** management [investments] 抜け目のない経営[投資]

明日チューとする「抜け目のない」奴、と覚えよう!

0312 □□□□□□ □

banal
/bənǽl/

形 陳腐な、ありふれた (≒ insipid, humdrum)
▷ a **banal** story[subject] 平凡な話[テーマ]

バナナの朝食は「平凡」だ、と覚えよう!

0313 □□□□□□ □

belittle
/bilítl/

動 見くびる、けなす (≒ disparage, trivialize)
▷ **belittle** his efforts[achievement] 彼の努力[業績]をけなす

ベー(と)リトルな動物を「見くびる」と覚えよう!

0314 □□□□□□ □

blemish
/blémiʃ/

名 染み、汚点 (≒ stain, mark)
動 (美・完璧さを)損なう[汚す]
▷ a **blemish** on his record 彼の経歴の汚点

化粧の手**ぶれミス**して「染み」ができる、と覚えよう!

Track 062

0315 □□□□□□ □

blunt
/blʌ́nt/

形 **鈍い、無遠慮な**（≒ dull, brusque） 動 **鈍らせる**
▷ a **blunt** weapon 鈍器
▷ a **blunt** question 無遠慮な質問

ぶらんとぶらつく「ぶっきらぼうな」奴、と覚えよう！

0316 □□□□□□ □

boon
/búːn/

名 **恩恵、恵み**（≒ blessing）
▷ a **boon** to the world economy 世界経済への恩恵

ブ～ンと「恩恵」舞い上がる、と覚えよう！

0317 □□□□□□ □

brawl
/brɔ́ːl/

名 **騒々しいけんか、乱闘**（≒ scuffle） 動 **口論する**
▷ a drunken[street] **brawl** 酒の上の［街中での］けんか

大**風呂**敷で呂律も回らない「乱闘」と覚えよう！

0318 □□□□□□ □

brazen
/bréizn/

形 **ずうずうしい、恥知らずの**（≒ brash, insolent）
▷ a **brazen** attack[lie] あからさまな攻撃［嘘］

無礼ずんずん入って「厚かましい」と覚えよう！

0319 □□□□□□ □

capitulate
/kəpítʃulèit/

動 **降伏［屈服］する**（≒ succumb） 名 **capitulation** 降伏
▷ **capitulate** to his demands 彼の要求に屈する

cap（頭）を差し出すイメージ。

0320 □□□□□□ □

catalyst
/kǽt(ə)list/

名 **触媒［促進］をするもの**（≒ enzyme, spur）
▷ serve as a **catalyst** for a social change[movement]
社会変化［運動］を促進する

腸**カタル**、**胃スト**ップするのを「促進するもの」と覚えよう！

0321 □□□□□□ □

commensurate
/kəménsərət/

形 **釣り合った、ふさわしい**（≒ equivalent）
▷ The salary is **commensurate** with experience[age].
給料は経験［年齢］に釣り合っている。

源 com（同）＋ measure（計る）➡ 釣り合う

Track 063

0322 □□□□□□ □

complicity
/kəmplísəti/

名 **共謀、共犯**（≒ collusion）
▷ **complicity** in a crime 犯罪の共謀

☞ accomplice（共犯）と共に、complice（共犯者）を含む。

0323 □□□□□□ □

condone
/kəndóun/

動 **大目に見る、容赦する**（≒ overlook, excuse）
▷ **condone** the violence[crime] 暴力［犯罪］を大目にみる

今度だけよ！ と「大目に見る」と覚えよう！

0324 □□□□□□ □

conducive
/kənd(j)úːsiv/

形 **～の助けとなる、～に貢献する**（≒ helpful）
▷ be **conducive** to economic development 経済発展に貢献する

ミスター**近藤しぶ**しぶながら「貢献する」と覚えよう！

0325 □□□□□□ □

congregate
/káŋgrigèit/

動 **集まる**（≒ assemble, gather） 名 **congregation** 集会
▷ Demonstrators **congregated** at a square.
デモ参加者たちは広場に集まった。

こんぐれ～のゲート、「集まる」民衆打ち倒す、と覚えよう！

0326 □□□□□□ □

constellation
/kànstəléiʃən/

名 **集まり、星座**（≒ cluster）
▷ a **constellation** of stars 星の集まり

今週捨てれねーじゃんゴミの「集まり」を、と覚えよう！

0327 □□□□□□ □

covert
/kóuvərt/

形 **秘密の、隠された**（≒ furtive, clandestine）
▷ a **covert** operation[meeting] 秘密作戦［会議］

小鳩を「秘密の」ハットに隠す魔術師、と覚えよう！

0328 □□□□□□ □

cursory
/kə́ːrsəri/

形 **大雑把な、いいかげんな**（≒ perfunctory, casual）
▷ a **cursory** glance[examination] 大雑把な視線［調査］

こらサリー、「いいかげんな」キスは駄目よ、と覚えよう！

Track 064

0329 □□□□□□ □

dangle
/dǽŋgl/

動 **ぶら下がる、ぶらぶら揺れる**（≒ hang）
▷ monkeys **dangling** from trees 木にぶら下がる猿たち

段**々ぐる**ぐると棒に「ぶら下がる」サーカス芸、と覚えよう！

0330 □□□□□□ □

dawdle
/dɔ́ːdl/

動 **ぐずぐずする、時間を無駄にする**（≒ linger）
▷ **dawdle** over my work 仕事をだらだらする

しん**どうだら**だら、「時間を無駄にする」と覚えよう！

0331 □□□□□□ □

defer
/difə́ːr/

動 **延ばす、延期する**（≒ postpone, protract）
名 **deferment** 延期
▷ **defer** the final decision 最終決定を延ばす

出る歯を「延ばす」吸血鬼、と覚えよう！

0332 □□□□□□ □

demolish
/dimáliʃ/

動 **取り壊す、覆す**（≒ wreck, raze）
▷ **demolish** a building ビルを取り壊す
▷ **demolish** an argument 主張を論破する

何で**森しゅ**ぱっと「破壊する」の？ と覚えよう！

0333 □□□□□□ □

denote
/dinóut/

動 **意味する、示す**（≒ signify, designate）
▷ The mark on the map **denotes** a station.
その地図のマークは駅を示します。

何で**ノート**に「示す」んじゃ？ と覚えよう！

0334 □□□□□□ □

despondent
/dispándənt/

形 **落胆［意気消沈］した**（≒ downcast, disheartened）
▷ a **despondent** mood[heart] 落胆したムード［気分］

弟子パン（が）出んとわかり「落胆した」と覚えよう！

0335 □□□□□□ □

deviate
/díːvièit/

動 **それる、逸脱する**（≒ diverge, digress）
名 **deviation** 逸脱
▷ **deviate** from the rule[standard] 規則［水準］をそれる

源 de（分離）＋ via（道）➡ それる

Track 065

0336 □□□□□□ □

dexterous
/dékst(ə)rəs/

形 器用な、機敏な (≒ deft) 名 dexterity 器用さ
▷ **dexterous** hands 器用な手
▷ **dexterous** movements 機敏な動き

何でも**でき (る) スター**は「器用」と覚えよう!

0337 □□□□□□ □

discrepancy
/diskrépənsi/

名 不一致、食い違い (≒ inconsistency, incongruity)
▷ **discrepancies** between the two statements
2つの証言の食い違い

ジュースくれパンくれ、要求意見の「不一致」と覚えよう!

0338 □□□□□□ □

discreet
/diskríːt/

形 慎重な (≒ circumspect, cautious) 名 discretion 分別
▷ **discreet** inquires 慎重な調査
▷ **discreet** questions 控えめな質問

弟子くれッと「慎重な」お願いをする、と覚えよう!

0339 □□□□□□ □

disparaging
/dispǽriʤiŋ/

形 見くびった、見下した (≒ derogatory)
動 disparage 見くびる
▷ **disparaging** remarks[comments] 見下すような発言[コメント]

何で**スーパー (の) レジ**係を「けなす」の? と覚えよう!

0340 □□□□□□ □

drab
/drǽb/

形 単調な、さえない (≒ dull, dull-colored)
▷ a **drab** room 殺風景な部屋
▷ **drab** clothes パッとしない服装

☞ dr- はだらだら疲れたイメージ。

0341 □□□□□□ □

dupe
/d(j)úːp/

動 だます (≒ delude, beguile)
▷ **dupe** someone into buying fake goods
だまして偽物を買わせる

源 duplex (二重) の dup は「二つ」の意味。

0342 □□□□□□ □

ebb
/éb/

名 引き潮 動 (潮が) 引く、弱くなる (≒ retreat)
▷ an **ebb** and flow of the tide 潮の干満

☞ 反対語は flow。ebb and flow で「干満」。

Track 066

0343 □□□□□□ □

encumber
/inkʌ́mbər/

動 **妨げる、邪魔をする**（≒ hamper, hinder, impede）
▷ **encumber** the development[process] 開発［進行］を妨げる

cumber（横たわって）邪魔をするイメージ。

0344 □□□□□□ □

engulf
/ingʌ́lf/

動 **巻き込む、飲み込む**（≒ envelop, swallow up）
▷ be **engulfed** in flames[wars] 炎［戦争］に巻き込まれる

gulf（湾）の中に包み込むイメージ。

0345 □□□□□□ □

enigmatic
/ènigmǽtik/

形 **謎めいた、不可解な**（≒ inscrutable） 名 **enigma** 謎
▷ an **enigmatic** smile[expression] 謎めいた微笑み［表情］

エニグマは「ジョジョの奇妙な冒険」に登場！

0346 □□□□□□ □

enthrall
/inθrɔ́:l/

動 **夢中にさせる**（≒ enchant, captivate, mesmerize）
形 **enthralling** 大変おもしろい
▷ be **enthralled** by the story 話に夢中になる

ボールスロー**イン、スロー**に観客を「魅了する」と覚えよう！

0347 □□□□□□ □

enunciate
/inʌ́nsièit/

動 **明確に発音する、明確に述べる**（≒ articulate）
名 **enunciation** 発音、発表
▷ **enunciate** my words 言葉を明確に発音する
▷ **enunciate** my principles 原則を明確に述べる

源 announce と同意の nunci を含む。

0348 □□□□□□ □

erudite
/ér(j)udàit/

形 **博学な**（≒ well-educated） 名 **erudition** 博識
▷ an **erudite** scholar 博学な学者
▷ an **erudite** work 学問的な著作

知識**得る、伊達**に「博学」じゃない学者、と覚えよう！

0349 □□□□□□ □

eulogize
/jú:lədʒàiz/

動 **ほめたたえる**（≒ extol, laud） 名 **eulogy** 追悼、賞賛
▷ **eulogize** the deceased 故人をほめたたえる

君に**ゆーよ、ジャズ**演奏「賞賛する」よ、と覚えよう！

Track 067

0350 □□□□□□ □

euphoric

/juːfɔ́ːrik/

形 **有頂天の、非常に幸せな**（≒ elated） 名 **euphoria** 多幸感

▷ an **euphoric** feeling[state] 有頂天な感情［状態］

ユーフォー（UFO）地球に到着「非常に幸せな」と覚えよう！

源 eu（良い）＋ pho（運ぶ）→ 有頂天の

0351 □□□□□□ □

exemplify

/igzémpləfài/

動 **体現する、例証する**（≒ epitomize, illustrate）

▷ **exemplify** the spirit[ideals] of the nation
その国の精神［理想］を体現する

☞ example の変形で非常に覚えやすい！

0352 □□□□□□ □

exonerate

/igzɑ́nərèit/

動 **容疑を晴らす、免除する**（≒ absolve, vindicate）

▷ be **exonerated** from blame[charges] 非難［容疑］を免れる

行くぞ！ 慣れた「容疑を晴らす」ために、と覚えよう！

0353 □□□□□□ □

exorbitant

/igzɔ́ːrbət(ə)nt/

形 **法外な**（≒ prohibitive, outrageous）

▷ **exorbitant** prices[fees] 法外な価格［料金］

行くぞ！ びた一文も払わぬ「法外な」料金！ と覚えよう！

0354 □□□□□□ □

expedient

/ikspíːdiənt/

形 **ご都合主義の、方便の、役立つ**（≒ advantageous）

▷ **expedient** measures[solutions] ご都合主義の手段［解決法］

▷ an **expedient** lie 利己的な嘘

源 ex（外へ）＋ ped（足）→ 自由で都合のよい

0355 □□□□□□ □

feign

/féin/

動 **装う、ふりをする**（≒ sham, pretend）

▷ **feign** illness[indifference] 病気［無関心］を装う

源 日本語になったフェイント（feint）と同じ由来。

0356 □□□□□□ □

figment

/fígmənt/

名 **作り事、作り話**（≒ fabrication, concoction）

▷ a **figment** of the imagination 想像上の産物

源 figure（形）から「作り事」となった語。

0357 □□□□□□ □

fraught
/frɔ́:t/

形 **(問題など) いっぱいの、はらんで** (≒ loaded, rife)
▷ be **fraught** with problems[difficulties]
問題 [困難] でいっぱいの

源 freight (荷物) をどっさり積んだから来た語。

0358 □□□□□□ □

frenetic
/frənétik/

形 **猛烈な、すさまじい** (≒ frantic, frenzied)
▷ (a) **frenetic** pace[actions] 猛烈なペース [行動]

お尻振り**振りねーと**「激しい」ダンス、と覚えよう！

0359 □□□□□□ □

gallant
/gǽlənt/

形 **勇敢な、勇ましい** (≒ valiant, intrepid)
▷ a **gallant** soldier[fight] 勇敢な兵士 [戦い]

車のギャランは「勇ましい」と覚えよう！

0360 □□□□□□ □

grievance
/gríːvəns/

名 **不平、不満** (≒ complaint, gripe)
▷ have[settle] a **grievance** 不満を抱く [解決する]

ぐり**ぐリバン**バン「不平」を言う、と覚えよう！

0361 □□□□□□ □

hamper
/hǽmpər/

動 **妨害する、邪魔する** (≒ impede, hinder)
▷ **hamper** the national progress[development]
国家の進歩 [発展] を妨げる

はんぱだ「邪魔」だよどけてくれ、と覚えよう！

0362 □□□□□□ □

haphazard
/hæphǽzərd/

形 **場当たり的な、計画性のない** (≒ random)
▷ a **haphazard** manner[approach] 場当たり的な方法 [やり方]

源 hap (運、偶然) ＋ hazard (危険) ➡ でたらめな

0363 □□□□□□ □

imminent
/ímənənt/

形 **差し迫った、切迫した** (≒ impending)
▷ an **imminent** danger[threat] 差し迫った危険 [脅威]

源 eminent, prominent と同じ minent (突き出る) を含む語。

Track 069

0364 □□□□□□ □

implore
/implɔ́ːr/

動 懇願する、嘆願する（≒ beg, plead）

▷ **implore** the government to help the socially vulnerable
政府に社会的弱者を助けるように懇願する

い〜んプロ愛がなくって？ 慈悲を「懇願する」と覚えよう！

0365 □□□□□□ □

inception
/insépʃən/

名 始まり、開始（≒ initiation, commencement）

▷ the **inception** of the organization[system]
組織［制度］の発足

㊙ incipient と同じ語根で「始まり」の意味を含む。

0366 □□□□□□ □

incur
/inkə́ːr/

動 （費用・損失などを）負う（≒ sustain）

▷ **incur** costs[a debt] 費用［借金］を負う

い〜んか借金を「負う」ことになっても？ と覚えよう！

0367 □□□□□□ □

infiltrate
/infíltreit/

動 潜入する（≒ penetrate, intrude） 名 **infiltration** 侵入

▷ **infiltrate** (into) the country[enemy territory]
国［敵の領土］へ潜入する

㊙ in（中へ）＋ filtrate（侵入する）➡ 潜入する

0368 □□□□□□ □

instigate
/ínstəgèit/

動 開始させる、扇動する（≒ incite, foment）

▷ **instigate** an investigation 調査を開始させる

▷ **instigate** a riot 暴動を扇動する

☞ sting（刺す）と同じ意味の stig で類推できる。

0369 □□□□□□ □

intercept
/ìntərsépt/

動 傍受する、迎撃する、妨害する（≒ capture, obstruct）

▷ **intercept** calls 電話を傍受する

▷ **intercept** missiles ミサイルを迎撃する

㊙ inter（中で）＋ cept（捕える）➡ 傍受する、迎撃する

0370 □□□□□□ □

intimidate
/intímədèit/

動 脅す、怖がらせる（≒ terrify, menace）

名 **intimidation** 脅し

▷ **intimidate** him into signing a contract
彼を脅して契約にサインさせる

☞ timid（臆病な、気弱な）の状態にさせる語。

Track 070

0371 □□□□□□ □

intrepid
/intrépid/

形 **勇敢な、大胆不敵な**（≒ gallant, valiant）
▷ an **intrepid** adventurer[hunter] 大胆不敵な冒険家［ハンター］

コイン取れ、ビットコインは「大胆不敵」と覚えよう！

0372 □□□□□□ □

invoke
/invóuk/

動 **実施する、発動する、呼び起こす**
（≒ implement, conjure up）
▷ **invoke** a law 法律を実施する
▷ **invoke** an image of a nation ある国のイメージを呼び出す

陰謀を下して軍事作戦を「発動する」と覚えよう！

0373 □□□□□□ □

lurid
/lú(ə)rid/

形 **どぎつい、けばけばしい**（≒ vivid, sensational）
▷ **lurid** crimes 身の毛のよだつ犯罪
▷ **lurid** sexual acts どぎつい性行為

水着姿の**ルリ（子）どう**も「けばけばしい」と覚えよう！

0374 □□□□□□ □

malleable
/mǽliəbl/

形 **可鍛性の、影響されやすい**（≒ ductile, pliable）
▷ **malleable** metals 打ち延ばしできる金属
▷ **malleable** children 影響されやすい子供たち

マリアぶるぶる震えて「影響されやすい」と覚えよう！

0375 □□□□□□ □

mitigate
/mítəgèit/

動 **和らげる、軽くする**（≒ alleviate, assuage）
▷ **mitigate** the environmental impact[problem]
環境問題の影響［問題］を和らげる

見てゲートの重さを「軽くする」と覚えよう！

0376 □□□□□□ □

mollify
/máləfài/

動 **なだめる、和らげる**（≒ appease, mitigate）
▷ **mollify** his anger[fears] 彼の怒り［恐怖］をなだめる

子**守り配**して怒る母親を「なだめる」と覚えよう！

0377 □□□□□□ □

obliterate
/əblítərèit/

動 **跡形もなく消す、完全に破壊する**（≒ annihilate）
▷ **obliterate** my memories 記憶を忘れ去る
▷ **obliterate** the enemy 敵を撃破する

源 ob（消す）＋ litera（文字）➡ 跡形もなく消す

Track 071

0378 □□□□□□ □

obtrusive
/əbtrúːsiv/

形 **目障りな、不快な** (≒ conspicuous, intrusive)
動 **obtrude** 出しゃばる 名 **obtrusion** 押し付け
▷ an **obtrusive** color 目障りな色
▷ an **obtrusive** smell 不快な臭い

源 trus は intrude と同じ「突き出る」という意味。

0379 □□□□□□ □

qualm
/kwáːm/

名 **懸念、良心の呵責** (≒ scruple, compunction)
▷ have no **qualms** about lying 平気で嘘を言う

こーも私の人生は「後ろめたさ」ばっかり、と覚えよう!

0380 □□□□□□ □

quell
/kwél/

動 **(暴動を) 鎮圧する、(感情を) 抑える** (≒ suppress)
▷ **quell** the violence 暴力を鎮圧する
▷ **quell** her fear 彼女の不安を和らげる

食える米もない農民の一揆を「鎮圧する」と覚えよう!

0381 □□□□□□ □

rampant
/rǽmpənt/

形 **蔓延した、はびこる** (≒ pervasive, epidemic)
▷ **rampant** crime[disease] はびこる犯罪 [病気]

ランパンはいた痴漢が「はびこる」と覚えよう!

0382 □□□□□□ □

rebuke
/ribjúːk/

動 **叱責する、戒める** (≒ reprimand) 名 **叱責、非難**
▷ **rebuke** him for his behavior 彼の態度を叱責する

re (何度も) ビュービューと「非難する」と覚えよう!

0383 □□□□□□ □

reclusive
/riklúːsiv/

形 **孤立 [隠遁] した** (≒ secluded) 名 **recluse** 世捨て人
▷ a **reclusive** state 孤立国家
▷ a **reclusive** monk 隠遁した僧侶

あ**れ苦しいブ**タ箱の「孤立した」生活は、と覚えよう!

0384 □□□□□□ □

rectify
/réktəfài/

動 **是正する、改善する** (≒ ameliorate, redress)
▷ **rectify** the problem[mistake] 問題 [失敗] を正す

荒**れ狂う血 (の) ファイ**トを「改善する」と覚えよう!

0385 □□□□□□ □

redeem
/ridíːm/

動 (名誉を) 回復する、(財産を) 取り戻す (≒ retrieve)
▷ **redeem** my honor 名誉を回復する
▷ **redeem** my property 財産を取り戻す

リチウム電池で電力「回復する」と覚えよう！

0386 □□□□□□ □

rejuvenate
/ridʒúːvənèit/

動 活性化させる (≒ revitalize, reinvigorate)
▷ **rejuvenate** the system[economy] 制度［経済］を活性化させる

源 re (再び) ＋ juve (若い) → 活性化する

0387 □□□□□□ □

reminiscent
/rèmənísnt/

形 懐かしむ (≒ evocative) 動 **reminisce** 回想する
▷ be **reminiscent** of the past 過去を思い起こさせる

remember (思い出す) でイメージできる。

0388 □□□□□□ □

rendition
/rendíʃən/

名 演奏、翻訳、他国への引き渡し (≒ performance)
▷ a **rendition** of the music[song] 音楽［歌］の演奏

render (変える、与える、演奏する) より来た語。

0389 □□□□□□ □

rueful
/rúːfəl/

形 後悔した、悔やんでいる (≒ repentant, contrite)
▷ a **rueful** face[glance] 悔やんだ顔［まなざし］

暴れた**龍震**えて「後悔している」と覚えよう！

0390 □□□□□□ □

scoff
/skɔ́ːf/

動 あざ笑う、嘲笑する (≒ jeer, scorn) 名 冷笑、嘲り
▷ **scoff** at his idea[claim] 彼の考え［主張］をあざ笑う

すこっふんと「鼻で笑う」イメージ。

0391 □□□□□□ □

smear
/smíər/

動 けがす、汚す (≒ tarnish, stain) 名 染み、非難
▷ **smear** his reputation 彼の名声をけがす
▷ **smear** his face with mud 泥で彼の顔を汚す

墨や「汚れるぜ」と覚えよう！

Track 073

0392 □□□□□□ □

swindle
/swíndl/

動 （金・財産など）をだまし取る（≒ defraud）
▷ **swindle** him out of his money 彼から金を騙し取る

すい**すい（ん）どる**と「巻き上げる」と覚えよう！

0393 □□□□□□ □

tenuous
/ténjuəs/

形 希薄な、薄っぺらい（≒ weak, flimsy）
▷ a **tenuous** relationship[connection] 希薄な関係

手におわす、「希薄な」人間関係、と覚えよう！

0394 □□□□□□ □

throng
/θrɔ́ːŋ/

名 大群、群集（≒ flock, swarm） 動 押し寄せる
▷ a **throng** of shoppers[tourists] 買物［観光］客の群れ

トライア**スロン**「大群」で参加、と覚えよう！

0395 □□□□□□ □

veer
/víər/

動 （進路・話題などが）それる［変わる］（≒ swerve）
▷ **veer** off the course[road] コース［道］からそれる

びゃーと車が「それる」と覚えよう！

0396 □□□□□□ □

venerable
/vénərəbl/

形 尊敬すべき、由緒ある（≒ respectable）
▷ a **venerable** saint 尊敬すべき聖人
▷ a **venerable** tradition 由緒ある伝統

ベナレス川は「由緒ある」川、と覚えよう！

0397 □□□□□□ □

venomous
/vénəməs/

形 悪意に満ちた、有毒な（≒ virulent） 名 **venom** 毒
▷ **venomous** attacks 悪意に満ちた攻撃
▷ **venomous** snakes 毒蛇

便飲むと「有毒な」で覚えやすい！

0398 □□□□□□ □

verbose
/vəːrbóus/

形 冗長な、言葉数の多い（≒ wordy, redundant）
▷ **verbose** speeches[comments] 冗長な演説［論評］

バ**バー（と）ボーズ**の嫌な「くどい」説教、と覚えよう！

0399 □□□□□□ □

vex
/véks/

動 **悩ます** (≒ annoy, irritate)
形 **vexed** イライラした 形 **vexing** イライラさせる
▷ be **vexed** by the problem 問題に悩まされる

アベック**好**き好き「イラ立つ」ぜ！ と覚えよう！

0400 □□□□□□ □

volition
/voulíʃən/

名 **意思、決断力** (≒ will, determination)
▷ of my own **volition** 自分の自由意志で

せんべいボリ**ボリ醤**油味食べる「意思」弱い奴、と覚えよう！

類語をまとめてチェック！ 形容詞編 ④

- □ **(slanted, biased, bigoted)** views 偏った見方
- □ **(slipshod, slovenly)** work ずさんな仕事
- □ a(n) **(sluggish, ailing, stagnant, anemic)** economy 不況の経済
- □ **(sluggish, lethargic, listless, languid)** workers 元気のない労働者
- □ **(strenuous, unremitting, persevering, dogged, tenacious)** efforts 粘り強い努力
- □ a **(succinct, pithy, terse, laconic)** explanation 簡潔な説明
- □ **(sycophantic, fawning, ingratiating)** subordinates へつらう部下
- □ a **(sweltering, scorching, torrid)** day 酷暑の日
- □ a(n) **(tempting, seductive, enticing, tantalizing)** smell 食欲を誘う匂い
- □ **(tenacious, strenuous, persevering, dogged)** efforts 粘り強い努力
- □ a **(tentative , provisional)** agreement 仮の協定
- □ **(tepid, lukewarm)** water ぬるい水

□ a **(thorny, knotty, ticklish, touchy)** problem 厄介な問題
□ a(n) **(thought-provoking, illuminating, edifying)** book 啓発的な本
□ **(toxic, venomous, virulent, noxious)** substances 毒性物質
□ a **(trifling, marginal, negligible)** matter 取るに足らない事柄
□ a(n) **(unwavering, steadfast, unflagging)** belief 揺るぎなき信念
□ a **(verbose, redundant)** description 冗長な記述
□ a **(viable, feasible)** plan 実行可能な計画
□ a **(vindictive, vengeful)** enemy 執念深い敵
□ **(visionary, quixotic)** ideas 空想的な考え
□ a **(vociferous, clamorous)** crowd やかましい群衆
□ a **(wistful, wishful)** look 物欲しそうな目

0401 □□□□□□ □

adherent
/ædhí(ə)rənt/

名 **信奉者**（≒ follower, advocate） 形 **粘着性の**
▷ **adherents** of Judaism ユダヤ教信奉者

源 ad-（～に）+ here（くっつく）➞ 信奉者

0402 □□□□□□ □

affinity
/əfínəti/

名 **親近感、強い好み**（≒ liking）
▷ an **affinity** for money[fame] お金［名声］が好き

あーひねても「大好き」彼のこと、と覚えよう！

0403 □□□□□□ □

altercation
/ɔ̀:ltərkéiʃən/

名 **口論、議論** 動 **altercate** 口論する
▷ have an **altercation** with my brother 兄と口論する

箸が**折れたーケイト**と「けんかする」と覚えよう！

0404 □□□□□□ □

ameliorate
/əmí:ljərèit/

動 **改良する、改善する**（≒ improve, remedy）
▷ **ameliorate** the symptoms[living conditions]
症状［生活環境］を改善する

網利用（の）**冷凍**食品を「改善して」よ、と覚えよう！

0405 □□□□□□ □

arduous
/á:rdʒuəs/

形 **困難な、骨の折れる**（≒ tough, demanding）
名 **ardor** 情熱
▷ an **arduous** task[journey] 困難な仕事［険しい旅］

アジャッスと「険しい」道を行く、と覚えよう！

0406 □□□□□□ □

ascribe
/əskráib/

動 **～の原因を…によるとする**（≒ attribute）
▷ be **ascribed** to God[luck] 神［幸運］のおかげとする

源 scribe（書いて）戒律を明確にすることに由来。

0407 □□□□□□ □

assiduous
/əsídʒuəs/

形 **勤勉な、精励な**（≒ sedulous, diligent）
▷ **assiduous** attention to details 細部まで注意を払う
▷ **assiduous** students[workers] 根気強く励む学生［ワーカー］

足沈む明日まで「せっせと働く」と覚えよう！

Track 075

0408 □□□□□□ □

avaricious
/ævəríʃəs/

形 欲の深い (≒ greedy) 名 **avarice** どん欲
▷ **avaricious** nature[eyes] 欲深い性格 [目]

おば利子安いの好きとは「貪欲な」と覚えよう!

0409 □□□□□□ □

balk
/bɔ́:k/

動 ためらう、妨げる (≒ recoil)
▷ **balk** at the decision[price] その決定 [値段] にたじろぐ

ぼっ苦しいので「尻込みする」と覚えよう!

0410 □□□□□□ □

bicker
/bíkər/

動 口論する (≒ squabble, wrangle)
▷ Stop **bickering** over the price!
値段のことで口げんかはもう止めなさい!

美化するのはよくないと「口論する」と覚えよう!

0411 □□□□□□ □

blunder
/blʌ́ndər/

名 大失敗、へま 動 やりそこなう
▷ a(n) political[irreparable] **blunder**
政治上の [取り返しのつかない] 大失敗

ブラン**ブラン** (と) **ダ**メな「失敗」と覚えよう!

0412 □□□□□□ □

brusque
/brʌ́sk/

形 不愛想な、ぶっきらぼうな (≒ blunt, curt)
▷ a **brusque** manner[reply] 素っ気ない態度 [ぶっきらぼうな返事]

ブラ透けている「無愛想な」女、と覚えよう!

0413 □□□□□□ □

clench
/kléntʃ/

動 握りしめる、食いしばる (≒ grip) 名 留め具
▷ **clench** his teeth[fist] 歯を食いしばる [拳を握り締める]

くれんチクワを「握りしめる」と覚えよう!

0414 □□□□□□ □

coax
/kóuks/

動 なだめて説得する (≒ cajole, wheedle)
▷ **coax** the child to take medicine 子供をなだめて薬を飲ませる

こ**こーくす**ぐって「あやそうぜ」と覚えよう!

重要レベル

Track 076

0415 □□□□□□ □

commune
/kəmjúːn/

動 **心を通わせる、親しく語り合う** (≒ communicate)
▷ **commune** with nature 自然に親しむ
▷ **commune** with myself じっくり考える

源 com (共に) + mun (変わる) → 心を通わせる

0416 □□□□□□ □

compelling
/kəmpéliŋ/

形 **説得力のある、引きつける** (≒ cogent, persuasive)
動 **compel** 強制する、圧倒する
▷ a **compelling** reason[agreement] 納得できる理由 [合意]

源 com (完全に) + pel (追いやる) → 説得力のある

0417 □□□□□□ □

connive
/kənáiv/

動 **共謀する、黙認する** (≒ overlook, ignore)
▷ **connive** at a crime[wrongdoing] 犯罪 [悪事] を黙認する

誰も**来なーいぶ**、「見て見ぬふり」と覚えよう！

0418 □□□□□□ □

crumble
/krʌ́mbl/

動 **崩壊する、粉々に砕ける** (≒ grind, collapse)
▷ a **crumbling** organization 崩壊しつつある組織

くらん**くらんぶる**と「崩壊する」と覚えよう！

0419 □□□□□□ □

daunting
/dɔ́ːntiŋ/

形 **ひるませる** (≒ overwhelming) 動 **daunt** 威圧する
▷ a **daunting** challenge[task] やっかいな挑戦 [任務]

どーんと行くぜ、「ひるまずに」と覚えよう！

0420 □□□□□□ □

decimate
/désəmèit/

動 **大量殺害する** (≒ annihilate, exterminate)
▷ **decimate** the enemy[natives] 敵 [原住民] を大量に殺す

デシリットル単位でメイトを殺すイメージ。

0421 □□□□□□ □

defraud
/difrɔ́ːd/

動 **だまし取る** (≒ swindle, cheat) 名 **defraudation** 詐欺
▷ **defraud** the company[investors]
会社に詐欺を働く [投資家を欺く]

源 de (分離) + fraud (だます、欺く) → だまし取る

Track 077

0422 □□□□□□ □

deft
/déft/

形 **器用な、すばやい** (≒ nimble, dexterous)
▷ **deft** fingers[handling] 器用な指 [処理]

なん**でふっと**できる「器用な」人と覚えよう!

0423 □□□□□□ □

devout
/diváut/

形 **信心深い、誠実な** (≒ pious)
▷ **devout** Christians[Buddhists] 信心深いキリスト教徒 [仏教徒]

devour は (ガツガツ食べる) と覚えよう!

0424 □□□□□□ □

digress
/digrés/

動 **(本題から) それる** (≒ deviate, diverge)
▷ **digress** from the subject[topic] 話が本題 [トピック] からそれる

源 di (離れて) + gress (進む) → それる

0425 □□□□□□ □

duplicate
形 名 /dú:plikət/ 動 /dú:plikèit/

形 **複製の** 動 **複製する** 名 **写し** (≒ copy)
名 **duplicity** 二枚舌
▷ a **duplicate** copy[key] 複製物 [合鍵]

源 du (2つ) + plic (重ね) + ate → 複製する

0426 □□□□□□ □

elated
/iléitid/

形 **大喜びで** 名 **elation** 意気揚々
▷ be **elated** with joy[success] 大いに喜んで [成功に大喜びで]

エレベーターで上がるイメージ

0427 □□□□□□ □

equitable
/ékwətəbl/

形 **公平な、公正な** (≒ fair) 名 **equity** 公正さ
▷ an **equitable** distribution[treatment] 均等配分 [公平な待遇]

equal が入っているので覚えやすい!

0428 □□□□□□ □

facade
/fəsá:d/

名 **見せかけ、(建物の) 正面** (≒ pretense, front)
▷ put on a **facade** うわべだけ取り繕う
▷ the **facade** of the cathedral 教会の正面

ふぁっサッと「うわべ」を取りつくろう、と覚えよう!

0429 □□□□□□ □

farce
/fá:rs/

名 **笑劇、茶番劇**（≒ travesty, joke）
▷ What a **farce**! 茶番だぜ！

ふぁーすごい「茶番」だぜ、と覚えよう！

0430 □□□□□□ □

fastidious
/fæstídiəs/

形 **入念な、潔癖な**（≒ fussy）
▷ be **fastidious** about cleanliness 潔癖である
▷ a **fastidious** taste 好みがうるさい

fastener で縛るように「気難しい」と覚えよう！

0431 □□□□□□ □

fetter
/fétər/

動 **拘束する**（≒ shackle） 名 **足かせ、束縛**
▷ be **fettered** by tradition[the rules] 伝統［規則］に縛られた

「拘束されて」**下手な**プレーをしている、と覚えよう！

0432 □□□□□□ □

fickle
/fíkl/

形 **気まぐれな、飽きっぽい**（≒ capricious）
▷ **fickle** weather 移り気な天気
▷ a **fickle** boy 飽きっぽい少年

ふぃくるくる変わる「気まぐれな」と覚えよう！

0433 □□□□□□ □

flabbergast
/flǽbərgæ̀st/

動 **仰天させる**（≒ dumfound）
▷ be **flabbergasted** by the news その知らせにぶったまげる

ふらっ婆（ばばあ）がストップするほど「仰天させる」と覚えよう！

0434 □□□□□□ □

fortitude
/fɔ́:rtət(j)ù:d/

名 **不屈の精神**（≒ tenacity）
▷ **fortitude** to deal with the problem 問題を解決する不屈の精神

源 fort-（強い）+ itude（性質、状態）➡ 不屈の精神

0435 □□□□□□ □

frenzy
/frénzi/

名 **逆上、激高、狂乱**（≒ fever） 動 **逆上させる**
▷ a feeding[media] **frenzy** 報道合戦［マスコミの狂乱ぶり］

フレー**フレー爺**さん「狂乱」してると覚えよう！

Track 079

0436 □□□□□□ □

fret
/frét/

動 心配する、苛立つ（≒ worry）
▷ **fret** about the future 将来を心配する

腰**振れと**言われて「苛立つ」と覚えよう！

0437 □□□□□□ □

garner
/gáːrnər/

動 集める、獲得する（≒ gather） 名 穀物倉庫、蓄積
▷ **garner** support[votes] 支持［票］を集める

ガーナで協力を「集める」と覚えよう！

0438 □□□□□□ □

garnish
/gáːrniʃ/

動 装飾する、付け合わせる 名 付け合わせ
▷ **garnish** a dish with parsley 料理にパセリを添える

な**がーニス**を塗って「装飾する」と覚えよう！

0439 □□□□□□ □

gorge
/gɔ́ːrʤ/

名 渓谷、地溝 動 がつがつ食べる、詰め込む
▷ a **mountain** gorge 山の渓谷

ゴウ**ゴウ地**響き「渓谷」に、と覚えよう！

0440 □□□□□□ □

grueling
/grúː(ə)liŋ/

形 つらい、過酷な（≒ exhausting） 名 ひどい仕打ち、厳罰
▷ (a) **grueling** training[schedule]
過酷なトレーニング［スケジュール］

gru はぐりぐりえぐる苦しさやガリガリきしむ不満の意味。

0441 □□□□□□ □

hassle
/hǽsl/

名 面倒なこと（≒ inconvenience）
動 喧嘩する、口論する、悩ます
▷ the **hassle** of arranging a meeting 会議の手配の煩わしいこと

ハッスルし過ぎて「いざこざ」起こす、と覚えよう！

0442 □□□□□□ □

heinous
/héinəs/

形 凶悪な、悪質な（≒ iniquitous, nefarious）
▷ a **heinous** crime[offence] 凶悪な犯罪

ヘイ！ なす「犯罪」と覚えよう！

Track 080

0443 □□□□□□ □

homage
/hámidʒ/

名 **敬意、忠誠の誓い**（≒ tribute, reverence）
▷ pay **homage** to the war dead 戦死者に敬意を表する

誉め爺さんに「敬意」を表す、と覚えよう！

0444 □□□□□□ □

idiosyncratic
/ìdiousiŋkrǽtik/

形 **特異な、特異体質の**（≒ peculiar） 名 **idiosyncrasy** 特異性
▷ an **idiosyncratic** style[culture] 特異なスタイル［文化］

源 idios（独自性）＋ syn（一緒に）➡ 特異な

0445 □□□□□□ □

impoverished
/impáv(ə)riʃt/

形 **貧困に陥った**（≒ destitute） 動 **impoverish** 貧乏にする
▷ an **impoverished** family[country] 貧しい家族［国］

☞ poverty を含んで覚えやすい！

0446 □□□□□□ □

inclement
/inklémənt/

形 **荒れ模様の、無情な**（≒ stormy）
▷ **inclement** weather conditions 荒れ模様の天気状況

源 clemency（温情）＋ in（否定）➡ 荒れ模様の

0447 □□□□□□ □

incongruous
/inkáŋgruəs/

形 **不釣り合いな**（≒ odd, unsuitable） 名 **incongruity** 不一致
▷ **incongruous** with the situation[character]
状況［性格］と一致しない

いんこん狂わす「不調和」音、と覚えよう！

0448 □□□□□□ □

inquisitive
/inkwízətiv/

形 **探求的な、詮索好きな**（≒ prying）
動 **inquire** 尋ねる 名 **inquiry** 質問
▷ an **inquisitive** mind[child] 探究心［知識欲旺盛な子］

源 inquire（尋ねる）に由来。

0449 □□□□□□ □

insipid
/insípid/

形 **味気ない、退屈な**（≒ bland）
▷ (an) **insipid** food[taste] 味気ない食べ物［味］

インスピどれもなし「退屈な」と覚えよう！

Track 081

0450 □□□□□□ □

insurmountable
/ìnsəmáuntəbl/

形 **克服できない、乗り越えられない**
▷ **insurmountable** obstacles[difficulties]
克服できない障害 [困難]

源 sur (上に) + mount (上る) + in (無) → 乗り越えられない

0451 □□□□□□ □

intractable
/intrǽktəbl/

形 **頑固な、解決困難な** (≒ obstinate)
▷ **intractable** problems[diseases] 手に負えない問題 [難病]

源 tract (引っぱる) + in (否定) → 手に負えない

0452 □□□□□□ □

invigorating
/invígərèitiŋ/

形 **元気づける** (≒ revitalizing, energizing)
動 **invigorate** 生気を与える、生き生きとさせる
▷ (an) **invigorating** exercise[walk] 元気づける運動 [散歩]

☞ vigor (活力) に由来。

0453 □□□□□□ □

irrevocable
/irévəkəbl/

形 **取り返しのつかない** (≒ irreversible)
▷ **irrevocable** damage 取り返しがつかない被害
▷ an **irrevocable** decision 変更不可能な決定

☞ revoke (取り消す) することができない。

0454 □□□□□□ □

jubilant
/ʤú:bələnt/

形 **喜びに満ちた、大喜びの** (≒ elated)
▷ **jubilant** fans[crowds] 大喜びのファン [群衆]

☞ jubilee (歓喜) に由来

🔒 **ジュー！ びらんと**「大喜び」と覚えよう！

0455 □□□□□□ □

laudable
/lɔ́:dəbl/

形 **称賛に値する** 動 **laud** 賞賛する
▷ **laudable** goals[objectives] すばらしいゴール [目標]

源 applaud (拍手を送る) に由来。

0456 □□□□□□ □

mayhem
/méihem/

名 **大混乱、騒乱、暴力行為** (≒ chaos, havoc)
▷ political[social] **mayhem** 政治的 [社会的] 大混乱

🔒 **ダメい、変**な奴の「大混乱」と覚えよう！

Track 082

0457 □□□□□□ □

mire

/máiər/

動 窮地に陥る、ぬかるみにはまる（≒ sink）

▷ be **mired** in poverty[controversy] 貧困［論争］から抜け出せない

まいやだわって「ぬかるみ」にはまる、と覚えよう！

0458 □□□□□□ □

misnomer

/misnóumər/

名 間違った名称

▷ **misnomers** in science[biology] 科学［生物学］における間違った名称

mis（ミス）＋ nome は name（名前）に似ている、と覚えよう！

0459 □□□□□□ □

morbid

/mɔ́ːrbid/

形 恐ろしい、病的な、病気の（≒ sick, abnormal）

▷ **morbid** curiosity[fascination]
病的な好奇心［病的に魅了された状態］

もー微動だにしない「病的な」人、と覚えよう！

0460 □□□□□□ □

nullify

/nʌ́ləfài/

動 無効にする、取り消す（≒ invalidate）

▷ **nullify** the law[contract] 法律［契約］を無効にする

null, nil はゼロの意味。

0461 □□□□□□ □

onset

/ɑ́ːnset/

名 開始、着手、襲撃、発病（≒ inception）

▷ at the **onset** of disease[cancer] 病気［ガン］の始まりに

オン！ と**セット**し「開始」する、と覚えよう！

0462 □□□□□□ □

optimum

/ɑ́ptəməm/

形 最善の、最適の（≒ tip-top）

▷ **optimum** conditions[solutions] 最適な条件［解決法］

最善の option（選択）と覚えよう！

0463 □□□□□□ □

override

/òuvərráid/

動 無視する、覆す（くつがえ）（≒ overrule）

▷ **override** the decision[ruling] 決定［判決］を覆す

㊮ over（上に）＋ ride（乗る）→ 覆す

Track 083

0464 □□□□□□ □

paragon
/pǽrəgàn/

名 **模範、手本、典型** (≒ epitome)
▷ a **paragon** of beauty[virtue] 美の典型 [美徳の鑑(かがみ)]

もっ**ぱらごん**ごんイケイケの「典型」と覚えよう！

0465 □□□□□□ □

paramount
/pǽrəmàunt/

形 **最高の、主要な** (≒ utmost)
▷ an issue of **paramount** importance 最重要の問題

源 para (以上) + mount (小山) → 最高の

0466 □□□□□□ □

patent
/pǽtnt/

形 **明白な** 名 **特許** 副 **patently** 明らかに (≒ obviously)
▷ a **patent** lie[absurdity] 明らかな嘘 [不合理]
▷ a **patent** for the new medicine 新薬の特許

パテントを取れば「明白だ」と覚えよう！

0467 □□□□□□ □

perfunctory
/pərfʌ́ŋkt(ə)ri/

形 **形だけの、気のない** (≒ tepid, lukewarm)
▷ a **perfunctory** greeting[kiss] 形だけのあいさつ [キス]

源 per (完全に) + funct (実行する)
→ うわべは完全に実行したような

0468 □□□□□□ □

perturb
/pərtə́ːrb/

動 **かき乱す、動揺させる** (≒ agitate, fluster)
▷ **perturb** the structure[system] 体制 [秩序] をかき乱す

源 per (すっかり) + turb (混乱させる) → 動揺させる

0469 □□□□□□ □

pester
/péstər/

動 **悩ます、苦しめる** (≒ nag, badger)
▷ be **pestered** by the media[questions]
メディア [質問] に悩まされる

☞ pest (害虫) のように苦しめるイメージ。

0470 □□□□□□ □

pivotal
/pívətl/

形 **中枢の、重要な** (≒ crucial)
▷ play a **pivotal** role in the government
政府において重要な役割をする
▷ a **pivotal** figure 中心人物

源 pivot (枢軸、要点) に由来。

0471 □□□□□□ □

posh
/pάʃ/

形 **ぜいたくな、豪華な** (≒ grand, upscale)
▷ a **posh** restaurant[accent] 一流レストラン [気品のある口調]

汽車汽車シュ**ポシュ**ポ「豪華な」旅、と覚えよう！

0472 □□□□□□ □

preposterous
/pripάst(ə)rəs/

形 **途方もない、ばかげた** (≒ absurd)
▷ a **preposterous** idea とんでもなく非常識な考え

源 pre (前) と post (後) が逆の ➡ ばかげた

0473 □□□□□□ □

pretext
名/príːtekst/ 動/priːtékst/

名 **口実、弁解** (≒ subterfuge) 動 **口実にする**
▷ under the **pretext** of being sick 病気を口実にして

源 pre (前もって) ＋ text (書いた) ➡ 口実

0474 □□□□□□ □

propriety
/prəpráiəti/

名 **礼儀正しさ、妥当性** (≒ etiquette, correctness)
▷ utmost[feminine] **propriety** 最高の [女性らしい] 礼儀正しさ
▷ observe the **proprieties** in public 人前で礼儀正しくする

☞ proper と同じ prop (固有、所有) を含む。

0475 □□□□□□ □

proximity
/prɑksíməti/

名 **近いこと、近接** (≒ vicinity)
▷ in close **proximity** to the airport 空港のすぐそばに

源 approximately (およそ) と同じ語源の approximate (近い) を含む。

0476 □□□□□□ □

pry
/prái/

動 **覗き込む、詮索する** 名 **のぞき見、詮索**
▷ **pry** into others' privacy 他人のプライバシーを詮索する
▷ **prying** eyes 好奇の目

プライド傷つけながら「詮索する」と覚えよう！

0477 □□□□□□ □

rapport
/ræpɔ́ːr/

名 **良好な関係、信頼** (≒ bond)
▷ build **rapport** with a client[patient]
顧客 [患者] と信頼関係を築く

☞ 女性は rapport、男性は report を求める、と覚えよう！

Track 085

0478 □□□□□□ □

ravage
/rǽvidʒ/

動 荒廃させる、略奪する (≒ devastate) 名 破壊、損害
▷ be **ravaged** by war[fire] 戦争［火災］で荒廃した

わらべ地蔵を「略奪する」と覚えよう！

0479 □□□□□□ □

recourse
/ríːkɔːrs/

名 頼みとするもの、頼むこと
▷ a legal **recourse** 法的手段
▷ have **recourse** to violence 暴力に訴える

源 re (再び) + course (行く所) → 頼るもの

0480 □□□□□□ □

relapse
/rilǽps/

動 ぶり返す、再発する (≒ revert) 名 再発、逆戻り
▷ have[suffer] a **relapse** 再発する

源 re (再び) + lapse (すべり落ちる) → ぶり返す

0481 □□□□□□ □

remunerative
/rimjúːnərətiv/

形 儲かる、報酬の多い (≒ lucrative)
▷ a **remunerative** job[business] 報酬の多い仕事［ビジネス］

あ**れ見習って**しゃんと「報酬受け取ろう」と覚えよう！

0482 □□□□□□ □

repercussion
/rìːpərkʌ́ʃən/

名 影響、波紋、反動 (≒ consequence)
▷ political[social] **repercussions** 政治的［社会的］影響

源 re (何度も) + percussion (打) → 影響

0483 □□□□□□ □

replicate
/réplikət/

動 複製する (≒ copy) 名 **replica** 複写、複製品
▷ **replicate** the data[information] データ［情報］を複製する
▷ **replicate** the experiment 実験を再現する

源 replica (模写) に由来。

0484 □□□□□□ □

repulsive
/ripʌ́lsiv/

形 ひどく不快な、反発の (≒ repugnant, revolting)
▷ a **repulsive** force[energy] 反発力
▷ a **repulsive** smell[odor] ひどく不快な臭い

源 re (離す) + pulse (追いやる) → ひどく不快な

0485 □□□□□□ □

retribution
/rètrəbjúːʃən/

名 報復、懲罰（≒ retaliation）
▷ divine[violent] **retribution** 神の怒り［暴力的な報復］

源 re（再び）＋ tribu（与える）➡ 返礼、報復

0486 □□□□□□ □

ruthless
/rúːθlis/

形 無慈悲な、非情な（≒ brutal）
▷ a **ruthless** killer[dictator] 残酷非道な殺害者［独裁者］

寄**るすれす**れの「冷酷な」暴行、と覚えよう！

0487 □□□□□□ □

scamper
/skǽmpər/

動 急いで走る、動く（≒ scurry）
▷ **scamper** around the house[room]
家［部屋］の中をぐるぐる駆け巡る

いか**すキャンパー**「急いで走る」と覚えよう！

0488 □□□□□□ □

scathing
/skéiðiŋ/

形 痛烈な、容赦ない（≒ caustic, sharp）
▷ **scathing** criticism[comments] 痛烈な非難［コメント］

源 scathe（火で傷つける、傷）に由来。

0489 □□□□□□ □

scour
/skáuər/

動 汚れを落とす、除去する（≒ scrub）、探し回る
▷ **scour** the floor 床をゴシゴシ洗う
▷ **scour** the countryside 田舎を探し回る

何で**すかうわー**「ピカピカに磨いて」と覚えよう！

0490 □□□□□□ □

sleek
/slíːk/

形 つやのある、しゃれた（≒ chic）
▷ a **sleek** design しゃれたデザイン
▷ **sleek** hair つやのある髪

すり**すり**したくなる「なめらかな」毛並み、と覚えよう！

0491 □□□□□□ □

stalemate
/stéilmèit/

名 膠着状態、行き詰まり（≒ deadlock）
▷ reach a **stalemate** in the negotiations 交渉で行き詰まる

☞ checkmate は将棋の詰み、と覚えよう！

Track 087

0492 □□□□□□ □

submerge
/səbmə́ːrdʒ/

動 沈める、浸水する(させる)(≒ sink)
▷ be **submerged** in water 浸水した
▷ a **submerged** land 水没した土地

源 sub(下に)+ merge(沈む)→ 浸水する

0493 □□□□□□ □

tattered
/tǽtərd/

形 ぼろぼろの(≒ torn) 動 **tatter** ぼろぼろに裂ける
▷ **tattered** jeans[clothes] ぼろぼろのジーパン[服]

たたくど「ぼろぼろの」服、と覚えよう!

0494 □□□□□□ □

transgress
/trænsgrés/

動 違反する(≒ contravene) 名 **transgression** 違反
▷ **transgress** the law 法を犯す
▷ **transgress** the boundary 境界を越える

源 法律を trans(越えて)+ gress(進む)→ 違反する

0495 □□□□□□ □

unruly
/ʌnrúːli/

形 手に負えない、粗暴な(≒ recalcitrant)
▷ an **unruly** child[mob] 手に負えない子供[暴徒]

源 rule(支配)+ un(反対)→ 手に負えない

0496 □□□□□□ □

upheaval
/ʌphíːvəl/

名 大変動、激動(≒ turmoil)
▷ a political[social] **upheaval** 政治的[社会の]大混乱

源 up(上に)+ heave(持ち上げ)→ 大混乱

0497 □□□□□□ □

usurp
/juːsə́ːrp/

動 侵害する、奪う(≒ wrest)
▷ **usurp** the throne[the political power]
王位[政治的権力]を奪う

☞ 人のものまで use up(使い果たす)で覚えやすい!

0498 □□□□□□ □

valiant
/vǽljənt/

形 勇敢な(≒ intrepid, audacious) 名 勇敢な人
▷ a **valiant** soldier 勇敢な兵士
▷ a **valiant** attempt 勇気ある試み

☞ val は「力」
威張らんと「勇敢な」人はモテる、と覚えよう!

0499 □□□□□□ □

vicarious
/vaiké(ə)riəs/

形 **代理的な、代行の**（≒ substitute）
▷ **vicarious** experience[pleasure] 疑似体験［擬似的な喜び］

源 vicar（代理者）に由来。

0500 □□□□□□ □

waver
/wéivər/

動 **揺れる、震える**（≒ vacillate） 名 **ぐらつき、揺れ**
▷ **waver** between hope and despair 一喜一憂する

☞ wave（波）のように揺れると覚えよう！

類語をまとめてチェック！ 動詞編 ①

- □ **(abstain from, eschew, forgo)** alcohol 酒を控える
- □ **(acquiesce in, accede to)** her proposal 彼女の提案に同意する
- □ be **(acquitted of, vindicated from, exonerated from)** the murder charge 殺人容疑が晴れる
- □ be **(afflicted, tormented, beset)** with financial problems 財政問題にさいなまされる
- □ **(alleviate, mitigate, appease, allay, placate)** the pain 痛みを和らげる
- □ **(allocate, earmark)** the money for the project その計画にお金を割り当てる
- □ be **(astounded, flabbergasted)** by the news その知らせに仰天する
- □ **(bicker, wrangle, squabble, haggle)** with the unionists 労働組合員と口論する
- □ **(belittle, disparage)** the effectiveness of the measure 方策の効果をけなす
- □ **(besieged , beleaguered)** Arab territory 包囲されたアラブの領土
- □ arguments **(bolstered, buttressed)** by solid facts 事実に裏付けられた主張

- □ **(cajole, coax, tempt, seduce, entice)** him into the business 彼をおだててその仕事をさせる
- □ **(cater to, gratify, pander to)** their whim 彼らの気紛れを満たす
- □ **(coalesce, amalgamate)** the different factions in his party 異なる派閥を合併させる
- □ **(confiscate, impound)** the property 所有物を没収する
- □ **(concoct, fabricate, forge)** his alibi アリバイをでっちあげる
- □ be **(confounded, baffled, mystified)** by his eccentricity 彼の奇行に当惑する
- □ **(conjure up, evoke)** memories of the war 戦争の記憶を呼び起こす
- □ **(convene, summon)** a meeting 会議を招集する
- □ **(cringe, flinch)** at the horrible sight 恐ろしい光景を見て縮こまる
- □ be **(crippled, maimed, disabled)** for life in an accident 事故で一生障害者になる
- □ **(deflect, deviate, diverge, swerve, veer)** from the road 道路からそれる
- □ **(degenerate, deteriorate)** into a recession 不況に陥る
- □ **(dehydrate, desiccate)** the food 食物を乾燥させる
- □ be **(deluged, inundated)** with applications 申し込みが殺到する
- □ **(deploy, station)** a missile ミサイルを配備する
- □ **(deride, scoff at, taunt)** the loser 敗者をあざける
- □ **(detain, imprison, incarcerate)** the criminal 犯罪者を投獄する
- □ **(devastate, ravage, annihilate, obliterate)** the town 町を破壊する
- □ **(dismember , mutilate)** the body 遺体をバラバラにする
- □ **(dissect, anatomize)** the corpse 死体を解剖する

Track 088

0501 □□□□□□ □

abyss
/əbís/

名 **奈落の底、どん底、格差**（≒ chasm, disparity）
▷ in the **abyss** of despair 絶望のどん底で

阿鼻ス地獄で絶望の「どん底」と覚えよう！

0502 □□□□□□ □

blur
/blə́ːr/

動 **ぼやける、曖昧にする**（≒ obscure） 名 **不鮮明**
▷ a **blurred** vision 目のかすみ
▷ **blur** the distinction[boundary] 違い［境界］をあいまいにする

ぶらぶらして「ぼやけた」顔、と覚えよう！

0503 □□□□□□ □

boisterous
/bɔ́ist(ə)rəs/

形 **騒がしい、にぎやかな**（≒ rowdy, clamorous）
▷ (a) **boisterous** crowd[laughter] にぎやかな集団［笑い］

ボーイズたらす「にぎやかな」女、と覚えよう！

0504 □□□□□□ □

bountiful
/báuntifəl/

形 **豊富な、気前の良い**（≒ profuse, copious）
▷ a **bountiful** harvest[crop] 豊作
▷ **bountiful** forests 豊かな森

源 bounte（ボーナス、良い）＋ful（満ちた）➡ 豊富な

0505 □□□□□□ □

bungle
/bʌ́ŋgl/

動 **へまをする、しくじる** 名 **へま**（≒ blunder）
▷ **bungle** the important job[work] 重要な仕事をしくじる

バン**バングル**グル回って「失敗する」と覚えよう！

0506 □□□□□□ □

buoyant
/bɔ́iənt/

形 **上り調子の、回復力のある**（≒ booming）
▷ a **buoyant** economy [market] 上り調子の経済［市場］

海にある**ブイ（の）よう**に浮いて「快調な」と覚えよう！

0507 □□□□□□ □

cajole
/kədʒóul/

動 **おだてて～させる**（≒ coax, wheedle）
▷ **cajole** him into buying a car おだてて車を買わせる

お世辞**過剰**で「たぶらかす」と覚えよう！

Track 089

0508 □□□□□□ □

coalesce
/kòuəlés/

動 **合体する、融合する**（≒ integrate, amalgamate）
▷ **coalesce** different parties into one party
異なる政党を１つの政党に合併する

これ〜すぐに「合体する」、と覚えよう！

0509 □□□□□□ □

collusion
/kəlúːʒən/

名 **共謀［談合］**（≒ conspiracy） 動 **collude** 共謀［談合］する
▷ in **collusion** with the enemy 敵と共謀して

肩**凝るじゃん**「共謀」は、と覚えよう！

0510 □□□□□□ □

compliant
/kəmpláiənt/

形 **従順な**（≒ amenable） 名 **compliance** 順守
▷ be **compliant** with the standard[rule] 基準［規則］に従う

源 com（共に）＋ ply（曲げる）➡ 従順な

0511 □□□□□□ □

compunction
/kəmpʌ́ŋkʃən/

名 **良心の呵責**（≒ remorse, scruple, qualm）
▷ have no **compunction** about stealing 平気で物を盗む

源 心を com（完全に）＋ punct（突き刺す）➡ 良心の呵責

0512 □□□□□□ □

concerted
/kənsə́ːrtid/

形 **協調した、一致した**（≒ coordinated, collaborative）
▷ **concerted** efforts[actions] 協調した努力［行為］

☞ concert は一緒に演奏で覚えやすい！

0513 □□□□□□ □

conciliatory
/kənsíliətɔ̀ːri/

形 **なだめるような**（≒ appeasing, pacifying, mollifying）
▷ a **conciliatory** tone of voice なだめるような口調
▷ a **conciliatory** gesture 和解の意思表示

「なだめる」には結**婚して知り合いとなり**、と覚えよう！

0514 □□□□□□ □

condescending
/kɑ̀ndəséndiŋ/

形 **（人）を見下すような**（≒ patronizing, disdainful）
▷ a **condescending** attitude[tone of voice]
相手を見下すような態度［口調］

源 con（完全に）＋ descend（降りる）➡ 見下すような

Track 090

0515 □□□□□□ □

confound
/kɑnfáund/

動 **困惑させる、狼狽させる** (≒ nonplus, confuse)
▷ **confound** the experts 専門家を困惑させる

源 con (共に) ＋ pour (注ぐ) より混ざって ➡ 困惑させる

0516 □□□□□□ □

conjure
/kάnʤər/

動 **呼び出す、心に呼び起こす** (≒ evoke, call up)
▷ **conjure** up images of Santa Claus
サンタクロースのイメージを心に呼び起こす

誰も**来ん、じゃー**呪文を唱えて「呼び出そ」う、と覚えよう！

0517 □□□□□□ □

construe
/kənstrúː/

動 **解釈する** (≒ interpret) 反 **misconstrue** 誤解する
▷ The message is **construed** as an agreement.
そのメッセージは同意とみなされている。

予約を**今週取る**と「解釈する」と覚えよう！

0518 □□□□□□ □

covetous
/kʌ́vitəs/

形 **非常に欲しがる、強欲な** (≒ insatiable, rapacious)
▷ be **covetous** of money and power お金と権力に貪欲である

カビたスを食えるとは「強欲な」と覚えよう！

0519 □□□□□□ □

credulous
/kréʤuləs/

形 **だまされやすい** (≒ gullible, naive)
▷ **credulous** investors[shoppers]
だまされやすい投資家たち［買い物客たち］

credit (信用する) ＋ ous (性質) ➡ だまされやすい

0520 □□□□□□ □

cryptic
/kríptik/

形 **謎めいた、不可解な** (≒ enigmatic, arcane)
▷ **cryptic** messages [notes] 謎めいたメッセージ［メモ］

源 cryptogram (暗号) から来た語。

0521 □□□□□□ □

decorous
/dékərəs/

形 **礼儀正しい、上品な** (≒ polite) 名 **decorum** 礼儀正しさ
▷ **decorous** behavior[manner] 上品な振舞い［物腰］

源 decorate (飾る) から来た語。

Track 091

0522 □□□□□□ □

deflect
/diflékt/

動 **それる、そらす** (≒ divert, distract)

▷ **deflect** public attention from the scandal
スキャンダルから大衆の注意をそらす

源 de (分離) + flect (曲げる) → それる、そらす

0523 □□□□□□ □

demoralize
/dimɔ́:rəlàiz/

動 **士気をくじく** (≒ dishearten, deject)

▷ have a **demoralizing** effect on the workers
従業員の士気を下げる

源 de (下に) + morale (士気) → 士気をくじく

0524 □□□□□□ □

derelict
/dérəlìkt/

形 **遺棄された、(義務を) 放棄した** (≒ deserted)

▷ a **derelict** building [land] 遺棄されたビル [土地]
▷ be **derelict** in his duty 業務を放棄した

源 de (完全に) + lict (捨てる) → 放棄した

0525 □□□□□□ □

derogatory
/dirágətɔ̀:ri/

形 **軽蔑的な** (≒ belittling, defamatory)

▷ **derogatory** remarks[terms] 軽蔑的な発言 [言葉]

源 de (下に) + rog (要求) → 軽蔑的な

出ろ! ゲートと「バカ」にする、と覚えよう!

0526 □□□□□□ □

detour
/dí:tuər/

名 **回り道** 動 **迂回する、遠回りする** (≒ divert, bypass)

▷ make[take] a **detour** 回り道をする

源 de (分離) + tour (回る) → 回り道、迂回する

0527 □□□□□□ □

diffident
/dífədənt/

形 **遠慮がちな、内気な、自信のない** (≒ shy, timid)

▷ a **diffident** voice[smile] 内気な声 [笑み]

☞ de (反) をつけてconfidentの反対の意味になる語。

0528 □□□□□□ □

diffuse
/difjú:z/

動 **広める、放散する** (≒ disseminate, propagate)

▷ **diffuse** information[light] 情報 [光] を拡散する

源 di (分離) + fuse (注ぐ) → 放散する

Track 092

0529 □□□□□□ □

dilute
/dailúːt/

動 (液体を) 薄める、弱める (≒ weaken, attenuate)
▷ **dilute** alcohol 酒を薄める
▷ **dilute** the power 権力を弱める

ウィスキー「薄める」と水**代いる〜と**よ、と覚えよう！

0530 □□□□□□ □

dire
/dáiər/

形 **ひどい、ものすごい** (≒ terrible, urgent)
▷ in **dire** consequences[straits] ひどい結果［苦境］で

50カラットの**ダイヤ**欠けて「悲惨だ」と覚えよう！

0531 □□□□□□ □

disband
/disbǽnd/

動 **解散する** (≒ break up, disperse)
▷ **disband** the organization[parliament] 組織［議会］を解散する

源 dis (反) + band (バンド、団結する) → 解散する

0532 □□□□□□ □

disdainful
/disdéinfəl/

形 **軽蔑した** (≒ contemptuous, arrogant)
動 名 **disdain** 軽蔑 (する)
▷ a **disdainful** look[glance] 軽蔑した顔つき［一瞥(べつ)］

何**でいすで**殴るの「バカ」にしてから、と覚えよう！

0533 □□□□□□ □

edifying
/édifaiiŋ/

形 **啓発的な、教訓的な** (≒ enlightening)　動 **edify** 啓発する
▷ an **edifying** speech[book] 啓発的なスピーチ［本］

声 (コ**エ**) **でファイト**！を「啓発する」と覚えよう！

0534 □□□□□□ □

equilibrium
/ìːkwəlíbriəm/

名 **(心の) 平静、均衡** (≒ composure, poise)
▷ maintain[lose] his emotional **equilibrium** 平静を保つ［失う］

源 equi (等しい) + libro (バランス) → 平静、均衡

0535 □□□□□□ □

exhilarating
/igzílərèitiŋ/

形 **陽気にさせる、元気づける** (≒ invigorating)
▷ an **exhilarating** adventure[trip] 気分を爽快にさせる冒険［旅］

源 hilarous (愉快な) を含んだ語。

Track 093

0536 □□□□□□ □

extort
/ikstɔ́ːrt/

動 **（金を）ゆすり取る** 名 **extortion** 恐喝（≒ blackmail）
▷ **extort** money from him 彼からお金をゆすり取る

源 ex（外へ）＋ tort（ねじる）➡ ゆすりとる

0537 □□□□□□ □

facetious
/fəsíːʃəs/

形 **ふざけた、おどけた**（≒ frivolous, jocular）
▷ **facetious** remarks[jokes] おどけた発言［冗談］

☞ face から福笑いのイメージ。

0538 □□□□□□ □

fallacy
/fǽləsi/

名 **誤った考え［誤信］**（≒ misconception, delusion）
形 **fallacious** 誤った
▷ a logical[argument] **fallacy** 論理的［議論の］誤り

源 fall（欺く）から false で「誤った考え」の意味。

0539 □□□□□□ □

fallible
/fǽləbl/

形 **誤りやすい**（≒ imperfect） 反 **infallible** 絶対間違いのない
▷ Humans are **fallible**. 人間は誤りやすい

源 fall（欺く）＋ ible（可能性）➡ 誤りやすい

0540 □□□□□□ □

ferocious
/fəróuʃəs/

形 **猛烈な、どう猛な**（≒ fierce, brutal）
▷ **ferocious** attacks[animals] 猛烈な攻撃、猛獣

源 fero は feral（野生の）・fierce（激しい）に含まれて「凶暴な」。

0541 □□□□□□ □

flounder
/fláundər/

動 **低迷する、不振に陥る**（≒ stagger, falter）
▷ a **floundering** company[economy] 低迷する会社［経済］

🔒「もがいて」もがいてふら**ふら（ん）だー**？ と覚えよう！

0542 □□□□□□ □

fluke
/flúːk/

名 **思いがけない幸運、まぐれ**（≒ windfall）
▷ The success is a **fluke**. その成功は思わぬ幸運だ。

🔒「まぐれ」で勝つとは**古〜く**さい、と覚えよう！

0543 □□□□□□ □

foment
/fouménd/

動 **扇動する、煽る**（≒ instigate, incite, abet）
▷ **foment** a riot[revolution] 暴動［革命］を扇動する

誉めんと「扇動する」のは難しい、と覚えよう！

0544 □□□□□□ □

full-fledged
/fùlfléʤd/

形 **一人前の、本格的な**（≒ full-grown, full-blown）
▷ a **full-fledged** member of society 立派な社会人
▷ a **full-fledged** scientist 一人前の科学者

fledge は「羽が生え揃う」、fledging は「駆出しの」。

0545 □□□□□□ □

headway
/hédwei/

名 **進歩、前進**（≒ progress, advance）
▷ make **headway** in the foreign market 海外市場に進出する

head（頭）＋ way（道、行く）➡ 前進

0546 □□□□□□ □

hefty
/héfti/

形 **重い、屈強の、たくさんの**（≒ substantial, burly）
▷ a **hefty** fine[salary] 多額の罰金［給料］

へ！ 太いな「大柄」で、と覚えよう！

0547 □□□□□□ □

hilarious
/hilé(ə)riəs/

形 **非常に面白い**（≒ comical, humorous）
▷ a **hilarious** joke[book] 非常に面白いジョーク［本］

源 ヒラリーは「すごく面白い」で覚えやすい！

0548 □□□□□□ □

hunch
/hʌ́ntʃ/

名 **予感、直感**（≒ premonition, intuition） 動 **背を丸める**
▷ have a **hunch** that it will rain 雨の降る予感がする

は**は～ん痴**漢がいる「予感」と覚えよう！

0549 □□□□□□ □

illustrious
/ilʌ́striəs/

形 **輝かしい、有名な**（≒ eminent, prominent）
▷ an **illustrious** career 輝かしい経歴
▷ an **illustrious** company 有名な会社

イラストに書くほど「素晴らしい」で覚えやすい！

Track 095

0550 □□□□□□ □

impound
/impáund/

動 **押収［拘置］する**（≒ confiscate, seize, incarcerate）
▷ **impound** his property[belongings]
彼の財産［所有物］を押収する

い〜ん？ パウンドケーキを「押収して？」と覚えよう！

0551 □□□□□□ □

incipient
/insípiənt/

形 **始まりの、初期の**（≒ embryonic, nascent）
▷ an **incipient** stage of development 発展の初期段階

源 in（中に）＋ cip, cept（取る）➞ 初期の

0552 □□□□□□ □

incite
/insáit/

動 **扇動する、駆り立てる**（≒ instigate, foment）
▷ **incite** violence[a riot] 暴力［暴動］を煽る

源 in（中に）＋ cite（刺激を与える）➞ 扇動する

0553 □□□□□□ □

ingrained
/ingréind/

形 **根深い、深くしみこんだ**（≒ entrenched, established）
▷ a deeply **ingrained** prejudice 深く根づいた偏見

源 in（強意）＋ grain（染める）➞ 染み込んだ

0554 □□□□□□ □

intoxicated
/intάksikèitid/

形 **酔った**（≒ drunk） 名 **intoxication** 陶酔 反 **sober** しらふの
▷ be **intoxicated** by his success[victory]
彼の成功［勝利］に酔いしれる

源 in（中に）＋ toxic（毒（を盛る））➞ 酔った、陶酔した

0555 □□□□□□ □

introvert
形 名 /íntrəvə̀ːrt/ 動 /intrəvə́ːt/

形 名 **内向的な（人）**（≒ shy） 動 **内向させる**
反 **extrovert** 外向的な（人）
▷ an **introverted** child[nature] 内向的な子供［性格］

源 intro（内へ）＋ vert（回る）➞ 内向的な

0556 □□□□□□ □

jeer
/ʤíər/

動 **野次る、あざける**（≒ taunt, mock） 名 **あざけり**
▷ Protesters **jeered** at the president.
抗議者たちは大統領を野次った。

お前**痔やな**！「あざける」と覚えよう！

Track 096

0557 □□□□□□ □

judicious
/ʤuːdíʃəs/

形 思慮深い、賢明な (≒ prudent, shrewd, sagacious)
▷ a **judicious** choice[decision] 思慮深い選択［決定］

☞ judge のように jud（判断力）がある語。

0558 □□□□□□ □

lambaste
/læmbéist/

動 (人前で) 厳しく非難する (≒ admonish, castigate)
▷ **lambaste** the government for its failures
政府の失敗をこきおろす

源 lam（打つ）＋ baste（激しく打つ）→ 厳しく非難する

0559 □□□□□□ □

loquacious
/loukwéiʃəs/

形 おしゃべりな、多弁な (≒ talkative, garrulous)
▷ a **loquacious** lady[girl] おしゃべりな女性［少女］

☞ eloquent（雄弁な）の loqu（話す）を含んだ語。

0560 □□□□□□ □

lucid
/lúːsid/

形 明快な、わかりやすい (≒ articulate, rational)
▷ a **lucid** explanation[argument] 明快な説明［主張］

☞ Lucy（ルーシー）は日本の「明（あきら）」に相当。

0561 □□□□□□ □

lurch
/ləːrtʃ/

動 突然動く［傾く］、よろめく (≒ stagger, sway)
▷ The car **lurched** forward. 車が急に前のめりした。

🔒 **くらっ（と）地**に着き前に「よろめく」と覚えよう！

0562 □□□□□□ □

mangle
/mǽŋgl/

動 ズタズタにする (≒ mutilate, maim)
▷ **mangle** the body[face] 体［顔］をズタズタにする

🔒 man **（マン）ぐる**ぐるに縛って「ズタズタにする」と覚えよう！

0563 □□□□□□ □

mar
/máːr/

動 (外観・質を) 台無しにする (≒ spoil, impair)
▷ **mar** the beauty of the sea 海の美しさを損なう
▷ **mar** the landscape 景観を台無しにする

🔒 **まあ**美しさを「台無しにする」なんて、と覚えよう！

Track 097

0564 □□□□□□ □

maxim
/mǽksim/

名 **金言、格言** (≒ proverb, adage, aphorism)
▷ the **maxim** of the writer's invention 作家創作の金言

☞ 効率を max にする「金言」と覚えよう!

0565 □□□□□□ □

mutiny
/mjúːt(ə)ni/

名 **反抗、反乱** (≒ insurrection, rebellion, uprising)
▷ a **mutiny** against the captain[officer]
船長 [将校] に対する反乱

☞ 政権を mute (変える、動かす) する語。

0566 □□□□□□ □

novice
/návis/

名 **初心者、新米、見習い** (≒ neophyte, probationer)
▷ a **novice** teacher[driver] 新米の教師 [ドライバー]

源 nov (新しい) から来た語。

0567 □□□□□□ □

oblique
/əblíːk/

形 **斜めの、遠回しの** (≒ slanting, roundabout)
▷ an **oblique** glance 横目
▷ an **oblique** reference to the problem 問題への遠回しな言及

🔒 **おっぷりロ (くち)** に「斜め」に加える、と覚えよう!

0568 □□□□□□ □

overt
/ouvə́ːrt/

形 **公然の、あからさまな** (≒ patent, blatant)
▷ **overt** discrimination[criticism] 露骨な差別 [批判]

☞ overt (公然の) と covert (秘密の) は対になる語。

0569 □□□□□□ □

parry
/pǽri/

動 **かわす** (≒ dodge, duck, sidestep) 名 **受け流し**
▷ **parry** attacks[questions] 攻撃 [質問] をかわす

🔒 ツッ**パリ**なのに攻撃を「かわす」とは、と覚えよう!

0570 □□□□□□ □

pilfer
/pílfər/

動 **(価値のない物を) くすねる** (≒ filch, snitch)
▷ **pilfer** goods at the store 店で品物をくすねる

🔒 **ピル、ファ**ックするために「くすねる」と覚えよう!

Track 098

0571 □□□□□□ □

precocious
/prikóuʃəs/

形 **早熟の、早期の** (≒ prematurely developed)
名 **precocity** 早熟、早成り
▷ a **precocious** child[talent] 早熟な子供 [才能]

「早熟な」選手、先人の**プレー越しやす**い、と覚えよう！

0572 □□□□□□ □

primate
/práimeit/

名 **霊長類、大司教**
▷ a **primate** research center 霊長類研究センター

源 prime (第一の) から来た語。

0573 □□□□□□ □

proprietor
/prəpráiətər/

名 **(企業・ホテル等の) オーナー** (≒ owner, possessor)
▷ a **proprietor** of a hotel[shop] ホテル [店] のオーナー

☞ prop は「自分のもの」の意味を持つ。

0574 □□□□□□ □

prowess
/práuis/

名 **優れた能力、勇敢さ** (≒ adroitness, dexterity)
▷ athletic[academic] **prowess** 優れた運動 [学術] 能力

プロ上すぎる「優れた」能力、と覚えよう！

0575 □□□□□□ □

pungent
/pʌ́nʤənt/

形 **鼻にツンとくる、辛らつな** (≒ acrid, piquant)
▷ a **pungent** smell[odor] 鼻にツンとくる臭い
▷ a **pungent** taste 辛味

「鼻にツンとくる」、**パンじゃん**じゃん食べる、と覚えよう！

0576 □□□□□□ □

quirk
/kwə́:rk/

名 **思いがけない出来事、変な癖** (≒ fluke)
▷ a **quirk** of fate 運命の巡り合わせ

おお**こわ**〜「**く**せが変わった」人、と覚えよう！

0577 □□□□□□ □

reprisal
/ripráiz(ə)l/

名 **報復、仕返し** (≒ retaliation, retribution)
▷ political[economic] **reprisals** 政治 [経済] 報復

源 repris(e) の「取り戻す」に由来する語。

Track 099

0578 □□□□□□ □

repudiate
/ripjú:dièit/

動 **拒否する、否定する**（≒ renounce, forsake）
▷ **repudiate** the contract 契約を拒否する
▷ **repudiate** the statement[claim] 主張を否定する

あれ、**ピューと出て**行き「拒絶する」と覚えよう！

0579 □□□□□□ □

retract
/ritrǽkt/

動 **撤回する、（爪などを）引っ込める**（≒ revoke）
▷ **retract** the statement[decision] 発言［決定］を撤回する

源 re（後ろへ）＋ tract（引く）→ 撤回する

0580 □□□□□□ □

rife
/ráif/

形 **～がはびこって**（≒ widespread, rampant）
▷ be **rife** with corruption[crime] 汚職［犯罪］がはびこる

犯罪が「はびこって」**暗い腐**敗した社会、と覚えよう！

0581 □□□□□□ □

rustle
/rʌ́sl/

名 **擦れ合う音** 動 **カサカサ音を立てる**（≒ swish）
▷ a **rustle** of leaves[papers] 葉［紙］の擦れ合う音
▷ **rustle** in the wind 風でサラサラ音を立てる

サラサ**ラする**草の「擦れ合う音」と覚えよう！

0582 □□□□□□ □

savor
/séivər/

動 **味わう、楽しむ**（≒ relish） 名 **味わい、楽しみ**
▷ **savor** the moment[victory] その瞬間［勝利］を味わう

よ**せば**いいのにスリル「味わう」なんて、と覚えよう！

0583 □□□□□□ □

showdown
/ʃóudaun/

名 **土壇場の対決**（≒ face-off, confrontation）
▷ a fateful **showdown** 宿命の対決

源「持ち札を全部見せてから勝負」から来た語。

0584 □□□□□□ □

slaughter
/slɔ́:tər/

動 **大量虐殺する、屠殺する**
名 **大虐殺**（≒ butcher, massacre）
▷ **slaughter** animals[innocent civilians]
動物を屠殺する［罪のない市民を大量虐殺する］

拷問で**スロー、た**くさん「屠殺する」と覚えよう！

Track 100

0585 □□□□□□ □

smother
/smʌ́ðər/

動 **窒息死させる、(あくびを)かみ殺す、火を消す** (≒ suffocate, extinguish)

▷ **smother** a yawn あくびを抑える
▷ **smother** the fire 火を消す

キス**マザー**にし過ぎて「窒息させる」と覚えよう！

0586 □□□□□□ □

sojourn
/sóuʤəːrn/

名 **短期滞在** (≒ stay, visit) 動 **一時滞在する**

▷ during my **sojourn** in Paris パリでの一時滞在中
▷ **sojourn** in various places 様々な場所で滞在する

「滞在する」**そ～じゃん**、と覚えよう！

0587 □□□□□□ □

sordid
/sɔ́ːrdid/

形 **卑劣な、むさくるしい** (≒ despicable, degenerate)

▷ **sordid** crimes 卑劣な犯罪
▷ **sordid** rooms 汚い部屋

く**そ～だった**のか「卑怯な」犯罪、と覚えよう！

0588 □□□□□□ □

staunch
/stɔ́ːntʃ/

形 **忠実な、頑丈な** (≒ steadfast, unwavering)

▷ **staunch** supporters[advocates] 忠実な支持者

ストーン、チカラ強い「筋金入りの」人、と覚えよう！

0589 □□□□□□ □

steadfast
/stédfæ̀st/

形 **揺るぎない、不動の** (≒ staunch, unwavering)

▷ his **steadfast** love[support] for her
彼女に対する揺るぎなき彼の愛［支援］
▷ be **steadfast** in his faith[belief] 信念を曲げない

源 steade (立つ) + fast (しっかりつと) → 揺ぎない

0590 □□□□□□ □

stint
/stínt/

名 **仕事、任務** (≒ assignment) 動 **出し惜しむ**

▷ serve a **stint** as president[a teacher] 社長［教師］の仕事をする

ステンドグラスを取り付ける「仕事」をする、と覚えよう！

0591 □□□□□□ □

suffocate
/sʌ́fəkèit/

動 **窒息死させる、(発展を)妨げる** (≒ smother, stifle)

▷ **suffocate** him to death 彼を窒息死させる

何**さアホ～けい！ と**「妨げる」と覚えよう！

Track 101

0592 □□□□□□ □

sumptuous
/sʌ́mptʃuəs/

形 豪華な、ぜいたくな (≒ luxurious, extravagant)
▷ a **sumptuous** meal[palace] 豪勢な食事 [宮殿]

☞ consumption (消費) から類推できる語。

0593 □□□□□□ □

surmise
/sərmáiz/

動 (既知情報で) 推測する (≒ conjecture) 名 推量
▷ She **surmised** that he missed the train.
彼女は彼が電車に乗り遅れたと推測した

殿様いずこにいるか「推測する」と覚えよう!

0594 □□□□□□ □

surreptitious
/sə̀ːrəptíʃəs/

形 人目を忍ぶ、内密に行う (≒ stealthy, covert)
▷ a **surreptitious** attempt[look] 人目を忍ぶ試み [一瞥]

去れぷっとしやす、「こっそり」オナラする人は、と覚えよう!

0595 □□□□□□ □

torrid
/tɔ́ːrid/

形 灼熱の、熱烈な (≒ sweltering, scorching)
▷ **torrid** summer[sun] 灼熱の夏 [太陽]

鳥どれも丸焼けになる「灼熱の」太陽、と覚えよう!

0596 □□□□□□ □

unrelenting
/ʌ̀nriléntiŋ/

形 容赦ない、不快な状況が長く続く (≒ implacable)
▷ the **unrelenting** pressures of the job
仕事の容赦ないプレッシャー
▷ **unrelenting** attacks 容赦ない攻撃

☞ 類語 relentless (容赦ない) の方が意味が強い。

0597 □□□□□□ □

untenable
/ənténəbəl/

形 支持できない、擁護できない (≒ refutable, flimsy)
▷ an **untenable** argument 支持できない主張
▷ an **untenable** position 擁護できない立場

アンテナふるふる振るえて「支えられない」と覚えよう!

0598 □□□□□□ □

wrangle
/rǽŋgl/

動 口論する 名 論争 (≒ squabble, altercation)
▷ **wrangle** over the budget[right] 予算 [権利] をめぐって言い争う

乱ぐるぐると乱れた「乱闘」と覚えよう!

0599 □□□□□□ □

wrenching
/réntʃiŋ/

形 **悲痛の**（≒ painful） 動 **wrench** ねじる、もぎ取る
▷ a **wrenching** story 悲痛の物語
▷ a **wrenching** decision[change] 苦痛を伴う決断［変化］

「ねじれ」拷問の試練、血がでる、と覚えよう！

0600 □□□□□□ □

yardstick
/jɑ́ːrdstik/

名 **基準、指標**（≒ touchstone, barometer, benchmark）
▷ Salary is a **yardstick** of success. 給料は成功の指標である。

☞ yard をはかる stick（スティック）が基準になる語。

類語をまとめてチェック！ 動詞編 ②

- □ **(disseminate, diffuse, propagate)** the information 情報を広める
- □ **(dissolve, disband)** the organization 組織を解散する
- □ the project **(doomed, destined)** to fail 失敗する運命にある計画
- □ **(enforce, implement, enact, invoke)** the law 法律を実施する
- □ **(embellish, adorn, festoon)** a room with flowers 部屋を花で飾る
- □ get **(embroiled, implicated)** in a scandal 不祥事に巻き込まれる
- □ **(encroach, infringe, trespass)** on her right to privacy プライバシーの権利を侵害する
- □ **(encumber, hamper, impede, inhibit)** the movement 動きを妨げる
- □ be completely **(engrossed, immersed)** in his work 仕事に浸りきる
- □ **(epitomize , exemplify)** the corruption 汚職の典型となる
- □ **(exalt, extol, eulogize, acclaim)** the champion 優勝者を褒め称える
- □ be **(exasperated, aggravated)** by his rude behavior 彼の失礼な行動に苛立つ

□ **(excavate, unearth)** a hidden treasure 隠れた財宝を発掘する

□ **(flaunt, vaunt)** his broad knowledge 幅広い知識を誇示する

□ **(floundering , foundering)** economy 苦境の経済

□ **(foil, thwart, circumvent, forestall)** his attempt 彼の企てを防ぐ

□ **(foment, instigate, incite)** a revolt 反乱を扇動する

□ **(fret, brood)** about the problem その問題に悩む

□ **(grumble, gripe, whine)** about the mistake ミスに対して不平を言う

□ **(herald, harbinger)** the arrival of winter 冬の到来を告げる

□ **(impel, prod, nudge, galvanize)** the members into action メンバーを行動へと駆り立てる

□ a deeply **(ingrained, entrenched)** custom 深く根づいた慣習

□ **(instill, inculcate)** the ideology in him 彼に思想を吹き込む

□ **(insulate, quarantine, segregate, seclude)** the group from the others その集団を他から隔離する

□ **(integrate, coalesce, amalgamate)** the different factions 異なる派閥を合併させる

□ **(jeopardize, endanger, imperil)** the future 将来を危うくする

□ **(levy, inflict)** a heavy tax on people 人々に重税を課す

□ **(mediate, arbitrate, reconcile)** the dispute 紛争を調停する

□ **(misappropriate, embezzle)** the company funds 会社の金を横領する

□ be **(mesmerized, captivated, enthralled)** by her performance 彼女の演技に魅了される

□ **(neuter, castrate)** the animal 動物を去勢する

Track 102

0601 □□□□□□ □

abrogate
/æbrəgèit/

動 **廃止する、無効にする**（≒ repeal, revoke）
▷ **abrogate** the law[rule] 法律［規則］を無効にする

源 ab（分離）＋ rog（要求する）➡ 廃止する

0602 □□□□□□ □

acrid
/ækrid/

形 **刺激性の、辛辣な**（≒ caustic）
▷ an **acrid** smoke[odor] 鼻を突く煙［匂い］

☞ アクリル酸から来た単語。

0603 □□□□□□ □

arcane
/ɑːrkéin/

形 **不可解な、難解な**（≒ recondite）
▷ **arcane** knowledge[arts] 深遠な知識［アート］

🔒 **あけいー（ん）**と「秘密の」箱、と覚えよう！

0604 □□□□□□ □

autocratic
/ɔːtəkrætik/

形 **独裁的な、横暴な**（≒ dictatorial, despotic）
▷ an **autocratic** government[leader] 独裁政権［独裁的なリーダー］

🔒 彼は「独裁的」で、**おっとクラ**クラするよ、と覚えよう！

0605 □□□□□□ □

banter
/bæntər/

名 **面白い会話**（≒ witty conversation）
▷ a(n) friendly[idle] **banter** 気さくな［ムダな］会話

🔒 ばん**ばんたー**くさん「気さくな会話」と覚えよう！

0606 □□□□□□ □

bland
/blænd/

形 **味気ない、感情を示さない**（≒ insipid）
▷ **bland** food 味気ない食べ物
▷ a **bland** taste 風味がない味

☞ brand（ブランド）との違いに注意！

0607 □□□□□□ □

brandish
/brændiʃ/

動 **振り回す、誇示する**（≒ wield）
▷ **brandish** a sword[weapon] 剣［武器］を振り回す

🔒 ぶらん**ぶらん dish**（皿）を「振り回す」と覚えよう！

Track 103

0608 □□□□□□ □

brash
/brǽʃ/

形 **厚かましい、生意気な** (≒ insolent)
▷ a **brash** and arrogant young man 生意気で横柄な若者

☞ 無礼に **rash** を加えて「厚かましい」と覚えよう！

0609 □□□□□□ □

bravado
/brəvɑ́:dou/

名 **虚勢、強がり** (≒ a show of boldness)
▷ drunken **bravado** 酒に酔った勢い
▷ a masculine display of **bravado** 男らしさを示す強がり

源 brave のふりをすること → 虚勢、強がり

0610 □□□□□□ □

broach
/bróutʃ/

動 **(初めて話題を) 切り出す** (≒ introduce, bring up)
▷ **broach** the subject[problem] その話題 [問題] を切り出す

🔒 母の**ブローチ**のことを初めて話題に「切り出す」と覚えよう！

0611 □□□□□□ □

camaraderie
/kɑ̀:mərɑ́:dəri/

名 **友情、仲間意識** (≒ fellowship) 名 **comrade** 戦友
▷ build a sense of **camaraderie** 仲間意識を生む

🔒 **カメラで (撮) り**に行こう、友情で力を合わせて、と覚えよう！

0612 □□□□□□ □

circumlocution
/sə̀:rkəmloukjú:ʃən/

名 **遠回しな表現** (≒ indirectness)
▷ **circumlocution** and double talk はぐらかしとごまかし

源 circum (回りを) + locute (話す) → 遠回しな表現

0613 □□□□□□ □

clairvoyant
/kleərvɔ́iənt/

形 **千里眼のある** (≒ psychic) 名 **予知能力者**
▷ a **clairvoyant** fortune-teller 透視力のある占い師

☞ clair は clear の変形で、voyant は seeing
🔒 何でも「予知」して**くれや、ぼやんと**しないで、と覚えよう！

0614 □□□□□□ □

complexion
/kəmplékʃən/

名 **顔色、肌の色、外観、状況** (≒ skin color, aspect)
▷ a fair[healthy] **complexion** 色白な [健康的な] 顔色

源 ヒトの体液の complex (結合) から来た語。

0615 □□□□□□ □

corpulent
/kɔ́ːrpjulənt/

形 肥満した、肥満形の（≒ stout）
▷ a **corpulent** body[figure] 肥満体

源 corpu（肉体）ぷるんとしているイメージ。

0616 □□□□□□ □

crumpled
/krʌ́mpld/

形 crumpled しわくちゃの（≒ creased）
▷ **crumpled** paper[newspaper] くしゃくしゃの紙［新聞］

くる**くる**丸めて**ぷる**ぷるになる「しわくちゃの」紙、と覚えよう！

0617 □□□□□□ □

cumbersome
/kʌ́mbərsəm/

形 厄介な、面倒な（≒ troublesome）
▷ a **cumbersome** task[procedure] 面倒な仕事［手続き］

好**かんバーさん**「厄介な」と覚えよう！

0618 □□□□□□ □

curt
/kə́ːrt/

形 ぶっきらぼうな、素っ気ない（≒ brusque）
▷ a **curt** reply[response] ぶっきらぼうな返事［返答］

cur は current の「流れ」➡ 流れるように早い

0619 □□□□□□ □

dainty
/déinti/

形 きゃしゃな、繊細な、上品な、（少量で）美味な
▷ **dainty** shoes[a **dainty** dress] 上品な靴［上品なドレス］
▷ a **dainty** meal 美味な食事

何**でいいんて**言うの「華奢な」ハイヒール、と覚えよう！

0620 □□□□□□ □

decry
/dikrái/

動 公然と非難する（≒ lambaste）
▷ **decry** human rights abuse 人権侵害を非難する

源 de（公然と）＋ cry（わめき叫ぶ）➡ 非難する

0621 □□□□□□ □

denigrate
/dénigrèit/

動 侮辱する、軽視する（≒ vilify, slander）
▷ **denigrate** the efforts[argument] 努力［主張］をけなす

源 de（完全に）＋ nigra（ブラック・黒にぬる）➡ 中傷する

Track 105

0622 □□□□□□ □

diatribe
/dáiətràib/

名 **痛烈な批判、罵倒**（≒ tirade）
▷ a **diatribe** against the religion[church]
宗教［教会］に対する批判

🔒 **ダイヤとライブ**に「痛烈批判」と覚えよう！

0623 □□□□□□ □

diminutive
/dimínjutiv/

形 **小柄な、ちっぽけな** 名 **小さい人、愛称**
▷ a **diminutive** figure[woman] 小さな形［小柄な女性］

㊟ di（下に）＋ minu（小さい）➡ 小柄な

0624 □□□□□□ □

disheveled
/diʃévəld/

形 **髪がぼさぼさの、むさくるしい**（≒ untidy）
▷ **disheveled** hair だらしない髪
▷ a **disheveled** appearance だらしない様子

㊟ dis（否）＋ hevel（髪）＋ ed（手入れされた）
➡ 髪を乱された

0625 □□□□□□ □

dislodge
/dislɑ́dʒ/

動 **追い払う、取り除く**（≒ oust, evict）
▷ **dislodge** the army[enemy] 軍隊［敵］を追う払う
▷ **dislodge** the stone 石を取り除く

㊟ dis（反）＋ lodge（泊める）➡ 追い払う

0626 □□□□□□ □

dispassionate
/dispǽʃənət/

形 **（感情にとらわれずに）公平な**（≒ impartial）
▷ a **dispassionate** observer[thinker]
公平に物事を見る人［考える人］

㊟ dis（反）＋ passionate（情熱的）➡ 冷静な

0627 □□□□□□ □

dissect
/disékt/

動 **解剖する、詳細に分析する**（≒ anatomize, analyze）
▷ **dissect** a body 死体を解剖する
▷ **dissect** the problem 問題を詳細に分析する

㊟ dis（分離）＋ sect（切り離す）➡ 解剖する

0628 □□□□□□ □

dissertation
/dìsərtéiʃən/

名 **学位［学術］論文**（≒ thesis）
▷ a doctoral **dissertation** 博士論文

☞ 主に「博士論文」で「修士論文」は a master's thesis。

0629 □□□□□□ □

distraught
/distrɔ́ːt/

形 **取り乱した、不安な**（≒ distressed）
▷ be **distraught** with grief[fear] 悲しみ［恐怖］で取り乱した

なんで**ストロー取**り合いするの「取り乱して」と覚えよう！

0630 □□□□□□ □

dreary
/drí(ə)ri/

形 **うんざりして退屈な**（≒ gloomy）
▷ a **dreary** life[routine] うんざりして退屈な人生［仕事］

weary（疲れた、うんざりした）と同じ語尾 eary を含む。

0631 □□□□□□ □

effigy
/éfidʒi/

名 **（憎むべき人物の）人形、肖像**（≒ dummy）
▷ burn him in **effigy** 彼の人形を作って火あぶりにする

源 e（外へ）＋ fig（形）を作ったもの → 人形

0632 □□□□□□ □

egregious
/igríːdʒəs/

形 **実にひどい、言語道断な**（≒ glaring）
▷ an **egregious** error[mistake] 甚だしい誤り

内臓**えぐりー出す**とは「ひどすぎる」と覚えよう！

0633 □□□□□□ □

elucidate
/ilúːsədèit/

動 **明らかにする、説明する**（≒ clarify, illuminate）
▷ **elucidate** the theory[mystery] 学説を説明する［神秘を解明する］

luc は「輝く」で lucy は日本語の「明（あきら）」に相当。

0634 □□□□□□ □

embittered
/embítərd/

形 **怒りと悲しみに満ちた**
▷ be **embittered** by the unfair treatment
不公平な仕打ちで怒りと悲しみに満ちた

bitter（つらい）の語根で覚えよう！

0635 □□□□□□ □

empirical
/impírikəl/

形 **経験による、実験に基づいた**
▷ **empirical** evidence[data] 実験による証拠［データ］

源 experience と同じ語根を持つ。

Track 107

0636 □□□□□□ □

enmity
/énməti/

名 **憎しみ、憎悪** (≒ animosity, antagonism)
▷ have no[stir up] **enmity** 何の恨みもない［憎しみを煽(あお)る］

源 enemy (敵) から来た語。

0637 □□□□□□ □

equivocate
/ikwívəkèit/

動 **曖昧な表現を使う、言葉を濁す**
▷ Let us not **equivocate**. 真実は隠さないようにしよう

源 yes と no に equi (等しく) + voc (声に出す)
→ あいまいなことを言う

0638 □□□□□□ □

esoteric
/èsətérik/

形 **難解な、内輪の、奥義の** (≒ arcane)　名 **esoterica** 秘事
▷ **esoteric** Buddhism 密教
▷ **esoteric** teaching[terms] 難解な教え［用語］

え、僧照り焼きチキン食べる「難解な」修行、と覚えよう！

0639 □□□□□□ □

exude
/igzú:d/

動 **吹き出る、にじみ出る** (≒ ooze, emanate)
▷ **exude** confidence[energy] 自信がみなぎる［エネルギーを放つ］

行くジューと液体「あふれる」と覚えよう！

0640 □□□□□□ □

far-fetched
/fà:rfétʃt/

形 **こじつけの、起こりそうにない** (≒ unrealistic)
▷ a **far-fetched** idea[dream]
現実離れした考え［起こりそうにもない夢］

源 far (遠く) + fetch (持ってくる) → こじつけの

0641 □□□□□□ □

feud
/fjú:d/

名 **激しい反目**　動 **不和になる** (≒ discord)
▷ a **feud** between the two countries 両国間の争い

フュー**フューど**「抗争」応援する、と覚えよう！

0642 □□□□□□ □

flout
/fláut/

動 **逆らう、軽蔑する** (≒ defy, disobey)
▷ **flout** the law[truth] 法［真実］を無視する

源 口笛やフルートを吹いてあざ笑うことに由来。

0643 □□□□□□ □

forestall

/fɔːrstɔ́ːl/

動 **未然に防ぐ、機先を制する**（≒ preempt, thwart）

▷ **forestall** the danger[attempt] 危険［企て］を未然に防ぐ

源 fore（前もって）＋ stall（置く）➡ 未然に防ぐ

0644 □□□□□□ □

forlorn

/fərlɔ́ːrn/

形 **見捨てられた、絶望的な**（≒ deserted）

▷ a **forlorn** hope かなわぬ望み

▷ a **forlorn** look on his face 彼の絶望的な顔つき

アラ**フォーローン**リー「さびしい」よ、と覚えよう！

0645 □□□□□□ □

fortify

/fɔ́ːrtəfài/

動 **強化する、要塞化する、元気づける**（≒ strengthen）

▷ **fortify** the defense[system] 防衛［システム］を強化する

源 fort（力）＋ fy（する）➡ 強化する

0646 □□□□□□ □

fumble

/fʌ́mbl/

動 **しくじる、手探りする**（≒ grope）

▷ **fumble** for the key 鍵を手探りで探す

▷ **fumble** a ball ボールを取り損なう

☞ スポーツ選手がボールを取り損ねること。

0647 □□□□□□ □

galvanize

/gǽlvənàiz/

動 **刺激を与える、活性化する、電気を通す**（≒ invigorate）

▷ **galvanize** the community[economy] 地域［経済］を活性化する

ギャル場にズーンと「刺激を与える」と覚えよう！

0648 □□□□□□ □

gaudy

/gɔ́ːdi/

形 **派手な、けばけばしい**（≒ ostentatious）

▷ a **gaudy** dress[tie] 派手なドレス［ネクタイ］

「ケバい」服着て**ゴーディ**ィナー、と覚えよう！

0649 □□□□□□ □

grimace

/gríməs/

名 **しかめ面、険しい表情**（≒ frown）

▷ a **grimace** of pain 苦痛にゆがんだ顔

源 grim（いかめしい）＋ face（顔）➡ 険しい表情

Track 109

0650 □□□□□□ □

heresy
/hérəsi/

名 異端（≒ pagan, unorthodox）
▷ be tried for **heresy** 異端として裁かれる
拷問して「異端」を**減らしー**、と覚えよう！

0651 □□□□□□ □

hoax
/hóuks/

名 でっち上げ、作り話（≒ deception, trick）
▷ a **hoax** call[letter] いたずら電話［手紙］
ほークスクス笑っちゃうね、そんな「作り話」と覚えよう！

0652 □□□□□□ □

imbue
/imbjúː/

動 吹き込む、染み込ませる（≒ infuse, instill）
▷ be **imbued** with a sense of mission 使命感に燃えている
寒**いんビュー**ビューと風が「吹き込む」と覚えよう！

0653 □□□□□□ □

impunity
/impjúːnəti/

名 刑事免責、損害を受けないこと（≒ indemnity）
▷ break the law with **impunity** 罰せられずに法を破る
源 im（無）＋ puni（罰）→ 罰を与えない

0654 □□□□□□ □

incapacitate
/ìnkəpǽsətèit/

動 能力を奪う（≒ disable） 形 **incapacitated** 再起不能の
▷ be **incapacitated** by an accident[a stroke]
事故［脳卒中］で正常な機能を奪われた
源 in（不）＋ capacity（能力）→ 能力を奪う

0655 □□□□□□ □

indigent
/índidʒənt/

形 困窮した、貧相な（≒ impoverished）
▷ **indigent** patients[defendants] 貧しい患者［被告］
インドじゃんじゃんと「貧困」者生まれる、と覚えよう！

0656 □□□□□□ □

infuse
/infjúːz/

動 注入する、吹き込む（≒ imbue, instill）
▷ be **infused** with love[energy] 愛［活力］が注がれた
源 in（中に）＋ fuse（注ぐ）→ 注入する

0657 □□□□□□□ □

insurrection
/ìnsərékʃən/

名 反乱、暴動 形 **insurrectionary** 乱を好む
▷ an **insurrection** against the government 政府に対する暴動

源 in（反して）＋ sur（上に）＋ rect（立ち上がる）➡ 反乱

0658 □□□□□□□ □

irreparable
/irépərəbl/

形 修理不可能な、取り返しのつかない（≒ irreversible）
▷ **irreparable** damage to the company
会社に与えた取り返しのつかない損害

源 ir（反）＋ repair（直す）➡ 修理できない

0659 □□□□□□□ □

juggle
/ʤʌ́gl/

動 曲芸する、やりくりする 名 **juggler** 手品師、詐欺師
▷ **juggle** work and family 仕事と家庭を両立させる

🔒 何を**ジャぐる**ぐる回して「曲芸してる」の、と覚えよう！

0660 □□□□□□□ □

lanky
/lǽŋki/

形 ひょろっとした、細い（≒ lean）
▷ a **lanky** body[figure] ほっそりした体［ひょろっとした人］

🔒 ラン**ラン木**みたいに「細く」なる、と覚えよう！

0661 □□□□□□□ □

levy
/lévi/

動 課す、召集する 名 徴税、課税
▷ **levy** a heavy tax on the income 所得に重税を課す

🔒 支払いも**れビ**ックリ税を「課されて」と覚えよう！

0662 □□□□□□□ □

litany
/lítni/

名 くどい話、連祷（れんとう）（≒ catalogue, prayer）
▷ a **litany** of reasons[complaints]
うんざりするほど多い理由［相次ぐ苦情］

🔒「くどい話」にはもう懲**りたに（ね）**ー、と覚えよう！
連祷【キリスト教の反復的な祈りの形式】

0663 □□□□□□□ □

ludicrous
/lú:dəkrəs/

形 滑稽な、ばかげた（≒ ridiculous）
▷ a **ludicrous** story[explanation] 馬鹿げた話［説明］

☞ ridiculous に似ているが、もっとこっけいな意味になる。
源 ludicr（遊び）＋ ous（多い）➡ ばかげた

Track 111

0664 □□□□□□ □

luscious
/lʌ́ʃəs/

形 **甘い、おいしい、官能的な** (≒ savory)
▷ **luscious** fruits[food] おいしい果物［食物］
▷ **luscious** lips 官能的な唇

源 delicious から来た語。

0665 □□□□□□ □

murky
/mə́ːrki/

形 **曖昧な、あやしい** (≒ shady)
▷ **murky** water 濁った水
▷ **murky** world 怪しい世界

まぁきにするな、「あいまい」でも、と覚えよう！

0666 □□□□□□ □

offshoot
/ɑ́ːfʃuːt/

名 **派生物、分派、子孫**
▷ an **offshoot** of the company その会社の分社
▷ an **offshoot** of the organization その組織の分派

源 shoot off (放つ) から来た語。

0667 □□□□□□ □

opaque
/oupéik/

形 **不透明な、不明瞭な** ↔ **transparent** 透き通った、透明な
▷ **opaque** glass[paper] すりガラス［不透明の紙］

オーペイ苦しい「不透明な」経営、と覚えよう！

0668 □□□□□□ □

outcast
/áutkæ̀st/

名 **のけ者、見放された人** 形 **軽蔑された**
▷ be treated as a social **outcast** 社会的のけ者として扱われる

源 out (外に) + cast (捨てる) → 捨てられた人

0669 □□□□□□ □

panacea
/pæ̀nəsíːə/

名 **万能薬、解決策** (≒ cure-all)
▷ a **panacea** for economic growth 経済成長の特効薬

pan を直しや「万能薬」で、と覚えよう！

0670 □□□□□□ □

petrify
/pétrəfài/

動 **化石化する、すくませる** (≒ stun, shudder)
▷ be **petrified** with fear[terror] 恐れで固まる

源 petri (石) は petroleum (石油) の中に含まれる。

Track 112

0671 □□□□□□ □

pillage
/píliʤ/

動 **略奪する**（≒ plunder, loot, ravage, ransack） 名 **戦利品**
名 **pillager** 略奪者
▷ **pillage** the village[town] 村［町］を略奪する

☞ pi**llage** the vi**llage** と脚韻を踏んで覚えやすい！

0672 □□□□□□ □

poise
/pɔ́iz/

名 **冷静、平衡**（≒ composure）
▷ lose[keep] her **poise** 落ち着きを失う［維持する］

🔒 彼は「冷静」だけど飽きっ**ぽいぞ**、と覚えよう！

0673 □□□□□□ □

precept
/príːsept/

名 **戒め、教訓**（≒ axiom）
▷ moral[legal] **precepts** 道徳的［法的］な規範

㊠ pre（前もって）＋ cept（受け入れるもの）➡ 教え

0674 □□□□□□ □

precinct
/príːsiŋkt/

名 **構内、所轄署、近隣**（≒ premise）
▷ in the shrine[temple] **precincts** 神社［寺］の境内で

🔒 ぷり**ぷり新区と**するなよこの「構内」を、と覚えよう！

0675 □□□□□□ □

prerogative
/prirάgətiv/

名 **特権、権限、優越性**（≒ authority）
▷ presidential[royal] **prerogatives** 大統領［王室の］特権

㊠ pre（先に）＋ rog（要求する）➡ 特権

0676 □□□□□□ □

profane
/prəféin/

形 **冒とく的な、下品な**（≒ blasphemous, vulgar）
▷ a **profane** language 下品な言葉
▷ **profane** history 俗事の歴史

🔒 **プロ変**な言葉使うのは「下品だ」と覚えよう！

0677 □□□□□□ □

propitious
/prəpíʃəs/

形 **幸先の良い、好都合な**（≒ auspicious）
▷ a **propitious** time[day] 縁起の良い時［日］

🔒 **プロぴしゃっ**と当てた「ラッキー」デイ、と覚えよう！

Track 113

0678 □□□□□□ □

prosaic
/prouzéiik/

形 平凡な、退屈な 名 **prose** 散文、単調
▷ a **prosaic** life[style] 平凡な生活［散文形式］

☞ prose（散文、平凡）から来た語。

0679 □□□□□□ □

queasy
/kwí:zi/

形 むかつく、吐き気がする、落ち着かない
▷ have a **queasy** stomach[feeling] 吐き気がする

悪いもの**食いじー**んと「気分が悪い」と覚えよう！

0680 □□□□□□ □

recant
/rikǽnt/

動 取り消す、撤回する（≒ retract）
▷ **recant** his earlier statement 前言を撤回する

ム**リ can't** と「撤回する」と覚えよう！

0681 □□□□□□ □

reek
/rí:k/

動 ～の悪臭を放つ、～の気味がある 形 **reeking** 泥酔した
▷ **reek** of garlic[blood] にんにく［血］のにおいがぷんぷんする

カ**リーロ**（**く**ち）の中で「悪臭放つ」と覚えよう！

0682 □□□□□□ □

reprove
/riprú:v/

動 非難する、たしなめる（≒ admonish）
▷ **reprove** him for being late 遅刻したことで彼を非難する

源 re（反対して）＋ prove（立証する）→ たしなめる

0683 □□□□□□ □

retort
/ritɔ́:rt/

名 鋭い言い返し 動 反論する、言い返す
▷ **retort** to the teacher 先生に言い返す

無**理とうと**うと「言い返す」と覚えよう！

0684 □□□□□□ □

saturate
/sǽtʃərèit/

動 満たす、詰め込む（≒ permeate） 名 **saturation** 飽和
▷ **saturate** the market 市場を飽和状態にする

☞ sat は「満たす」
札入れとお金を「満たす」と覚えよう！

Track 114

0685 □□□□□□ □

scourge
/skə́ːrdʒ/

名 **災難、ムチ**（≒ affliction, curse）
▷ the **scourge** of war[terrorism] 戦禍［テロの惨劇］

人殺**すかーじゃ**、これは「災難」のもと、と覚えよう！

0686 □□□□□□ □

snag
/snǽg/

名 **思わぬ障害** 動 **引っ掛かる、ほつれる**（≒ impediment）
▷ hit a **snag** 思わぬ難問にぶち当たる

☞ snug（居ごごちのいい）と混同しないようにしよう！

0687 □□□□□□ □

spurious
/spjú(ə)riəs/

形 **偽の、誤った**（≒ bogus, phony）
▷ a **spurious** argument 誤った論争
▷ a **spurious** document 偽の文書

「偽の」作家がエ**スプリ明日**も発揮、と覚えよう！
（エスプリ…機知、才気）

0688 □□□□□□ □

squalid
/skwɑ́lid/

形 **汚らしい、むさ苦しい、惨めな**（≒ filthy, wretched）
▷ a **squalid** prison 汚い刑務所
▷ **squalid** death 惨めな死に方

巣くうアリどれも「汚らしい」と覚えよう！

0689 □□□□□□ □

squirm
/skwə́ːrm/

動 **身をよじる、もじもじする**（≒ wriggle）
▷ **squirm** in pain[discomfort] 痛み［不快］で落ち着かない

昆虫が**巣くう、わー虫**が一杯「身をよじる」と覚えよう！

0690 □□□□□□ □

stampede
/stæmpíːd/

名 **殺到** 動 **殺到する、突進させる**
▷ a **stampede** to the store 店への殺到

スタ**スタスピード**！ 集団「殺到」と覚えよう！

0691 □□□□□□ □

supplant
/səplǽnt/

動 **取って代わる、地位を奪い取る**（≒ supersede）
▷ **supplant** the old system 旧制度に取って代わる

何**さぷらっと**来て「地位を奪い取る」とは、と覚えよう！

Track 115

0692 □□□□□□ □

tantrum
/tǽntrəm/

名 かんしゃくの爆発 (≒ a fit of temper)
▷ have a (temper) **tantrum** かんしゃくもちである

🔒 **痰**(を)**とらん**と「かんしゃく」を起こす、と覚えよう!

0693 □□□□□□ □

traverse
動/trəvə́ːrs/ 名/trǽvəːrs/

動 横断する、前後に動く 名 横断
▷ **traverse** the mountain[desert] 山[砂漠]を横断する

㊥ tra (越える) + verse (回す) → 横切る、越える

0694 □□□□□□ □

underscore
/ʌ́ndərskɔ̀ːr/

動 強調する、明確に示す (≒ accentuate, highlight)
名 下線
▷ **underscore** the point[fact] その点[事実]を強調する

☞ underline を引いて「強調する」と同じ意味。

0695 □□□□□□ □

unscathed
/ʌnskéiðd/

形 無傷の、痛手を受けていない
▷ escape[survive] **unscathed** 無傷のまま逃げる[生き延びる]

🔒 **いやんスケいず**こ「無傷で」いるのか、と覚えよう!

0696 □□□□□□ □

vanquish
/vǽŋkwiʃ/

動 征服する、打ち勝つ (≒ subjugate)
▷ **vanquish** the enemy[army] 敵[軍隊]を征服する

🔒 **バンぐいっしゃー**と「打ち負かす」と覚えよう!

0697 □□□□□□ □

vigilant
/vídʒələnt/

形 油断のない、寝ずの番をする (≒ wary, circumspect)
名 **vigilante** 自警団
▷ be **vigilant** about the danger[possibility]
危険性[可能性]に対して警戒する

🔒 **美辞いらんと**は「用心深い」と覚えよう!

0698 □□□□□□ □

voluptuous
/vəlʌ́ptʃuəs/

形 官能的な、快楽におぼれる (≒ alluring, seductive)
▷ a **voluptuous** blonde[model] 官能的な金髪の女性[モデル]

🔒 **ボリュームぽっちゃり**「官能的な」と覚えよう!

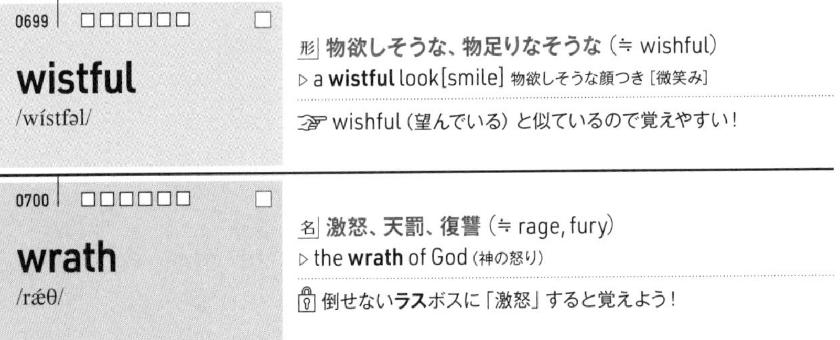

0699 □□□□□□ □

wistful
/wístfəl/

形 **物欲しそうな、物足りなそうな**（≒ wishful）
▷ a **wistful** look[smile] 物欲しそうな顔つき［微笑み］

☞ wishful（望んでいる）と似ているので覚えやすい！

0700 □□□□□□ □

wrath
/rǽθ/

名 **激怒、天罰、復讐**（≒ rage, fury）
▷ the **wrath** of God（神の怒り）

🔒 倒せない**ラス**ボスに「激怒」すると覚えよう！

類語をまとめてチェック！ 動詞編 ③

- □ **(overthrow, topple, subvert)** the government 政府を倒す
- □ **(pamper, coddle)** a child 子供を甘やかす
- □ **(penalize, chastise)** the student for laziness その生徒の怠惰さを懲らしめる
- □ **(permeate, saturate)** the room 部屋に充満する
- □ **(pillage, plunder, loot)** the town 町を略奪する
- □ **(procrastinate about, dawdle in)** doing his homework 宿題を先延ばしにする
- □ **(rambling, roaming, meandering, loitering)** traveler ぶらぶら歩く旅行者
- □ **(ransack, comb[rummage] through)** the house for my wallet 財布を求めて部屋をくまなく探す
- □ **(recuperating, convalescing)** patient 回復中の患者
- □ be **(relegated, demoted)** to a lower position 格下げされる
- □ **(relinquish, renounce, waive)** the right to freedom 自由の権利を放棄する
- □ **(remedy, rectify, redress)** the situation 事態を改善する

□ **(renovate, refurbish, remodel, revamp)** the old building 古いビルを改装する
□ **(repeal, revoke, rescind)** the law 法律を廃止する
□ **(reproach, reprove, reprimand)** him for laziness 怠惰の理由で叱る
□ **(repudiate, spurn, rebuff)** their offer of help 助けの申し出を断る
□ **(retract, recant)** his earlier statement 前言を撤回する
□ **(retrieve, redeem)** one's honor 名誉を挽回する
□ **(retrench, curtail, slash)** the production cost 生産費を削減する
□ **(revere, idolize, venerate, deify)** the guru 教祖を崇める
□ **(revitalize, resurrect)** the old system 古い制度を復活させる
□ **(roaming, rambling, meandering)** traveler ぶらぶら歩く旅行者
□ **(scrawl, scribble, scrabble)** a message 伝言を殴り書きする
□ **(seclude, segregate, quarantine)** the group from the others その集団を他から隔離する
□ **(smother, suffocate, stifle, asphyxiate)** him to death 彼を窒息死させる
□ **(spawn, engender)** religious conflicts 宗教紛争を引き起こす
□ **(squander, lavish)** money on gambling ギャンブルに浪費する
□ **(stem, staunch)** the influx of immigrants 移民の流入を抑える
□ **(stroke, caress, fondle)** her pet 彼女のペットを愛撫する
□ **(substantiate, corroborate, verify)** the statement 陳述を実証する
□ **(succumb, capitulate)** to the enemy 敵に降伏する

Track 116

0701 □□□□□□ □

abdicate
/ǽbdəkèit/

動 **退位する、放棄する**（≒ renounce, relinquish）
▷ **abdicate** the throne[crown] 退位する

ab（離脱）＋ dicate（宣言する）➡ 退位する

0702 □□□□□□ □

aboveboard
/əbʌ́vbɔ̀ːrd/

形 **公明正大な**（≒ honest, fair） 副 **公明正大に**
▷ open and **aboveboard** ガラス張りの（に）

ボードの上に見せて隠し事することなく、で覚えやすい！

0703 □□□□□□ □

adage
/ǽdidʒ/

名 **諺、格言**（≒ proverb, maxim, aphorism）
▷ as the old **adage** goes 古い諺にあるように

age（時代）に add（加える）する格言で覚えやすい！

0704 □□□□□□ □

adulation
/æ̀dʒəléiʃ(ə)n/

名 **極度なお世辞**（≒ flattery）
▷ **adulation** of fans[friends] ファン［友人］の誇大な称賛

明日礼しよう、「お世辞」を言って、と覚えよう！

0705 □□□□□□ □

ambivalent
/æmbívələnt/

形 **相反する感情を持つ、曖昧な**（≒ equivocal）
▷ be **ambivalent** about the issue[relationship]
その問題［関係］に対して複雑な気持ちである

源 ambi（両）＋ val（力）➡ 相反する力

0706 □□□□□□ □

antagonistic
/æntæ̀gənístik/

形 **対立する、敵対する**（≒ hostile, inimical）
動 **antagonize** 敵に回す 名 **antagonism** 反目
▷ **antagonistic** relationships 敵対関係

あんたごねてばかりで「対立する」と覚えよう！

0707 □□□□□□ □

askew
/əskjúː/

副 **斜めにゆがんで** 形 **曲がって**（≒ oblique, skewed）
▷ wear a hat slightly **askew** 帽子をやや斜めに被る

足急と曲がって「ゆがんでる」と覚えよう！

Track 117

0708 □□□□□□ □

bashful
/bǽʃfəl/

形 **人見知りする、はにかみ屋の** (≒ coy, diffident)
▷ a **bashful** smile [grin] はにかんだ笑み [笑い]

☞ abash (赤面させる) から来た語。

0709 □□□□□□ □

blister
/blístər/

名 **水膨れ、厄介な人** (≒ bump) 動 **水膨れができる**
▷ have a **blister** on my foot 足に水ぶくれがある

「水脹れ」のかさぶた破**ぶりスター**も形無し、と覚えよう!

0710 □□□□□□ □

brevity
/brévəti/

名 **(表現の) 簡潔さ、(時間の) 短さ** (≒ conciseness)
▷ the **brevity** of speech[life] スピーチの簡潔さ [人生のはかなさ]

☞ brief (簡潔な、短時間の) の名詞形で覚えやすい!

0711 □□□□□□ □

celibacy
/séləbəsi/

名 **独身** 形 **celibate** (宗教理由で) 独身の、禁欲の
▷ a choice between marriage and **celibacy**
結婚か独身かの選択

罪着**せり、パシ**リとなった「独身」生活、と覚えよう!

0712 □□□□□□ □

charade
/ʃəréid/

名 **見え透いた嘘、ごまかし** (≒ fake, farce)
▷ The trial is just a **charade**. 裁判は単なるまやかしだ。

シャレで「ごまかす」と覚えよう!

0713 □□□□□□ □

charlatan
/ʃɑ́:rlətn/

名 **ペテン師、大ぼらぶき** (≒ crook, quack, imposter)
▷ be taken in by a **charlatan** ペテン師にだまされる

チャーラ**チャーラした奴**は「ペテン師」と覚えよう!

0714 □□□□□□ □

chastise
/tʃæstáiz/

動 **叱責する 体罰をする** (≒ castigate, reprimand)
▷ **chastise** him for smoking タバコを吸ったことで彼を叱責する

☞ chaste (慎み深い) のようにする、で覚えやすい!

0715 □□□□□□ □

clogged
/klɑːgd/

形 **詰まった**（≒ choked, obstructed） 動 **clog** 詰まらせる
▷ a **clogged** drain[pipe] 詰まった排水管［パイプ］

黒ぐっと「詰まる」と覚えよう！

0716 □□□□□□ □

commiserate
/kəmízərèit/

動 **（不運な人に）同情する**（≒ sympathize, empathize）
▷ **commiserate** with the victims of the disaster
災害の被害者に同情する

源 com（強意）＋ misery（哀れむ）→ 同情する

0717 □□□□□□ □

concoct
/kɑnkákt/

動 **でっち上げる、作る**（≒ fabricate, contrive）
▷ **concoct** a plan[story] 計画［話］をでっち上げる

こんこ（ん）と叩いて「作り上げる」と覚えよう！

0718 □□□□□□ □

consort
/kənsɔ́ːrt/

動 **（いかがわしい人と）付き合う**（≒ associate）
▷ **consort** with prostitutes[criminals] 娼婦［犯罪者］と付き合う

誰も**来ん、そ～っと**「付き合おう」と覚えよう！

0719 □□□□□□ □

contrite
/kəntráit/

形 **罪を深く悔いた**（≒ remorseful, repentant）
▷ a **contrite** apology[look] 深く悔いた謝罪［顔つき］

痛**恨つらいと**「後悔する」と覚えよう！

0720 □□□□□□ □

crass
/kræs/

形 **粗野な、下品な、ひどい**（≒ coarse, gross）
▷ **crass** commercialism[ignorance] ひどい商業主義［無知］

コラ！ すぐに下ネタ「下品」だぞ、と覚えよう！

0721 □□□□□□ □

debilitating
/dibíliteiteiŋ/

形 **衰弱する**（≒ enervating） 動 **debilitate** 弱体化させる
▷ **debilitating** diseases[malnutrition] 衰弱させる病気［栄養不良］

デビル低賃金で「弱らせる」と覚えよう！

Track 119

0722 □□□□□□ □

depraved
/dipréivd/

形 **堕落した、邪悪な** (≒ wicked) 名 **depravity** 堕落
▷ a **depraved** sexlife[fantasy] 堕落した性生活 [空想]
▷ a **depraved** mind 邪悪な心

でっぷりブタになり「堕落した」と覚えよう！

0723 □□□□□□ □

deprecate
/déprikèit/

動 **非難する、咎める、軽視する** (≒ deplore, condemn)
▷ **deprecate** the vices of humankind 人間の悪行を強く非難する

何で**プリ（プリ）ケート**を「バカにする」？

0724 □□□□□□ □

devious
/dí:viəs/

形 **不正な、よこしまな、遠回りの** (≒ sly, insidious)
▷ a **devious** mind[means] よこしまな心 [手段]

源 de (分離) ＋ via (道) ➔ 道からそれる

0725 □□□□□□ □

devoid
/divɔ́id/

形 **(良いものが) 全くない [欠けている]** (≒ bereft)
▷ be **devoid** of humor[warmth] ユーモア [温かみ] がない

源 de (分離) ＋ void (空にする) ➔ 欠けている

0726 □□□□□□ □

diabolical
/dàiəbálikəl/

形 **極悪非道な、悪魔のような** (≒ wicked, fiendish)
▷ a **diabolical** plan[enemy] 極悪非道な計画 [敵]

ダイヤぼるとは「極悪非道な」と覚えよう！

0727 □□□□□□ □

dichotomy
/daikátəmi/

名 **二分 (法)、対立、二面性** (≒ split, gulf)
▷ the **dichotomy** between the body and mind 肉体と心の二分

大根と見たら「二分」する、と覚えよう！

0728 □□□□□□ □

disavow
/dìsəváu/

動 **否定 [否認] する** (≒ negate, disclaim, disown)
▷ **disavow** any connection with the radical group
過激派とのいかなる関係をも否定する

dis (反) ＋ avow (認める) ➔ 否認する

0729 □□□□□□ □

disgruntled
/disgrʌ́ntld/

形 **（思い通りでなく）不機嫌な、不満な**（≒ discontented）
▷ **disgruntled** workers[customers] 不満な従業員［客］

何で**探る、取る**に足らんことで「不満」なのと覚えよう！

0730 □□□□□□ □

divisive
/diváisiv/

形 **対立させる、不和を生じさせる**（≒ contentious）
▷ a **divisive** issue[problem] 対立を引き起こす問題

☞ divide を引き起こすような語。

0731 □□□□□□ □

double-cross
/dʌ̀blkrɑ́:s/

動 **（不正行為で・協力者を）裏切る**（≒ betray）
▷ **double-cross** a partner[friend] 仲間［友人］を裏切る

☞ double（二重）スパイのように二股をかける語。

0732 □□□□□□ □

eerie
/í(ə)ri/

形 **薄気味悪い、不気味な**（≒ sinister, creepy）
▷ an **eerie** silence[night] 薄気味悪い静けさ［夜］

嫌～淋（りん）病気味悪い、と覚えよう！

0733 □□□□□□ □

empathize
/émpəθàiz/

動 **共感する**（≒ sympathize, identify） 名 **empathy** 共感
▷ **empathize** with her situation[feelings]
彼女の状況［気持ち］に共感する

㊗ em（中に）＋ pathy（感情） → 感情移入

0734 □□□□□□ □

enliven
/inláivən/

動 **活気づける、魅力的にする**（≒ invigorate, animate）
▷ **enliven** the story[party] 話［パーティ］を面白くする

㊗ en（させる）＋ live（生きている） → 活気づける

0735 □□□□□□ □

epitaph
/épitæf/

名 **碑文、墓碑銘**（≒ inscription, epigraph）
▷ an **epitaph** on the grave[tombstone] 墓の碑文［墓碑銘］

伊勢**エビ、タフ**だった故人の「碑文」に供える、と覚えよう！

Track 121

0736 □□□□□□ □

exult
/igzʌ́lt/

動 歓喜［狂喜］する（≒ rejoice） 名 **exultation** 歓喜、狂喜
▷ **exult** in the success[victory] 成功［勝利］に歓喜する

源 ex（外へ）＋ sult（飛び跳ねる）→ 狂喜

0737 □□□□□□ □

felicity
/filísəti/

名 至福、（表現の）適切さ（≒ rapture, bliss, euphoria）
▷ a **felicity** of a dream 夢のような幸運
▷ a **felicity** of expression 適切な表現

「至上の幸福」の**ふりして**も駄目よ、と覚えよう！

0738 □□□□□□ □

flustered
/flʌ́stərd/

形（忙しく・時間不足で）狼狽した（≒ perturbed）
▷ get **flustered** by the question 質問にうろたえる

フラ**フラスター**が「狼狽した」と覚えよう！

0739 □□□□□□ □

forgo
/fɔːrgóu/

動（望ましいものを）諦める、（行為を）控える
（≒ relinquish, renounce）
▷ **forgo** alcohol[a vacation] 酒［休暇］をあきらめる

ア**ホ〜ゴー**サインは「控えた」はずだ、と覚えよう！

0740 □□□□□□ □

genial
/ʤənáiəl/

形 愛想の良い、（気候が）温和な（≒ amiable, affable）
▷ a **genial** smile[nature] 愛想の良い笑み［親切な性格］

☞ friendly に cheerful を足した語。

0741 □□□□□□ □

genteel
/ʤentíːl/

形 上品な、上品ぶった、家柄の良い（≒ refined, well-bred）
▷ a **genteel** woman[lady] 上品ぶった女性

☞ gentle ぶって「ザマ〜ス使う」ようなイメージ。

0742 □□□□□□ □

gist
/ʤíst/

名 要点、主旨（≒ essence, crux, point, core）
▷ the **gist** of a(n) story[argument] 話［主張］の要点

用事（で）すと、「要点」だけ述べ早引きする、と覚えよう！

0743 □□□□□□ □

gratify
/grǽtəfài/

動 **喜ばせる**（≒ satisfy） 形 **gratifying** 満足させる
▷ **gratify** his needs[desires] 彼の欲求［願望］を満たす

源 grati（喜び）＋ fy（させる）→ 喜ばせる

0744 □□□□□□ □

grinding
/gráindiŋ/

形 **過酷な、耳障りな**（≒ grating, jarring）
▷ a **grinding** noise 耳障りな音
▷ **grinding** poverty 過酷な貧困

☞ ぐりぐりえぐる（gr）きりきりする「過酷な」試練と覚えよう！

0745 □□□□□□ □

heave
/híːv/

動 **引っ張る、持ち上げる、息をつく**（≒ haul, tug） 名 **隆起**
▷ **heave** the luggage into the car 荷物を車に積み込む
▷ **heave** a sigh of relief ため息をつく

ひー**ひーぶー**と重いものを「引っ張る」と覚えよう！

0746 □□□□□□ □

hindsight
/háindsait/

名 **後知恵、結果論** 反 **foresight** 先見の明
▷ with the benefit of **hindsight** 今になって思い返せば

源 hind（後ろ）＋ sight（見る）→ 後知恵

0747 □□□□□□ □

hone
/hóun/

動 **（既に良いものを）磨く、（刃を）研ぐ**（≒ sharpen）
▷ **hone** my driving skills 運転技術を磨く

☞ かみそり用の hone（砥石）から来た語。

0748 □□□□□□ □

impart
/impáːrt/

動 **（情報を）広める、（香り）を加える**（≒ promulgate）
▷ **impart** knowledge[information, wisdom] to him
彼に知識［情報、知恵］を伝える

源 im（中に）＋ part（分けた）→ 与える

0749 □□□□□□ □

implacable
/implǽkəbl/

形 **執念深い、なだめられない**（≒ relentless）
▷ **implacable** enemies[hatred] 執念深い敵［憎しみ］

源 im（できない）＋ placate（なだめる）→ 執念深い

Track 123

0750 □□□□□□ □

impregnable
/imprégnəbl/

形 **難攻不落の、堅固な** (≒ invulnerable, impenetrable)
▷ an **impregnable** fortress[fort] 難攻不落の砦

源 im (不可) + pregnable (攻撃できる) → 難攻不落の

0751 □□□□□□ □

incremental
/ìnkrəmént(ə)l/

形 **徐々に起こる [増加する]** 名 **increment** 漸増
▷ **incremental** changes 徐々に起こる変化
▷ **incremental** benefits 徐々に増える利点

☞ increase (増える) に由来する語。

0752 □□□□□□ □

innocuous
/inákjuəs/

形 **無難な、(物質が) 無害な** (≒ harmless, inoffensive)
▷ **innocuous** questions 無難な質問
▷ an **innocuous** gas[drug] 無害なガス [薬]

肉い~の食わす「無難」だよ、と覚えよう!

0753 □□□□□□ □

innuendo
/ìnjuéndou/

名 **ほのめかし、(中傷的) 当てこすり** (≒ insinuation)
▷ make sexual **innuendoes** 性的なほのめかしをする

去 (い) ぬエンドと「ほのめかす」と覚えよう!

0754 □□□□□□ □

insurgency
/insə́:rdʒənsi/

名 **(政府に対する) 反乱** (≒ rebellion, uprising)
▷ suppress[quell] a guerilla **insurgency**
ゲリラによる反乱を鎮圧する

いんさ~じゃんじゃん「反乱」しても、と覚えよう!

0755 □□□□□□ □

intercede
/ìntərsí:d/

動 **仲裁する、仲を取り持つ** (≒ arbitrate, moderate)
▷ **intercede** with the government on the issue
その問題に関して政府にとりなす

源 inter (中に) + cede (入って) → 仲裁する

0756 □□□□□□ □

irate
/airéit/

形 **(不当で) 激怒した** (≒ infuriate, enraged)
▷ **irate** customers[passengers] 激怒した客 [乗客]

源 irritate の ir (怒り= ire, anger) を含む語。

Track 124

0757 □□□□□□ □

jaded
/ʤéidid/

形 （十分で）うんざりした、疲れきった（≒ satiated）
▷ a **jaded** appetite[audience] 飽き飽きした食欲［聴衆］

源 jade（こき使われやすいやせ馬）から来た語。

0758 □□□□□□ □

luxuriant
/lʌgʒú(ə)riənt/

形 青々と茂った、豊かに生える（≒ lush, profuse）
▷ a **luxuriant** garden[forest] 植物が生い茂る庭［森］
▷ **luxuriant** hair 豊かに生える髪

☞ luxurious（豪華な）と混同しやすい。

0759 □□□□□□ □

morsel
/mɔ́:rs(ə)l/

名 一口、少量（≒ mouthful, tidbit）
▷ a **morsel** of food[information] 少量の食物［情報］

もろ競る、「少量の」ものもないよ、と覚えよう！

0760 □□□□□□ □

palpable
/pǽlpəbl/

形 明白な、すぐにわかる（≒ evident, tangible）
▷ **palpable** nonsense 明らかにばかげたこと
▷ a **palpable** sense of crisis 明らかな危機感

ペン**パルはぶら**ぶら、暇そう「明白」だ、と覚えよう！

0761 □□□□□□ □

paltry
/pɔ́:ltri/

形 わずかな、無価値な（≒ meager, trifling）
▷ a **paltry** sum[amount] of money わずかなお金

ポール鳥居につけても「無価値」だよ、と覚えよう！

0762 □□□□□□ □

pandemic
/pændémik/

形 国［世界］全体に広がる（≒ prevalent, epidemic）
名 全国［世界］的流行病
▷ a **pandemic** disease[virus] 流行する病気［ウイルス］

源 pan（全て）＋ demo（人民）→ 世界的流行病

0763 □□□□□□ □

pandemonium
/pæ̀ndəmóuniəm/

名 （騒々しい抗議の）大混乱（≒ turmoil, disorder）
▷ political **pandemonium** 政治的な大混乱

源 pan（全て）＋ demon（悪魔）→ 大混乱

Track 125

0764 □□□□□□ □

pariah
/pəráiə/

名 （社会の）のけ者（≒ outcast, untouchable）
▷ a(n) social[international] **pariah** 社会［世界］ののけ者

源 パーリア（インドの最層下民）から来た語。

0765 □□□□□□ □

pedantic
/pədǽntik/

形 細かい規則にうるさい（≒ scrupulous, meticulous）
▷ **pedantic** scholars 細かい規則にうるさい学者
▷ be **pedantic** about grammar 文法にうるさい

ペンダントちくちく「うるさい」と覚えよう！

0766 □□□□□□ □

pernicious
/pərníʃəs/

形 有害な、危険な（≒ malignant, detrimental）
▷ **pernicious** effects of smoking タバコの悪影響

パーにしやすい「有害な」タバコ、と覚えよう！

0767 □□□□□□ □

pitfall
/pítfɔːl/

名 落とし穴（≒ hazard, peril）
▷ fall into[avoid] a **pitfall** 落とし穴に入る［を避ける］

pit（くぼみ）＋ fall（落ちる）→ 落とし穴

0768 □□□□□□ □

plethora
/pléθərə/

名 （必要以上に）過剰、大量（≒ glut）
▷ a **plethora** of information[problems] 過剰な情報［問題］

☞ plenty が空まで一杯のイメージ。

0769 □□□□□□ □

precipitous
/prisípətəs/

形 急激な（≒ steep） 動 **precipitate** 突然引き起こす
▷ a **precipitous** decline in sales 販売の急激な減少

源 precipice（絶壁）から来た語。

0770 □□□□□□ □

predilection
/prèd(ə)lékʃən/

名 （偏よる）好み、ひいき（≒ propensity, penchant）
▷ have a **predilection** for alcohol[gambling]
酒［ギャンブル］を特に好む

源 pred（先に）selection を加える語のイメージ。

Track 126

0771 □□□□□□ □

prescient
/préʃ(ə)nt/

形 **先見の明のある**（≒ prophetic, visionary）
▷ a **prescient** warning[prediction] 先を見越した警告［予告］

源 pre（前に）＋ sci（知る）➡ 先見の明のある

0772 □□□□□□ □

proclivity
/prouklívəti/

名 **（特に悪い）傾向、性癖**（≒ disposition, propensity）
▷ have a **proclivity** for reckless driving 無謀運転の傾向がある

源 pro（前に）＋ cline（傾く）➡ 傾向

0773 □□□□□□ □

procreate
/próukrièit/

動 **（子どもを）生む**（≒ reproduce） 名 **procreation** 生殖
▷ **procreate** a baby[child] 赤子［子ども］を生む

源 pro（前に）＋ create（生む）➡ 子供を生む

0774 □□□□□□ □

progeny
/prádʒ(ə)ni/

名 **子孫、子供たち**（≒ offspring, descendant）
▷ **progeny** of the family[plants] その一族［植物］の子孫

源 pro（前に）＋ gen（生む）➡ 子孫

0775 □□□□□□ □

prostrate
/prástreit/

形 **（崇敬・降伏で）ひれ伏した**（≒ bowed low）
動 **ひれ伏す**
▷ **prostrate** himself before a king 王の前にひれ伏す

🔒 **プロストレート**負けで「ひれ伏す」と覚えよう！

0776 □□□□□□ □

quip
/kwíp/

名 動 **気の利いた言葉（を言う）**（≒ jest, joke, pun）
▷ witty [funny] **quips** 機知に富んだ［面白い］言葉

🔒 いい**食いっぷり**だと「皮肉を言う」と覚えよう！

0777 □□□□□□ □

racket
/rǽkit/

名 **不正な商売、大騒ぎ**（≒ fraud, uproar）
▷ make[raise] a **racket** 大騒ぎを起こす

🔒 **ラケット**に入れて稼ぐ「あやしい商売」と覚えよう！

Track 127

0778 □□□□□□ □

rehash

名/ríːhæʃ/ 動/rìːhǽʃ/

名 蒸し返し、焼き直し 動 焼き直す (≒ adapt, alter)
▷ a **rehash** of old ideas[stories] 古いアイデア[話]の焼き直し

悪(わり)い! ハッシュタグつけて「作り直し」と覚えよう!

0779 □□□□□□ □

renege

/riníg/

動 (約束を)破る、裏切る (≒ default[go back] on
名 形 **renegade** 裏切り者(の)
▷ **renege** on the agreement[deal] 同意[契約]を破る

源 re(強意)+neg(否定) → 裏切る

0780 □□□□□□ □

replete

/riplíːt/

形 豊富にある (≒ teeming, brimming)
▷ be **replete** with photos[information]
写真[情報]でいっぱいである

源 re(再び)+replete(満たす) → 豊富にある

0781 □□□□□□ □

rubric

/rúːbrik/

名 手引書、説明書、心得 (≒ procedure, rule)
▷ a **rubric** for public speaking[the exam]
パブリックスピーキング[受験]の手引書

rule を brick に書いたとイメージしよう!

0782 □□□□□□ □

ruminate

/rúːmənèit/

動 熟考する、よく考える (≒ deliberate, contemplate)
▷ **ruminate** over the problem[possibility]
その問題[可能性]について熟考する

イルミネーションを見て「物思いに耽る」と覚えよう!

0783 □□□□□□ □

schism

/sízm/

名 分裂、分立 (≒ division, rift, rupture)
▷ a **schism** between the two parties 2党の分裂

「分裂」して国が**沈む**、と覚えよう!

0784 □□□□□□ □

scuttle

/skʌ́tl/

動 台無しにする、失敗させる (≒ wreck, foil)
▷ **scuttle** the plan[deal] 計画[取引]を台無しにする

スカ取ると計画は「台無し」だ、と覚えよう!

0785 □□□□□□ □

shroud
/ʃráud/

動 **隠す、包む**（≒ veil, envelop, swathe, cloak）
▷ The story is **shrouded** in mystery. その話は謎に包まれている。

修羅うどの大木が闇に「葬られる」と覚えよう！

0786 □□□□□□ □

slovenly
/slʌ́vənli/

形 **だらしのない、ずさんな**（≒ unkempt, disheveled）
▷ a **slovenly** dress[appearance] だらしのないドレス［風貌(ぼう)］

スロー分離した「ずさんな」工事、と覚えよう！

0787 □□□□□□ □

snide
/snáid/

形 **（遠回しで）嫌みな、意地悪な**
（≒ disparaging, derogatory）
▷ **snide** remarks[comments] 嫌みな発言

失敗したのに、ミ**スないど**と「皮肉な」と覚えよう！

0788 □□□□□□ □

spearhead
/spírhed/

動 **先頭に立つ、陣頭指揮を執る**（≒ lead, head）
▷ **spearhead** a campaign[movement] 運動の先頭に立つ

源 spear（槍）＋ head（導く）➡ 先頭に立つ

0789 □□□□□□ □

splurge
/splə́ːrdʒ/

名 動 **散財（する）、ぜいたく（をする）**（≒ squander）
▷ **splurge** on food[luxury] 食物［ぜいたく品］に散財する

源 sp（飛び出す）＋（s）urge（急増する）➡ 散財する

0790 □□□□□□ □

stalk
/stɔ́ːk/

動 **忍び寄る、大またで歩く**（≒ shadow） 名 **茎**
▷ **stalk** a woman[prey] 女性［獲物］に忍び寄る

☞ ストーカーは既に日本語になっている！

0791 □□□□□□ □

stipend
/stáipend/

名 **（特に教師、公務員への）俸給、給付金**
（≒ remuneration, endowment）
▷ a monthly **stipend** for students 学生への毎月の給付金

stip（賃金）＋ pend（払う）➡ 俸給、給付金

Track 129

0792 □□□□□□ □

teeter
/tíːtər/

動 **フラフラ動く、決めかねる** (≒ stagger, seesaw)
▷ **teeter** on the brink[edge] of extinction[bankruptcy] 絶滅[倒産]寸前である

立ち〜倒(たお)れて「よろめく」と覚えよう!

0793 □□□□□□ □

travesty
/trǽvəsti/

名 **曲解、茶番、もじり** (≒ distortion, parody)
▷ a **travesty** of the law 法の曲解
▷ a **travesty** of justice 茶番の裁判

フーテンの**寅、ベスト**着て「茶番」だぜ、と覚えよう!

0794 □□□□□□ □

uncanny
/ʌnkǽni/

形 **不可思議な、超自然の** (≒ supernatural)
▷ an **uncanny** phenomenon[ability] 不可思議な現象[超自然の能力]

canny (抜け目のない) と混同しないように!

0795 □□□□□□ □

undulate
/ʌ́ndʒulèit/

動 **起伏する、波打つ** (≒ wobble, oscillate)
▷ an **undulating** landscape 起伏する地形
▷ an **undulating** sea うねる海

「波立つ」水面見て**案ずれと**警告、と覚えよう!

0796 □□□□□□ □

unravel
/ʌnrǽv(ə)l/

動 **ほぐす、解明する** (≒ untangle, unwind)
▷ **unravel** the mystery[truth] 謎[真実]を解明する

源 un (強い) + ravel (ほどく) → ほどく、解明する

0797 □□□□□□ □

unsettling
/ʌnsétliŋ/

形 **不安な、落ち着かない** (≒ disturbing, upsetting)
動 **unsettle** 不安にする 形 **unsettled** 不安(定)な
▷ **unsettling** news[feelings] 不安なニュース[気持ち]

源 un (否) + settle (落ち着かせる) → 不安な

0798 □□□□□□ □

unwitting
/ʌnwítiŋ/

形 **知らずにした** (≒ unconscious, ignorant)
▷ an **unwitting** victim[accomplice] 知らないうちに仕立てられた犠牲者[共犯者]

源 un (否) + wit (知る) → 知らずにした

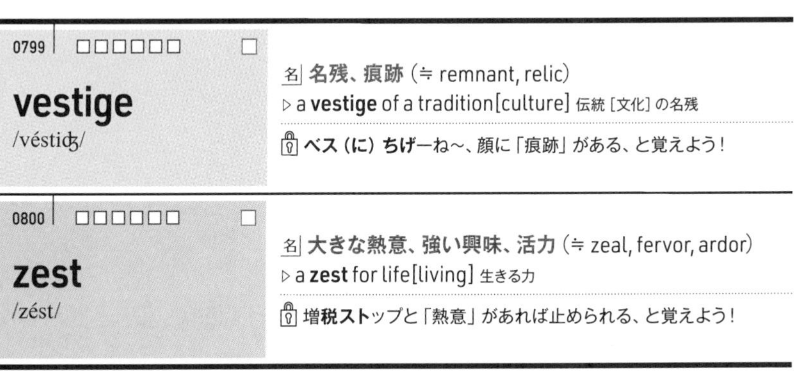

0799 □□□□□□ □

vestige
/véstiʤ/

名 **名残、痕跡**（≒ remnant, relic）
▷ a **vestige** of a tradition[culture] 伝統［文化］の名残

ベス（に）ちげーね～、顔に「痕跡」がある、と覚えよう！

0800 □□□□□□ □

zest
/zést/

名 **大きな熱意、強い興味、活力**（≒ zeal, fervor, ardor）
▷ a **zest** for life[living] 生きる力

増税ストップと「熱意」があれば止められる、と覚えよう！

類語をまとめてチェック！ 動詞編 ④

□ **(supplant, supersede, displace)** the old system 古い制度に取って代わる

□ **(suppress, quell, subdue, squash)** the riot 暴動を鎮める

□ **(swindle, defraud)** him of all his money 彼からお金をすべてだまし取る

□ **(topple, overthrow subvert, overturn)** the government 政府を倒す

□ **(uncover, divulge)** the secret 秘密をばらす

□ **(unearth, excavate, exhume)** a hidden treasure 秘宝を発掘する

□ **(underscore, underline, accentuate)** the point その点を強調する

□ **(unravel, shed light on, elucidate)** the mystery 神秘を解明する

□ **(vie with, emulate)** the rival ライバルと競う

□ **(waver, vacillate, oscillate, seesaw)** between consent and refusal OK か否かで揺れ動く

□ **(wrest, wrench)** the gun from his hands 彼の手から銃をもぎ取る

類語をまとめてチェック！ 名詞編

- □ practice **(abstinence, temperance, sobriety)** 禁酒を実践する
- □ **(animosity, aversion (to), enmity)** toward gay people ゲイへの嫌悪
- □ a **(brawl, skirmish, scuffle)** at the bar 酒場での乱闘
- □ lose his **(composure, equilibrium, poise)** 落ち着きを失う
- □ the **(culprit, perpetrator)** apprehended by the police 警察に逮捕された犯人
- □ the **(dawn, advent, onset, inception)** of a new age 新時代の始まり
- □ a **(dearth, paucity)** of skilled workers 熟練労働者の不足
- □ gentle **(demeanor, mien, bearing)** 穏やかな物腰
- □ the **(disintegration, downfall, demise, debacle)** of the military regime 軍事政権の崩壊
- □ a(n) **(discrepancy, incongruence)** between the two reports 2つの報告の食い違い
- □ a **(disparity, chasm, discrepancy, schism)** between rich and poor 貧富の差
- □ the **(epitome, paradigm, paragon)** of virtue 美徳の典型
- □ **(a feud, a rift, strife)** between the two families 両家の間の反目
- □ the **(fiasco, debacle)** of the TV program TV番組の大失敗
- □ a cultural **(heritage, legacy)** 文化遺産
- □ pay **(homage, tribute)** to the war hero 戦争の英雄への賛辞
- □ reach the **(impasse, deadlock, stalemate)** 行き詰まる
- □ his **(implications, insinuation)** about her dishonesty 彼女の不正直への彼による当てこすり
- □ a notorious **(impostor, charlatan, con man)** 悪名高いいかさま師

- □ the **(maxim, adage, aphorism)** of the writer's invention 作家の作った金言
- □ the **(memento, keepsake)** of my old friend 旧友の思い出の品
- □ have the **(nerve, audacity, gall)** to talk back 大胆にも口答えする
- □ a **(novice, tyro, neophyte)** at skating スケートの素人
- □ a(n) **(parallel, analogy, affinity)** between the human brain and computers 人間の脳とコンピュータとの類似
- □ the **(plight, predicament)** of the developing country 発展途上国の苦境
- □ **(precursors, trailblazers)** of genetic engineering 遺伝子工学の草分け
- □ the **(pinnacle, zenith)** of his career 彼のキャリアの絶調
- □ Nobel Prize **(recipients, laureates)** ノーベル賞受賞者
- □ raise a **(racket, commotion)** 騒動を起こす
- □ **(remorse, a pang of conscience)** for his wrongdoings 彼の悪行への自責の念
- □ **(misgivings, apprehension, qualms)** about the project 計画への不安
- □ a **(remnant, relic, vestige)** of ancient Greece 古代ギリシアの名残
- □ political **(upheaval, turmoil)** 政治動乱
- □ an **(uprising, insurgence, insurrection)** against the dictator 独裁者への反乱
- □ the **(upshot, ramification, implications, repercussions)** of the trade talks 貿易会談の結果
- □ have a **(propensity, proclivity)** to exaggerate 誇張する傾向がある
- □ the **(yardstick, criteria)** for success 成功の基準

Chapter 3

1級必須句動詞

Track 130

0001 □□□□□□ □

act up

調子が悪くなる、ふざける（≒ fail, misbehave）

▷ The TV is **acting up**. テレビの調子が悪い。

☞ act（役者のように）演技してふざけるイメージ。

0002 □□□□□□ □

bail out

救済する、保釈する（≒ rescue, release）

▷ **bail out** major banks 主要銀行を救済する

☞ bail out は「船から水を汲みだす」と覚えよう！

0003 □□□□□□ □

bank on

頼る、当てにする（≒ depend[rely, count] on）

▷ **bank on** public support 国民の支持に頼る

☞「銀行に預ければ大丈夫と頼る」と覚えよう！

0004 □□□□□□ □

barge in[into]

押しかける、割り込む（≒ break[muscle] in）

▷ **barge in** [**into**] the office 事務所に押しかける

㊙ barge（ぶつかる）＋ into（中へ）➡ 押しかける

0005 □□□□□□ □

bawl out

叱りつける、非難する（≒ chew out, tell off）

▷ **bawl** him **out** for being late 遅刻したことで彼を叱りつける

㊙ bawl（わめく）＋ out（とことん）➡ 叱りつける

0006 □□□□□□ □

bear out

裏付ける、支持する（≒ uphold, support）

▷ **bear out** the fact[claim] 事実［主張］を裏付ける

㊙ bear（支える）＋ out（とことん）➡ 裏付ける

0007 □□□□□□ □

beef up

強化する、増強する（≒ step up, rev up）

▷ **beef up** security セキュリティーを強化する

☞ beef（ビーフ）食べてパワー UP！

0008 □□□□□□ □

boil down to

要するに〜ということになる（≒ add up to）

▷ The dispute **boils down to** the issue of territory.
その紛争は、詰まるところ、領土問題に行き着く。

㊙ boil down（煮詰まる）＋ to（〜に至る）➡ 結局〜になる

Track 131

0009 □□□□□□ □

bottle up

抑える、封じ込める (≒ choke back, hold back)

▷ **bottle up** my anger 怒りを抑える

㊟ bottle (瓶) に封じ込める+ up (完全に) → 抑える

0010 □□□□□□ □

bow out of

~から身を引く (撤退する) (≒ drop out, pull out)

▷ **bow out of** politics 政界から身を引く

☞ bow (おじぎ) して手を引くイメージ。

0011 □□□□□□ □

buckle down to

真剣に~に取り組む (≒ get[knuckle] down to)

▷ **buckle down to** work 真剣に仕事に取り組む

☞ buckle (バックル) 締めて本腰入れるイメージ。

0012 □□□□□□ □

butter up (to)

お世辞を言う、ごまをする (≒ play[kiss] up to)

▷ **butter up (to)** the boss 上司にごまをする

㊟ butter (おべっか) + up to (持ち上げる) → ごまをする

0013 □□□□□□ □

capitalize on

便乗する、付け込む (≒ cash in on)

▷ **capitalize on** the tourist boom 観光ブームに便乗する

㊟ capitalize (資金) を取る+ on (乗じて) → 便乗する

0014 □□□□□□ □

cash in on

活用する、付け込む (≒ capitalize on)

▷ **cash in on** the global trend グローバルトレンドを活用する

㊟ cash in (お金を入れる) + on (乗じて) → 活用する

0015 □□□□□□ □

chew out

叱りつける (≒ bawl out, tell off)

▷ **chew** him **out** for being arrogant 傲慢なことで彼を叱りつける

☞ chew (かみつく) ように叱るイメージ。

0016 □□□□□□ □

chime in on

割り込む、口を挟む (≒ chip[cut, break] in)

▷ **chime in on** the conversation 会話に口を挟む

☞ チャイムを鳴らして割り込むイメージ。

Track 132

0017 □□□□□□ □

choke off

妨げる、首を締め付ける（≒ choke down, choke back）

▷ **choke off** economic recovery 経済の回復を妨げる

㊊ choke（締め付け）＋ off（分離）➡ 食い止める

0018 □□□□□□ □

churn out

大量生産する（≒ crank[turn] out）

▷ **churn out** new products 新製品を大量生産する

㊊ churn（かき混ぜる）＋ out（出す）➡ 作り出す

0019 □□□□□□ □

clam up

口を閉ざす、黙り込む（≒ shut[hush] up）

▷ The suspect **clammed up** during interrogation.
容疑者は尋問中黙秘した。

☞ clam（はまぐり）のように口を閉じるイメージ。

0020 □□□□□□ □

crack down on

厳しく取り締まる（≒ clamp down on）

▷ **crack down on** crime 犯罪を厳しく取り締まる

㊊ crack（砕く）＋ down（とことん）➡ 取り締まる

0021 □□□□□□ □

crack up

精神的に参る、大笑いする（≒ burn out）

▷ **crack up** under the pressure of work
仕事のプレッシャーで精神的に参る

㊊ crack（割れる）＋ up（完全に）➡ 精神的に参る

0022 □□□□□□ □

crop up

不意に現れる、突然生じる（≒ spring[turn] up）

▷ A new problem has **cropped up**. 新問題が不意に現れた。

㊊ crop（作物）が up（出てくる）➡ 不意に現れる

0023 □□□□□□ □

cut out for (be)

～に向いている（≒ be [suitable, good] for）

▷ I am not **cut out for** the job. 私はその仕事に向いていない。

㊊ cut out（くり抜かれた）＋ for（方へ）➡ 向いている

0024 □□□□□□ □

dawn on

わかり始める（≒ cross one's mind）

▷ The real truth **dawned on** me. 真実がわかり始めた。

㊊ dawn（夜が明ける）＋ on（対して）➡ 明らかになる

Track 133

0025 □□□□□□ □

decked out (be)

～で飾られる（≒ dress up, gussy up）

▷ The room is **decked out** with antiques.
その部屋は骨董品で飾られている。

㊗ deck（着飾る）＋ out（完全に）➡ おめかしする

0026 □□□□□□ □

dip into

（お金に）手をつける、軽く目を通す
（≒ spend, look through）

▷ **dip into** my savings 貯金に手を付ける

㊗ dip（手をつける）＋ into（中に）➡ 手をつける

0027 □□□□□□ □

dole out

分配する（≒ dish[hand, give] out）

▷ **dole out** money[foods] お金［食糧］を分配する

㊗ dole（施し）＋ out（出す）➡ 分け与える

0028 □□□□□□ □

draw up

作成する、（車が）止まる（≒ make up, map out）

▷ **draw up** a contract 契約書を作成する

㊗ draw（描いて）＋ up（完成させる）➡ 作成する

0029 □□□□□□ □

drift off

眠りに落ちる、眠る（≒ doze off, nod off）

▷ **drift off** to sleep 眠りに落ちる

㊗ drift（さ迷う）＋ off（離れて）➡ 眠る

0030 □□□□□□ □

drown out

（小さい音を）かき消す（≒ muffle）

▷ The noise **drowned out** my voice.
その騒音は私の声をかき消した。

㊗ drown（かき消す）＋ out（外へ）➡ 音をかき消す

0031 □□□□□□ □

drum up

呼び集める、獲得する（≒ win over, woo）

▷ **drum up** public support 国民の支持を集める

㊗ drum（ドラムを叩いて）＋ up（上に）➡ 呼び集める

0032 □□□□□□ □

egg ~ on

（人を）扇動する、（人を）けしかける（≒ goad on, incite）

▷ **egg** him **on** to fight 彼にけんかをするようにけしかける

☞ 軽率な行動をするように誘導すること。

重要レベル

Track 134

0033 □□□□□□ □

fan out

扇型に広がる、散開する（≒ spread out）

▷ The police **fanned out** across the town. 警察が町中に散開した。

㊗ fan（扇）＋ out（外に）➡ 広がる

0034 □□□□□□ □

farm out

外注する、下請けに出す（≒ subcontract）

▷ **farm out** the work 仕事を下請けに出す

㊗ farm（農家）＋ out（出す）➡ 仕事を出す

0035 □□□□□□ □

fed up with (be)

～にうんざりする（≒ be (sick and) tired of）

▷ be **fed up with** long waits 長時間待つことにうんざりする

㊗ fed up（食べ過ぎて）➡ うんざりだ

0036 □□□□□□ □

fend off

（攻撃や質問）から身を守る（≒ ward off）

▷ **fend off** attacks[questions] 攻撃［質問］をかわす

㊗ defend（守る）＋ off（遮断）➡ 守る

0037 □□□□□□ □

fire away

どんどん質問を続ける（≒ start to ask questions）

▷ **Fire away**. どんどん質問してください。

㊗ fire（発射する）＋ away（どんどん）➡ 質問する

0038 □□□□□□ □

fish for

得ようとする（≒ angle for, be gunning for）

▷ **fish for** compliments ほめてもらおうとする

㊗ fish（漁をする）＋ for（求めて）➡ 得ようとする

0039 □□□□□□ □

fizzle out

かけ声倒れに終わる（≒ fall through, fail）

▷ The protest movement **fizzled out**. 抗議運動は徐々に収束した。

㊗ fizzle（ジューと音を立てる）＋ out（消える）➡ 立ち消えになる

0040 □□□□□□ □

flare up

爆発する、勃発する（≒ erupt, explode）

▷ The war **flared up** again. 戦争が再び勃発した。

㊗ flare（めらめら燃える）＋ up（上がる）➡ 爆発する

Track 135

0041 □□□□□□ □

flesh out

(詳細部分を) 肉付けする (≒ elaborate on)

▷ **flesh out** the plan 計画を肉付けする

㊮ flesh (肉) + out (出す) → 肉付けする

0042 □□□□□□ □

fork over

(お金を) 渋々支払う (≒ shell out, cough up)

▷ **fork over** money お金を渋々支払う

☞ フォークで掻き出して → しぶしぶ払うイメージ。

0043 □□□□□□ □

fritter away

浪費する、費やす (≒ idle away)

▷ **fritter away** a fortune 財産を浪費する

㊮ fritter (無駄に費やす) + away (どんどんと) → 浪費する

0044 □□□□□□ □

gloss over

隠す、言い繕う (≒ cover up, paper over)

▷ **gloss over** the failure 失敗を隠す

㊮ gloss (グロス) + over (上に) → ごまかす

0045 □□□□□□ □

goof off [around]

仕事を怠ける、サボる (≒ idle[while] away)

▷ **goof off[around]** at work 職場で仕事をサボる

㊮ goof (のらくらする) + off (開始) → サボる

0046 □□□□□□ □

hammer out

(徹底的に議論し) 案を考え出す (≒ work[thrash] out)

▷ **hammer out** an agreement 合意を成立させる

☞ 激論の末に案、合意などを打ち出すイメージ。

0047 □□□□□□ □

harp on

くどくど [繰り返し] 言う (≒ rub it in)

▷ **harp on** about the same thing 同じことをくどくど話す

㊮ harp (ハープ) + on (続ける) → 繰り返す

0048 □□□□□□ □

head off

阻止する、回避する (≒ stave off, prevent)

▷ **head off** the conflict 争いを回避する

㊮ head (頭) + off (切断) → 阻止する

Track 136

0049 □□□□□□ □

iron out

(問題を) 解決する (≒ work[sort, straighten] out)
▷ **iron out** the problem 問題を解決する

☞ アイロンでしわを伸ばすという発想。

0050 □□□□□□ □

jazz up

魅力的にする、活気づける (≒ ginger[liven, pep] up)
▷ **jazz up** a room 部屋を魅力的にする

㊣ jazz (ジャズ) + up (あげあげ) ➡ 活気づける

0051 □□□□□□ □

kick around

話し合う、ぶらぶらする (≒ discuss, knock around)
▷ **kick around** the suggestion 提案について話し合う

☞ 缶を様々な角度から蹴って検討する。

0052 □□□□□□ □

kick in

始まる、寄付する (≒ chip in)
▷ The medicine **kicked in**. 薬が効き始めた。
▷ **kick in** a few dollars 数ドル寄付する

☞「蹴って作動させる」から来た表現。

0053 □□□□□□ □

lash out

激しく批判する (≒ sail into)
▷ **lash out** at the media メディアを批判する

㊣ lash (鞭で打つ) + out (完全に) ➡ 批判する

0054 □□□□□□ □

level with

率直に打ち明ける、腹を割って話す
(≒ speak directly and honestly with ~)
▷ **level with** the police about the crime 警察に犯罪を打ち明ける

☞ 相手と同じレベルになって正直に打ち明ける。

0055 □□□□□□ □

live down

(汚名を) そそぐ、忘れ去られる
(≒ make people forget about ~)
▷ **live down** the scandal スキャンダルが忘れられる

㊣ live (生きながらえる) + down (すっかり) ➡ 汚名をそそぐ

0056 □□□□□□ □

make off with

~を持ち逃げする (≒ get[walk] away with ~)
▷ **make off with** lots of money 大金を持ち逃げする

㊣ make off (素早く立ち去る) + with (持って) ➡ 持ち逃げする

Track 137

0057 □□□□□□ □

mull over

熟考する、検討する（≒ reflect on）

▷ **mull over** the proposal 提案を熟考する

㊮ mull（粉を引く）＋ over（何度も）➡ じっくり考える

0058 □□□□□□ □

nod off

居眠りする（≒ doze off）

▷ **nod off** during class 授業中に居眠りする

㊮ nod（こっくりする）＋ off（ぷっつん）➡ 居眠りする

0059 □□□□□□ □

own up to

白状する、認める（≒ confess[admit] to）

▷ **own up to** breaking the vase 花瓶を割ったことを認める

㊮ up to（まで）＋ own（自分自身）を連れていく ➡ 白状する

0060 □□□□□□ □

palm off

（偽物などを）つかませる（≒ fob off）

▷ **palm off** fake bills as real ones 偽札を本物としてつかませる

☞ 相手の palm（手のひら）に off（放つ）するイメージ。

0061 □□□□□□ □

pan out

うまくいく、結局～となる（≒ work out）

▷ Things [didn't] **pan out** as expected.
事態は予想通りうまくいった［いかなかった］。

㊮ pan（砂金の選鉱鍋）＋ out（出す）➡ 砂金を洗い出す

0062 □□□□□□ □

patch up

仲直りをする、修復する（≒ settle, repair）

▷ **patch up** relations with 中国と関係を修復する

㊮ patch（つぎはぎ）＋ up（完成）➡ 修復する

0063 □□□□□□ □

peter out

先細りになって消える（≒ taper off, trail off）

▷ The movement has **petered out**. その運動は徐々に収束した。

㊮ peter（鉱脈が細くなる）＋ out（尽きる）➡ 段々減る

0064 □□□□□□ □

phase out

段階的に減らす（≒ phase down, scale down）

▷ **phase out** the production 生産を段階的に減らす

㊮ phase（段階的）＋ out（尽きる）➡ 徐々に減らす

0065 □□□□□□ □

pin down

突きとめる、（約束などに）縛りつける（≒ nail down, track down）

▷ **pin down** the cause 原因を突きとめる

☞ pin（ピン）で down（下に）とめるイメージ。

0066 □□□□□□ □

pine for

恋い焦がれる、思い焦がれる（≒ long[yearn] for）

▷ **pine for** my hometown 故郷を恋しがる

☞ pine は pain と似て恋で苦しむ。

0067 □□□□□□ □

poke around

探し回る、探りを入れる（≒ snoop around）

▷ **poke around** in the room 部屋を探し回る

㊟ poke（つつ）いて＋ around（回る）➡ 探し回る

0068 □□□□□□ □

pore over

じっくりと見る、熟読する（≒ study[read] carefully）

▷ **pore over** a book 本を熟読する

☞ pore（孔）が開くほど over（何度も）見るイメージ。

0069 □□□□□□ □

pull together

団結して働く（≒ hang[stick] together）

▷ **pull together** for the nation's sake 国のために団結する

㊟ together（一緒に）＋ pull（引っ張る）➡ 団結する

0070 □□□□□□ □

rattle off

スラスラ言う、暗唱する（≒ reel off）

▷ **rattle off** some instructions 説明をスラスラ述べる

☞ rattle（ガラガラ）音を off（出す）するイメージ。

0071 □□□□□□ □

ride out

乗り越える、切り抜ける（≒ get over, tide over）

▷ **ride out** the recession 不況を乗り超える

☞ ride（乗）って困難の out（外へ）するイメージ。

0072 □□□□□□ □

rifle through

くまなく［素早く］探し回る（≒ rummage through）

▷ **rifle through** her bag 彼女のカバンの中をくまなく探し回る

㊟ 全体を through（通して）＋ rifle（あさる）➡ くまなく探す

Track 139

0073 □□□□□□ □

rip off

ぼったくる、だまし取る（≒ overcharge）
▷ **rip off** consumers through online sales
オンライン販売で客からぼったくる

☞ It's a rip-off.（ぼったくりだ）と名詞でもよく使う。
rip（はぎ取る）＋ off（はがす）➡ ぼったくる

0074 □□□□□□ □

root out

根絶する、一掃する（≒ weed [wipe] out）
▷ **root out** corruption 汚職を根絶する

☞ 文字通り root（根）を out（抜く）するイメージ。

0075 □□□□□□ □

rope into [in]

（人）を説得して～させる（≒ entice）
▷ **rope** someone **into** buying stuff[**in** to buy stuff]
（人）を言いくるめて物を買わせる

☞ rope（ロープ）の into（中に）入れるイメージ。

0076 □□□□□□ □

rub off on

（人）に影響を与える（≒ be transferred to ~）
▷ Enthusiasm **rubs off on** students. 情熱は生徒に伝わるものだ。

㊞ rub off（擦りはがして）＋ on（～につける）➡ 影響を与える

0077 □□□□□□ □

scrape by

どうにか暮らす（≒ squeak [get] by）
▷ **scrape by** on $1 a day 1日1ドルでどうにか暮らす

㊞ by（～で）＋ scrape（ゴシゴシ擦って）➡ どうにか暮らす

0078 □□□□□□ □

shell out

（大金を）渋々支払う（≒ cough up, fork out）
▷ **shell out** money for an annual fee 年会費を渋々払う

☞ shell（貝）はお金として使われてきたことに由来。

0079 □□□□□□ □

sink in

十分に理解される（≒ get through[across]）
▷ The reality has **sunk in**. 事実は次第に理解された。

㊞ in（中に）十分 sink（沈む）➡ 十分に理解される

0080 □□□□□□ □

size up

判断する、評価する（≒ evaluate, examine）
▷ **size up** the economic situation 経済状況を判断する

☞「サイズを測る」から「判断、評価する」と覚えよう！

Track 140

0081 □□□□□□□ □

skirt around

避ける、回避する、迂回する（≒ get around）
▷ **skirt around** the issue 問題を避ける

☞ skirt（裾）の around（周り）を行くイメージ。

0082 □□□□□□□ □

smooth over

（問題を）丸く収める［取り繕う］（≒ straighten out）
▷ **smooth over** the problem 問題を丸く収める

☞ over（上）から smooth（スムーズ）にさせるイメージ。

0083 □□□□□□□ □

stake out

張り込む、確保する（≒ speak out, patrol）
▷ **stake out** a good spot 良い場所取りをする

☞ stake（杭）を立てて out（外に）追い出すイメージ。

0084 □□□□□□□ □

stamp out

撲滅する、根絶する（≒ wipe[snuff] out）
▷ **stamp out** terrorism テロを撲滅する

☞ stamp（ドンドンと踏）んで out（外に）やるイメージ。

0085 □□□□□□□ □

tamper with

改ざんする、いじる（≒ tinker[fiddle] with）
▷ **tamper with** the evidence 証拠を改ざんする

㊗ tamper（いじる）＋ with（～と）➞ 改ざんする

0086 □□□□□□□ □

tap into

（情報や資金などを）利用する（≒ utilize）
▷ **tap into** an opportunity[resources] 機会［資源］を利用する

㊗ tap（栓を抜いて）＋ into（中へ入る）➞ 利用する

0087 □□□□□□□ □

taper off

徐々に収まる（≒ trail[tail] off）
▷ The typhoon will **taper off** within a few days.
台風は数日中に徐々に収まるだろう。

㊗ taper（徐々に細くなる）＋ off（消える）➞ 徐々に収まる

0088 □□□□□□□ □

thumb through

素早く目を通す（≒ leaf[flip] through）
▷ **thumb through** a magazine 雑誌に素早く目を通す

☞ thumb（親指）でめくって目を through（通す）するイメージ。

Track 141

0089 □□□□□□ □

tide over

乗り切る (≒ get over, get[pull] through, ride out)

▷ **tide** the company **over** the financial crisis 会社に金融危機を乗り越えさせる

☞ サーフィンのように「潮流」を乗り越えるイメージ。

0090 □□□□□□ □

tip off

密告する、こっそり教える (≒ squeal on, rat on)

▷ **tip off** the police about the crime 犯罪について警察に密告する

㊙ tip (情報) + off (放つ) → 密告する

0091 □□□□□□ □

toy with

戯(たわむ)れに考える、いじる (≒ flirt with)

▷ **toy with** the idea of studying abroad 留学を戯れに考える

㊙ with (～に関して) + toy (おもちゃにする) → いじる

0092 □□□□□□ □

vouch for

個人的に保証する (≒ answer for, guarantee)

▷ **vouch for** the product quality 商品品質を保証する

☞ voucher「証明書、割引券」から来た語。

0093 □□□□□□ □

ward off

防ぐ、追い払う (≒ fend off, drive away)

▷ **ward off** evil spirits 悪霊を追い払う

☞ ward (病棟・監房) に入って悪いものを off (外へ) 出すイメージ。

0094 □□□□□□ □

walk out on

見捨てる、放棄する (≒ run out on, leave)

▷ Don't **walk out on** me! 私を見捨てないで！

☞ walk out「ストライキする、退場する」も重要！

0095 □□□□□□ □

weed out

除去する、一掃する (≒ root[wipe] out)

▷ **weed out** illegal immigrants 不法移民を一掃する

☞ weed (雑草) を out (抜く) するイメージ。

0096 □□□□□□ □

whip up

(感情を) かき立てる、手早く作る (≒ stir up)

▷ **whip up** her interest 彼女の興味をかき立てる

㊙ whip (鞭で打って) + up (駆り立てる) → かき立てる

0097 □□□□□□ □

wind down

段階的に縮小する、くつろぐ（≒ slow down）

▷ **wind down** production 生産を徐々に減らす

☞ オルゴールの wind（ゼンマイ）が down（緩む）するイメージ。

0098 □□□□□□ □

wrap up

終わりにする、（同意を）まとめる、（勝利を）収める

（≒ finish[round] off, wind up）

▷ **wrap up** the job[meeting] 仕事［会議］を終える

☞「包んでしまう」➡「終わらせる」となった表現。

0099 □□□□□□ □

write off (as)

帳消しにする、～を…とみなす（≒ dismiss, cancel）

▷ **wrote off** the public work as a waste of money
その公共事業をお金の無駄とみなす

☞ write off the debt[cost]（借金を帳消しにする［費用を経費で落とす］）のようにビジネスで用いる。

0100 □□□□□□ □

zero in on

～に的を絞る、～に照準を合わせる

（≒ focus on, home in on）

▷ **zero in on** the problem 問題に焦点を当てる

㊵ zero in（照準を合わせる）＋ on（～に）➡ 的を絞る

コラム②

ハイフン表現で引き締まった英語を発信しよう！

引き締まった英文を書くためにハイフン表現を覚えましょう。

- □ a post-party party 二次会
- □ a clean-desk person 机の上がきれいな人
- □ a media-shy politician マスコミ嫌いの政治家
- □ a coffee-drinking companion 茶飲み友達
- □ a long-cherished dream 長年の夢
- □ college-bound students 大学進学希望生徒
- □ a well-ventilated room 換気のいい部屋
- □ a self-motivating student 自主的に頑張れる生徒
- □ a self-published book 自費出版本
- □ self-disciplined workers 自己に厳しいワーカー
- □ self-paced learning 自分のペースでする勉強法
- □ a well-connected entrepreneur 広い人脈を持った実業家
- □ a well-thought-out plan 考え抜かれた計画
- □ a well-targeted mailing list 対象を絞り込んだメーリングリスト

Track 142

0101 □□□□□□ □

bear down on

迫って来る、圧迫する（≒ weigh[press] down on）

▷ The storm is **bearing down on** the land.
嵐が本土に驚異的に迫って来る。

☞ bear down（圧倒する）ように on（上に）のしかかるイメージ。

0102 □□□□□□ □

bear on

関係する、のしかかる、影響する（≒ pertain to）

▷ **bear on** the subject その話題に関係がある

☞ bear に「向かう、もたれる、位置する」の意味がある。

0103 □□□□□□ □

blot out

消し去る、覆い隠す（≒ blank out, obliterate）

▷ **blot out** the memory of the incident 事件の記憶を拭い去る

㊣ blot（汚れをふき取る）＋ out（完全に）➡ 拭い去る

0104 □□□□□□ □

blow away

感動させる、射殺する、負かす（≒ knock out, overwhelm）

▷ The performance **blew away** the audience.
その演技は聴衆を（驚きで）感動させた。

㊣ away（遠くへ）＋ blow（吹き飛ばす）➡ 感動させる

0105 □□□□□□ □

blow over

収まる、忘れ去られる（≒ die down, fade away）

▷ The scandal will **blow over** after a few years.
スキャンダルは数年で忘れ去られるだろう。

☞ blow（吹）いて over（覆う）するイメージ。

0106 □□□□□□ □

bogged down (be/get)

行き詰まる、泥沼に落ち込む（≒ get stuck, stall）

▷ The negotiations got **bogged down**. 交渉は行き詰まった。

☞ bog（沼）に down（落ちる）するイメージ。

0107 □□□□□□ □

bow to

屈服する、従う（≒ cave in to, give in to）

▷ **bow to** the workers' demands 労働者の要求に従う

㊣ to（～に）＋ bow（お辞儀する）➡ 従う

0108 □□□□□□ □

bowl over

ひどく驚かせる（≒ blow away, knock out）

▷ The incident completely **bowled** people **over**.
その事件は人々をひどく驚かせた。

☞ bowl（ボウル）を over（上に）転がして圧倒させるイメージ。

Track 143

0109 □□□□□□ □

butt in on

(話に) 割り込む (≒ horn [chime] in on)
▷ **butt in on** the conversation 会話に割り込む

☞ 座席に butt (お尻) を入れ割り込んで座るイメージ。

0110 □□□□□□ □

carve out

切り開く、彫って作る (≒ build, create)
▷ **carve out** a career for myself 自分で職業を切り開く

㊥ carve (彫る) + out (出す) → 切り開く

0111 □□□□□□ □

cave in

屈服する、崩れ落ちる (≒ bow to, succumb to)
▷ **cave in** to foreign pressure 外圧に屈する

㊥ cave (崩れる) + in (中に) → 屈する

0112 □□□□□□ □

chalk up

得点を得る、利益を挙げる (≒ rack [notch] up)
▷ **chalk up** higher profits 高い利益を挙げる

☞ 得点を chalk (チョーク) で書き up (上げる) するイメージ。

0113 □□□□□□ □

chip in

カンパする、会話に割り込む (≒ pitch [kick] in)
▷ **chip in** money for a present 贈り物に金を出し合う

☞ chip (チップ) を in (入れる) で覚えやすい!

0114 □□□□□□ □

cook up

でっち上げる、捏造する (≒ make up, trump up)
▷ **cook up** a story[plan] 話 [計画] をでっち上げる

☞ 話を cook (料理) して作り up (上げる) するイメージ。

0115 □□□□□□ □

confide in

(信頼して秘密・問題を) 打ち明ける (≒ open up)
▷ He **confided in** friends that he was divorced from his wife.
彼は友人に妻と離婚していることを打ち明けた。

☞ confide (信用し) て話を相手の in (中に) 入れるイメージ。

0116 □□□□□□ □

cop out of

(責任などから) 逃れる [回避する] (≒ duck[wriggle] out)
▷ **cop out of** my responsibilities 責任から逃れる

㊥ cop (捕える) + out of (~の外) → 逃れる

Track 144

0117 □□□□□□ □

cough up

(お金を) 渋々支払う (≒ fork[shell] out)
▷ **cough up** money for repairs 修理にお金を渋々支払う
☞ cough (咳) を出してお金を支払うイメージ。

0118 □□□□□□ □

descend on

(大勢の人々が) 押し寄せる [襲来する] (≒ invade)
▷ **descend on** a tourist spot 観光名所に押し寄せる
☞ 人が on (～の上に) descend (降り) てくるイメージ。

0119 □□□□□□ □

doze off

居眠りをする (≒ drop[drift, nod] off)
▷ **doze off** at work 仕事中に居眠りする
㊮ doze (まどろむ) + off (休んで) ➔ 居眠りする

0120 □□□□□□ □

ease out

肩たたきをする、自発的に辞職に追い込む
(≒ boot[kick] out)
▷ He was **eased out** of his job. 彼は自発的に辞職した。
㊮ ease (ゆっくりと) + out (外へ) 出させる ➔ 肩たたきをする

0121 □□□□□□ □

ease up

緩和する、和らげる (≒ cut[back, down])
▷ **ease up** on drinking 飲酒を控える
㊮ ease (和らぐ) + up (十分) ➔ 緩和する

0122 □□□□□□ □

eat into

食い込む、消耗する (≒ take away, use up)
▷ **eat into** my savings 貯金を使い込む
㊮ eat (食べる) + into (～へ入り込む) ➔ 消耗する

0123 □□□□□□ □

eke out

辛うじて生計を立てる (≒ get by, stretch out)
▷ **eke out** a living on pensions 年金で何とか生活する
㊮ eke (やりくりする) + out (完全に) ➔ 何とか生活する

0124 □□□□□□ □

factor in

考慮に入れる、計算に入れる (≒ take into account)
▷ **factor in** inflation インフレを考慮に入れる
㊮ factor (要素に) + in (入れる) ➔ 考慮に入れる

Track 145

0125 □□□□□□ □

fall in with

賛成する、知り合いになる (≒ join, go along with)
▷ **fall in with** her plan 彼女の計画に賛成する

㊟ with (～と一緒に) + fall in (中に落ちる) → 賛成する

0126 □□□□□□ □

ferret out

突き止める、探し出す (≒ find out, dig up)
▷ **ferret out** the truth 真実を探し出す

☞ ferret (フェレット) が目的物を探し out (出す) するイメージ。

0127 □□□□□□ □

fire up

かき立てる、激怒する (≒ stir up, ignite)
▷ **fire up** his imagination 彼の想像力をかき立てる

☞ fire (火) が up (上がる) ようにかきたて、怒るイメージ。

0128 □□□□□□ □

flirt with

気軽に考える、(面白半分に) 手を出す (≒ toy with)
▷ **flirt with** the idea of moving to the country
田舎に引越しすることを気軽に考える

☞ flirt (パタパタ) しながら with (～について) 考えるイメージ。

0129 □□□□□□ □

follow through

最後までやり抜く (≒ see[carry] through)
▷ **follow through** on my promise 約束をやり抜く

☞「最後までついて行く」→「やり始めたことを完成させる」となった表現。

0130 □□□□□□ □

fork out

(多くのお金を) 渋々支払う (≒ cough up, shell out)
▷ **fork out** money on a meal 食事にお金を渋々支払う

☞ fork (フォーク) でかき out (出して) しぶしぶ支払うイメージ。

0131 □□□□□□ □

gear up for

～に備えて準備する (≒ brace for, prepare for)
▷ The town is **gearing up for** the festival.
町はフェスティバルに備えて準備中である。

☞ for (～のために) gear up (ギアアップ) して備えるイメージ。

0132 □□□□□□ □

grope for

手探りで探す、模索する (≒ search for)
▷ **grope for** words 適切な言葉を探す

㊟ grope (探る) + for (～を) → 模索する

Track 146

0133 □□□□□□ □

grow on

だんだん好きになる (≒ become increasingly attractive)
▷ The town is **growing on** me. その町がだんだん好きになる。

㊥ on (〜の上) で思いが+ grow (成長する) → 思いが募る

0134 □□□□□□ □

keyed up (be)

緊張する、心配する (≒ strung up, nervous)
▷ I'm **keyed up** about an exam. 試験のことで緊張する。

㊥ keyed (張り詰めた) 状態に+ up (近づく) → 緊張する

0135 □□□□□□ □

hail from

〜の出身である (≒ come from, originate from)
▷ **hail from** Kyoto 京都出身である

☞ hail (ヒョウ) が from (から) 降ってくるイメージ。

0136 □□□□□□ □

hang back

しり込みする、ためらう (≒ hold back, draw back)
▷ **hang back** from performing in public 人前での演技をためらう

㊥ hang (掛ける) + back (元へ) → 戻ってためらう

0137 □□□□□□ □

hinge on

〜次第である、〜にかかっている (≒ depend[pivot] on)
▷ The country's fate **hinges on** the result of the election.
国の運命は選挙の結果次第である。

☞ hinge (蝶番) の on (上に) かかっているイメージ。

0138 □□□□□□ □

hit it off

仲良くする、意気投合する (≒ get along well together)
▷ **hit it off** with each other 意気投合する

☞ hit は元々会うという意味がある。

0139 □□□□□□ □

horse around

ばか騒ぎをする (≒ monkey around, fuck around)
▷ **horse around** at the bar 酒場でばか騒ぎをする

☞ horse (馬) が暴れ (around) 回るほど騒ぐイメージ。

0140 □□□□□□ □

impose on[upon]

付け込む、だます (≒ play on, take advantage of)
▷ **impose on[upon]** her kindness 彼女の親切心につけこむ

㊥ impose (中に置く) + on (〜上の) → つけ込む

Track 147

0141 □□□□□□ □

jack up

値上げする、持ち上げる (≒ drive up, push up)
▷ **jack up** the price 値段を上げる
☞「車をジャッキでぐいっと引き上げる」口語表現。

0142 □□□□□□ □

jockey for

～を得ようと画策する (≒ be gunning for, aim for)
▷ **jockey for** position[power] 主導権 [権力] 争いする
☞ jockey が競馬で有利な立場を得ようとする、のイメージ。

0143 □□□□□□ □

knuckle down to

真剣に取り掛かる (≒ get[buckle] down to)
▷ **knuckle down to** work 仕事に本腰を入れる
☞ knuckle (こぶし) を握って下につける、のイメージ。

0144 □□□□□□ □

leaf through

ぱらぱらめくる (≒ flip[thumb] through)
▷ **leaf through** a book 本を素早くめくる
☞ leaf (葉っぱ) のようにパラパラと through (通して) めくるイメージ。

0145 □□□□□□ □

lean on

頼る、脅す、圧力をかける (≒ depend on, pressure)
▷ **lean on** my friend for support 友人の支援に頼る
㊟ lean (傾く) + on (～の上) → 頼る

0146 □□□□□□ □

map out

(計画などを) 詳細に立てる [練る] (≒ lay out)
▷ **map out** a plan 計画を詳細に立てる
☞ map (地図) を out (出して) 計画するイメージ。

0147 □□□□□□ □

measure up to

(基準に) 十分に達する (≒ match[live] up (to))
▷ **measure up to** a standard 基準に十分に達する
㊟ measure up (きちんと測る) + to (まで) → 達する

0148 □□□□□□ □

mete out

(賞罰・報酬) を与える (≒ dish out, deal out)
▷ **mete out** punishment to the criminal 犯罪者を罰する
㊟ mete (割り当てる) + out (完全に) → 与える

重要レベル

Track 148

0149 □□□□□□ □

mill around [about]

うろつき回る（≒ roam[lounge] around）

▷ **mill around[about]** in the street 通りをうろつく

㊐ mill（うろうろする）＋ around（回る）➡ うろつき回る

0150 □□□□□□ □

muscle in on

強引に押し入る、強引に割り込む（≒ intrude on）

▷ **muscle in on** a territory 領土に押し入る

☞ muscle（筋肉）を中に押し入れるイメージ。

0151 □□□□□□ □

nail down

（決定を）確定する、（約束に）縛りつける（≒ pin down）

▷ **nail down** an agreement on policy 政策の合意を確定する

☞ nail（釘）を down（下に）さして確定するイメージ。

0152 □□□□□□ □

nibble away at

少しずつ減少させる（≒ whittle down）

▷ Tax increases are **nibbling away at** profits.
増税は利益を少しずつ減少させている。

㊐ nibble（かじる）＋ away（なくす）＋ at（狙って）
➡ 少しずつ減少させる

0153 □□□□□□ □

nose around

探し回る、詮索する（≒ poke[snoop] around）

▷ **nose around** his desk 彼の机を探り回る

☞ nose（鼻）で嗅ぎ around（回）って探すイメージ。

0154 □□□□□□ □

opt for

選ぶ、選択する（≒ pick[single] out, decide on）

▷ **opt for** early retirement 早期退職を選ぶ

☞ 反対は opt out of ~「～を見合わせる」。

0155 □□□□□□ □

paper over

（問題）を取り繕う［隠す］（≒ gloss over, cover up）

▷ **paper over** the problem 問題を覆い隠す

☞ paper（紙）で over（覆）って隠すイメージ。

0156 □□□□□□ □

perk up

活気づける、魅力的にする（≒ liven up, pep up）

▷ **perk up** the party with flowers パーティーを花で華やかにする

㊐ perk（元気になる）＋ up（あげあげ）➡ 活気づける

Track 149

0157 □□□□□□ □

pit ~ against ...

～を…と戦わせる
(≒ test sb's power in a competition with sb)
▷ **pit** a team **against** its rival チームをライバルと戦わせる

㊐ pit (戦わせる) + against (対して) → 戦わせる

0158 □□□□□□ □

pitch in

協力する、寄付する、勢いよく始める (≒ help, kick in)
▷ I am ready to **pitch in**. いつでもお手伝いしますよ。

☞ ピッチを上げて頑張るとイメージしよう。

0159 □□□□□□ □

pluck up

(勇気) を奮い起こす (≒ summon[muster] up)
▷ **pluck up** (the) courage to ask her out
彼女をデートに誘うために勇気を出す

㊐ pluck (グイッと引く) + up (上げる) → 元気を出す

0160 □□□□□□ □

prop up

支える、(支援して) 下支えする (≒ shore up)
▷ **prop up** the economy 経済をてこ入れする

㊐ prop (つっかえ棒で支える) + up (上げる) → 支える

0161 □□□□□□ □

rail against

憤慨する、非難する (≒ sail into, lash out at)
▷ **rail against** tax increases 増税を非難する

㊐ rail (柵をつける) + against (対して) → 憤慨する

0162 □□□□□□ □

rake in

大もうけする、荒稼ぎする (≒ shovel in, pull in)
▷ **rake in** money from sales 販売で荒稼ぎする

☞ rake (くまで) でごっそりお金を in (中に) 入れるイメージ。

0163 □□□□□□ □

reel off

(情報を) スラスラ言う (≒ rattle off)
▷ **reel off** customer names 顧客名をスラスラ言う

☞ reel (くるくる) 言葉を off (出す) するイメージ。

0164 □□□□□□ □

rein in

抑制する、制限する (≒ control, curb)
▷ **rein in** personnel costs 人件費を抑える

㊐ rein (手綱で制御する) + in (中へ) → 抑制する

Track 150

0165 □□□□□□ □

roll back

(価格を) 減らす、撃退する (≒ cut back[down])

▷ **roll back** the consumption tax to 5%
消費税を 5% に引き下げる

㊐ roll (巻) き+ back (戻す) → 減らす

0166 □□□□□□ □

rule out

除外する、無視する (≒ preclude, dismiss)

▷ **rule out** the possibility of a lawsuit 訴訟の可能性を否定する

㊐ rule (規則) で+ out (外に出す) → 除外する

0167 □□□□□□ □

root for

応援する (≒ cheer for, cheer on)

▷ **root for** a local team 地元のチームを応援する

☞ リスニング問題で重要な表現。

0168 □□□□□□ □

rustle up

(食べ物を) 手早く作る (≒ whip up, knock up)

▷ **rustle up** a meal 食事を手早く作る

㊐ rustle (サラサラっと手早く) + up (仕上げる) → 手早く作る

0169 □□□□□□ □

scrape up

(お金を) かき集める (≒ scrape together)

▷ **scrape up** money for a project
プロジェクトのためにお金をかき集める

㊐ scrape (引っ掻く) + up (上げる) → かき集める

0170 □□□□□□ □

set back

遅らせる、費用がかかる (≒ hold back, cost)

▷ The financial crisis **set back** economic development.
金融危機は経済発展を後退させた。

㊐ set (置く) + back (後ろへ) → 遅らせる

0171 □□□□□□ □

sew up

うまくまとめる [成功させる] (≒ repair, deal with)

▷ **sew up** the business deal 商取引を成功させる

㊐ sew (縫い) + up (上げる) → 完成させる

0172 □□□□□□ □

shop around

店を見て回る (≒ look around for, search for)

▷ **shop around** for a better price 有利な価格を求めて店を見て回る

☞ shop (お店) を見て around (回る) するイメージ。

Track 151

0173 □□□□□□ □

shore up

支える、下支えする (≒ prop up, support)

▷ **shore up** a failing bank 経営難の銀行を下支えする

㊟ shore (つっかい棒をする) + up (完全に) ➞ 支える

0174 □□□□□□ □

shrug off

無視する、軽くあしらう (≒ brush off[aside])

▷ **shrug off** someone's warning (人) の警告を無視する

㊟ shrug (肩をすくめ) て+ off (向こうへやる) ➞ 無視する

0175 □□□□□□ □

sift through

(情報を) ふるいにかける (≒ look[go] through)

▷ **sift through** information from various sources
様々なソースからの情報をふるいにかける

㊟ shift (ふるいにかける) + through (通して) ➞ ふるいにかける

0176 □□□□□□ □

sign over

署名して譲り渡す (≒ sign away, hand[make] over)

▷ **sign** his house **over** to his son 家を息子に譲渡する

㊟ sign (署名する) + over (渡す) ➞ 譲渡する

0177 □□□□□□ □

simmer down

興奮からさめる、落ち着く (≒ calm down, cool down)

▷ The riot **simmered down** at night. 暴動は夜に沈静化した。

㊟ simmer (グツグツ煮る) + down (下がる) ➞ 沈静化する

0178 □□□□□□ □

single out

選び出す、選抜する (≒ pick out, opt out)

▷ **single** him **out** for promotion 彼を選んで昇進させる

㊟ single (1 つを選ぶ) + out (外へ) ➞ 選びだす

0179 □□□□□□ □

sort out

整理する、解決する (≒ straighten[iron] out)

▷ **sort out** the problem 問題を解決する

㊟ sort (種類) に分け out (出す) ➞ 片づける

0180 □□□□□□ □

sound off

意見・不満をまくしたてる (≒ bawl[chew] out)

▷ **sounds off** about crime and immigration
犯罪と移民についての意見をまくしたてる

☞ sound (音) をはっきりと off (外に出す) イメージ。

Track 152

0181 □□□□□□ □

sound out

探りを入れる、打診する (≒ feel out)

▷ **sound out** his opinion 彼の意見に探りを入れる

㊫ sound（音）を聞き＋ out（出す） → 打診する

0182 □□□□□□ □

spell out

詳細に説明する (≒ specify)

▷ **spell out** the details of the contract 契約を詳細に説明する

☞「スペルを全部書く」で「逐一説明する」の表現。

0183 □□□□□□ □

be spoiling for

けんかをしたくてたまらない (≒ be itching for)

▷ **be spoiling for** a fight けんかしたくてたまらない

☞ spoil（自分を甘やかす）ぐらいしたくてたまらない。

0184 □□□□□□ □

sponge off

スネをかじる (≒ live[mooch, leech] off)

▷ **sponge off** my parents 親のスネをかじる

☞ sponge（スポンジ）のように吸って off（出す）するイメージ。

0185 □□□□□□ □

spruce up

きちんとする、身なりを整える (≒ tidy up, dress up)

▷ **spruce up** the building 建物をきれいにする

㊫ spruce（こぎれいにする）＋ up（仕上げる） → きれいにする

0186 □□□□□□ □

square off (against)

（けんかで）身構える (≒ prepare to fight with)

▷ **square off against** each other 互いに身構える

☞ square（四角に仕切って）身構えるイメージ。

0187 □□□□□□ □

stave off

回避する、食い止める (≒ head off, ward off)

▷ **stave off** the civil war 内戦を回避する

㊫ stave（くい止める）＋ off（離す） → 回避する

0188 □□□□□□ □

step up

強化する、促進する (≒ beef up, build up)

▷ **step up** efforts[security] 努力［安全］を強める

☞ 一歩（step）一歩上がっていくイメージ。

Track 153

0189 □□□□□□ □

stick up for

（批判されているものを）支持する（≒ side with）

▷ **stick up for** same-sex marriage 同姓婚を支持する

㊟ stick up（ノリのようにくっつく）＋ for（～に）➞ 支持する

0190 □□□□□□ □

straighten out

（問題）解決する（≒ sort[iron, smooth] out, clear up）

▷ **straighten out** a legal dispute 訴訟を解決する

☞「真っすぐに伸ばす」から「困難、誤解を取り除く」となった表現。

0191 □□□□□□ □

strike up

（気さくに会話などを）始める（≒ begin）

▷ **strike up** a conversation[relationship] with someone
（人）と会話［付き合い］を始める

㊟ strike（打つ）＋ up（上げる）➞ 始める

0192 □□□□□□ □

tack on

（新たに）付け加える（≒ tag on）

▷ **tack on** a happy ending to the violent film
暴力映画にハッピーエンドを付け加える

㊟ tack（縫い付ける）＋ on（上に）➞ 付け加える

0193 □□□□□□ □

take it out on

（人）に八つ当たりする（≒ vent[release] one's anger on）

▷ Don't **take it**[your anger] **out on** me! 私に八つ当たりしないで！

☞ it（怒り）を take out（取り出して）on（上に）置くイメージ。

0194 □□□□□□ □

tease out

（情報などを）引き出す（≒ elicit, find out）

▷ **tease out** the truth out of those involved
関係者から真実を引き出す

☞ tease（冷やかして）本音を引き出すと連想しよう！

0195 □□□□□□ □

thrash out

徹底的に議論する（≒ hammer[hash] out）

▷ **thrash out** a solution 解決策を打ち出す

㊟ thrash（打ち）＋ out（出す）➞ 徹底的に議論する

0196 □□□□□□ □

tone down

和らげる、抑える（≒ water down）

▷ **tone down** my criticism of the government
政府の批判を和らげる

㊟ tone（調子）を＋ down（下げる）➞ 抑える

0197 □□□□□□□ □

wade through

（苦労して大量を）読む（≒ read with great effort）

▷ **wade through** court records 裁判の記録を読み通す

☞ wade「川を歩いて渡る」が語源。困難なイメージ。

0198 □□□□□□□ □

warm up to

～にだんだん熱心［好意的］になる（≒ begin to like）

▷ **warm up to** the idea of expanding overseas
海外進出のアイデアに乗り気になる

㊟ warm up（温まる）＋ to（～に）➡ だんだん好きになる

0199 □□□□□□□ □

water down

和らげる、加減する（≒ tone down）

▷ **water down** sanctions against rogue nations
ならず者国家に対する制裁を加減する

☞ 提案・声明のトーンを人の気に障らないように。

0200 □□□□□□□ □

wolf down

貪り食う、ガツガツ食べる（≒ pig out, devour）

▷ **wolf down** dinner 夕食をガツガツ食べる

☞ wolf（狼）の様に一気にガツガツ食べるイメージ。

コラム③

英単語の意味の広がりをつかもう！

多義語の中でも特に重要なものをマスターしましょう。

- □ screen job applicants 求職者を選考する
- □ consume the city 市を焼き尽くす
- □ honor the contract 契約を守る
- □ stagger the work hours 時差出勤にする
- □ sweep the election 選挙に圧勝する
- □ doctor the evidence 証拠を改ざんする
- □ champion the cause 大義を擁護する
- □ grace the event 行事に臨席する
- □ command high prices 高い値で売れる
- □ acknowledge the letter 手紙を受け取ったと知らせる
- □ juggle work and family 仕事と家庭を両立させる
- □ stretch one's mind 知的探求をする
- □ strain the relations 関係を悪くする
- □ compromise one's principles 基本理念を曲げる
- □ thrive on the work 仕事を生きがいにする
- □ delegate authority 権限を委ねる
- □ vital statistics 人口統計
- □ raw data 未加工データ
- □ a wild card 不確定要素
- □ an outstanding issue 未解決の問題

0201 □□□□□□ □

act out

(害した感情を) 行動・態度に表す (≒ display)

▷ **act out** my anger 怒りを態度に表す

㊖ act (言動) + out (出す) ➡ 感情を態度に表す

0202 □□□□□□ □

bargain on[for]

(計画の中で) 期待する、値切る (≒ count on)

▷ **bargain on[for]** a change in contract conditions
契約条件の変更を期待する

㊖ bargain (予測する) + on (~に基づいて) ➡ 期待する

0203 □□□□□□ □

beg off

頼んで [言い訳して] 免除してもらう (≒ excuse)

▷ **beg off** from the task 任務からはずしてもらう

㊖ beg (懇願する) + off (離れる) ➡ はずしてもらう

0204 □□□□□□ □

blurt out

(不安・興奮で) 思わず口走る (≒ blunder out)

▷ **blurt out** the secret 秘密を口走る

☞ ぶらぶらっとうっかり口に出すイメージ。

0205 □□□□□□ □

boil over

(激化して) 収拾がつかなくなる (≒ explode)

▷ Racial tensions are **boiling over** into armed conflict.
人種間の緊張が激化して武力衝突に至っている。

㊖ boil (沸騰する) + over (こぼれ出す) ➡ 吹きこぼれる

0206 □□□□□□ □

boot out

追い出す、首にする (≒ kick out, chuck out)

▷ **boot** him **out** of school 彼を退学させる

☞ ブーツで蹴って追い出すイメージ。

0207 □□□□□□ □

border on

~と紙一重である (≒ verge on)

▷ Deepening mutual mistrust **borders on** hatred.
深まる相互不信は憎しみと紙一重である。

㊖ border (境) + on (接触) ➡ 近似する

0208 □□□□□□ □

bubble up

湧き上がる、ブクブク泡が立つ (≒ rise up, come up)

▷ An anxiety is **bubbling up** in her mind.
ある心配が彼女の心に湧き上がっている。

㊖ bubble (泡) + up (立つ) ➡ 湧き上がる

Track 155

0209 □□□□□□ □

cap off

仕上げる、締めくくる（≒ finish off, finish up）

▷ **cap** it **off** with a win 勝利で締めくくる

☞ キャップで絞めてしまうと覚えよう！

0210 □□□□□□ □

carve up

（冷酷に領土・財産を）分割する（≒ split up, divide）

▷ **carve up** the enemy's territory 敵の領土を分割する

㊐ carve（切り分ける）＋ up（完全に）➡ 分割する

0211 □□□□□□ □

chew over

熟考する、じっくり考える（≒ mull over, think over）

▷ **chew over** the future of the company
会社の将来をじっくり考える

㊐ chew（じっくりかむ）＋ over（何度も）➡ 熟考する

0212 □□□□□□ □

chicken out

尻込みする、怖気づく（≒ back away, pull out）

▷ **chicken out** of asking for a date デートに誘うことに尻込みする

☞ chicken は「臆病者」と覚えよう！

0213 □□□□□□ □

chip away at

少しずつ削る［欠ける］（≒ whittle down）

▷ Competition is **chipping away at** companies' profits.
競争は会社の利益を徐々に削っている。

㊐ chip（小片）＋ away（どんどん）＋ at（～を）➡ 削る

0214 □□□□□□ □

choke back

（感情を）抑える［こらえる］（≒ bottle up, hold back）

▷ **choke back** my anger[sadness] 怒り［悲しみ］をこらえる

㊐ choke（窒息させる）＋ back（後ろへ）➡ 抑える

0215 □□□□□□ □

coast along

（大した努力なく）やっていく（≒ move easily）

▷ **coast along** through my career 職歴が順調に進んでいる

☞ coast（自転車が下り坂を惰性で進む）から来た表現。

0216 □□□□□□ □

come down on

きつく非難する［罰する］（≒ jump on, lash out at）

▷ The judge **came down on** his illegal drug use.
その裁判官は彼の違法薬物の使用を激しく非難した。

㊐ come down（上から急降下して）＋ on（向かって）➡ 非難する

Track 156

0217 □□□□□□ □

crank out

量産する、どんどん作り出す（≒ churn out）

▷ **crank out** new inventions 新しい発明品を量産する

源 crank（クランクを回転させる）＋ out（出す）→ 量産する

0218 □□□□□□ □

dabble in[at]

（軽い気持ちで）手を出す（≒ do ~ halfheartedly）

▷ **dabble in[at]** painting 絵画に手を出す

源 dabble（ちょっと手を出す）＋ at（～を）→ かじる

0219 □□□□□□ □

deal out

与える、分配する（≒ mete out, dish out）

▷ **deal out** punishment[justice] to the criminal
罪人に罰則［裁き］を下す

源 deal（分配する）＋ out（出す）→ 与える

0220 □□□□□□ □

dish out

（大勢に）分配する、（罰則・批判を）下す（≒ deal out）

▷ **dish out** foods to the poor 貧しい人に食べ物を分配する

☞ 食べ物を皿に盛りつけて分配するイメージ。

0221 □□□□□□ □

dote on

溺愛する、甘やかす（≒ adore, love）

▷ **dote on** my daughter 娘を溺愛する

☞ doting parents は「親ばか」と覚えよう！

0222 □□□□□□ □

dredge up

（過去の不快な事を）掘り起こす（≒ dig up, drag up）

▷ **dredge up** the past incident 過去の事件を掘り起こす

源 dredge（浚渫機）＋ up（上げる）→ 掘り起こす

0223 □□□□□□ □

drive at

意図する、言おうとする（≒ get at, hint at）

▷ What are you **driving at**? 何が言いたいの？

☞ 対話式リスニング問題でよく出る表現
drive（勢いよく動かす）＋ at（狙って）→ 意図する

0224 □□□□□□ □

drive up

（価格を）上昇［急増］させる（≒ bring [push, jack] up]）

▷ **drive up** stock prices 株価を吊り上げる

☞ jack up はおどけて力強い。
drive（駆動する）＋ up（上に）→ 押し上げる

Track 157

0225 □□□□□□ □

ease off

弱まる、和らぐ（≒ slacken off, let up）

▷ The storm **eased off** at night. 嵐は夜に和らいだ。

㊣ ease（弱まる）＋ off（減って）→ 和らぐ

0226 □□□□□□ □

even out

（変化・違いを）ならす［減らす］（≒ even up, level）

▷ **even out** income differences 所得格差を減らす

㊣ even（均一）＋ out（完全に）→ ならす

0227 □□□□□□ □

fend for (oneself)

自分でやっていく（≒ support）

▷ The animal can **fend for** itself.
その動物は独力で生きることができる。

☞ defend の fend は「援助無しでやっていく」。

0228 □□□□□□ □

foul up

台無しにする、しくじる（≒ mess[botch, screw] up）

▷ **foul up** the project 計画を台無しにする

☞ 野球のファウル foul（汚す）も同じ。

0229 □□□□□□ □

front for

～の隠れ蓑になる（≒ serve as a cover for ~）

▷ The company **fronts for** the gang.
その会社はやくざの隠れ蓑となる。

㊣ front（正面に立つ）＋ for（～ために）→ 隠れ蓑になる

0230 □□□□□□ □

gain on

追い上げる、迫り来る（≒ close in on）

▷ The rival team is **gaining on** us.
ライバルチームが我々を追い上げている。

㊣ gain（進む）＋ on（どんどん）→ 追い上げる

0231 □□□□□□ □

gang up on

集団で攻撃する［批判する］（≒ attack, set on）

▷ **gang up on** an opponent 集団で反対者を攻撃する

㊣ gang（ギャング）＋ up on（襲い掛かる）→ 集団で攻撃する

0232 □□□□□□ □

glance off

（飛んできたものが）かすめる（≒ skim, graze）

▷ The bullet **glanced off** the shield. 弾丸が盾をかすめた。

㊣ glance（軽く当たってそれていく）＋ off（それて）→ かすめる

0233 □□□□□□ □

geared to [toward] (be)

～を対象とする、～向けである (≒ oriented to)

▷ The course is **geared to[toward]** foreign students.
そのコースは留学生対象である。

㊟ gear (ギアが噛み合う) ＋ to (～に) ➡ ～向けである

0234 □□□□□□ □

gun for

(仕事・賞を) 得ようとする (≒ aim for, jockey for)

▷ The athlete is **gunning for** the championship.
そのアスリートは優勝を狙っている。

㊟ gun (銃を打つ) ＋ for (求めて) ➡ 得ようとする

0235 □□□□□□ □

hang out

出入りする、たむろする (≒ hang around)

▷ **hang out** with rogues 不良と付き合う

㊟ hang (ぶらぶらする) ＋ out (外に) ➡ たむろする

0236 □□□□□□ □

hanker after

欲しがる、切望する (≒ long for, yearn for)

▷ **hanker after** an expensive piece of jewelry
高価な宝石類を欲しがる

㊟ hanker (憧れる) ＋ for (求めて) ➡ 切望する

0237 □□□□□□ □

hark back to

過去の物事を思い出させる (≒ go back to)

▷ The style of song **harks back to** the 1970s.
その歌のスタイルは 1970 年代を思い出させる。

㊟ hark (聞く・過去に遡る) ＋ back ＋ to (～に) ➡ 思い出させる

0238 □□□□□□ □

haul off

(人) を連行する [しょっぴく] (≒ cart off[away])

▷ **haul** protesters **off** to the police
抗議者を警察へ連行する

㊟ haul (運ぶ・引っ張る) ＋ off (去る) ➡ 連行する

0239 □□□□□□ □

have it out with

(問題・意見の相違で) (人) と徹底的に話し合う

▷ **have it out with** an official 役人と徹底的に話す

㊟ have it (勝ち取る) ＋ out (徹底的に) ➡ けりをつける

0240 □□□□□□ □

hem in

閉じ込める、取り囲む (≒ confine, besiege)

▷ The criminal was **hemmed in** by the police.
その犯人は警察に取り囲まれた。

㊟ hem (縁・ヘム) ＋ in (中へ) ➡ 取り囲む

Track 159

0241 □□□□□□ □

home in on

〜に狙いを定める、〜めがけて進む（≒ zero in on）

▷ The missile **homed in on** the target.
ミサイルはターゲットをめがけて進んだ。

㊣ home（帰巣する）＋ in（中へ）＋ on（向かって）
→ 狙いを定める

0242 □□□□□□ □

hunker down

本腰を入れる、しゃがむ（≒ crouch down, buckle down）

▷ **hunker down** to my work 仕事に本腰を入れる

㊣ hunker（前かがみになる）＋ down（下に） → しゃがむ

0243 □□□□□□ □

identify with

一体感を抱く、共感する（≒ empathize with）

▷ **identify with** the main character 主人公に共感する

㊣ identify（同じ心境になる）＋ with（〜と） → 共感する

0244 □□□□□□ □

knock off

中断する、減らす、素早く作る（≒ give up, mark down）

▷ **knock off** work 仕事を中断する

㊣ knock（強打する）＋ off（分離） → 片づける、中断する

0245 □□□□□□ □

latch onto

興味を持つ、つきまとう、理解する
（≒ become interested in）

▷ **latch onto** the latest fashion 最新のファッションに興味を持つ

㊣ latch（掛け金）＋ onto（〜の上に） → 興味を持つ

0246 □□□□□□ □

lay out

配置する、設計する、説明する、費やす
（≒ set up, shell out）

▷ **lay out** a new town 新しい町を設計する

☞ 日本語のレイアウトより意味が多いことに要注意！

0247 □□□□□□ □

limber up

準備運動［体操］をする（≒ warm up）

▷ **limber up** for the race レースに向けて準備運動する

㊣ limber（柔軟になる）＋ up（上昇） → 柔軟体操する

0248 □□□□□□ □

live it up

大いに楽しむ、贅沢に暮らす（≒ live extravagantly）

▷ **live it up** at the party パーティーで思い切り楽しむ

㊣ live（暮らす）＋ up（ルンルンと） → 大いに楽しむ

Track 160

0249 □□□□□□ □

live with

(困難で不快な状況を) 受け入れる (≒ put up with)

▷ **live with** my illness 病気と折り合って暮らす

㊗ live (生きていく) + with (〜を持って) → 受け入れる

0250 □□□□□□ □

liven up

盛り上げる、魅力的にする (≒ rev up, jazz up)

▷ **liven up** the party パーティーを盛り上げる

㊗ liven (活気づける) + up (アップ) → 盛り上げる

0251 □□□□□□ □

pass ~ off as ...

〜を…としてごまかす

▷ **pass** fakes **off as** genuine 偽物を本物としてごまかす

㊗ pass (通過させる) + off (発して) + as (として) → ごまかす

0252 □□□□□□ □

pass over

除外する、無視する (≒ bypass, skip over)

▷ **pass** someone **over** for promotion 人の昇進を見送る

㊗ pass (通過する) + over (越えて) → 見送る

0253 □□□□□□ □

pep up

活気づける、元気づける (≒ perk[ginger] up)

▷ **pep up** the team players チームの選手たちを元気づける

☞ ペプシコーラの pep は「元気はつらつ」と覚えよう!

0254 □□□□□□ □

pipe down

静かにする、黙る (≒ quiet down, clam[hush] up)

▷ **Pipe down**! I'm on the phone. 静かにして! 電話中なんです。

㊗ pipe (管楽器を吹く) + down (やめる) → 静かにする

0255 □□□□□□ □

psych out

(人) を呑む [怖じ気づかせる] (≒ overwhelm, daunt)

▷ **psych out** rivals ライバルたちを呑んでかかる

㊗ psych (心) + out (失わせる) → 呑む

0256 □□□□□□ □

rack up

(多くの得点・利益を) 獲得する (≒ chalk[notch] up)

▷ **rack up** huge profits 巨大な利益を上げる

☞ rack (ラック) に入れて積み上げていくイメージ。

Track 161

0257 □□□□□□ □

rally around

(困難な状況の)(人)を支持する(≒ support)

▷ **rally around** the leader リーダーの味方をする

㊯ rally(結集する)+ around(周りに)→ 結集する

0258 □□□□□□ □

ratchet up

徐々に増やす(≒ gradually increase)

▷ **ratchet up** the consumption tax 消費税を徐々に増やす

☞ ratchet(機械の歯止め)を一段ずつ上げるイメージ。

0259 □□□□□□ □

rev up

活気づける、活発にする(≒ step up, pep up)

▷ **rev up** the economy 経済を活気づける

☞ rev(エンジンの回転速度)がブルーンと上がるイメージ。

0260 □□□□□□ □

round off

(首尾よく)終える、四捨五入する(≒ wrap up)

▷ **round off** the game with a victory ゲームを勝利で締めくくる

㊯ round(1ラウンド)+ off(中断)→ 終える

0261 □□□□□□ □

rub it in

(不快なことを)繰り返して言う(≒ harp on)

▷ Don't **rub it in**! 同じことばかりくどくど言うな!

☞「こすり込むように言う」から来た表現

0262 □□□□□□ □

sail into

非難[叱責]する、攻撃する(≒ lash out at, jump on)

▷ **sail into** him for stealing money
お金を盗んだことで彼を叱責する

☞ 船が海岸に突っ込んでくるイメージ。

0263 □□□□□□ □

sail through

楽々とこなす(≒ breeze through)

▷ **sail through** the test 試験にらくらくと通る

☞ 順風満帆のイメージ。

0264 □□□□□□ □

scrape together

(お金を)かき集める(≒ scrape up)

▷ **scrape together** money for my debt payment
借金の支払いのためにお金をかき集める

㊯ scrape(苦労してかき集める)+ up(高める)→ かき集める

Track 162

0265 □□□□□□ □

seal off

封鎖する、密封する（≒ cordon off）

▷ **seal off** the crime scene 犯行現場を封鎖する

㊣ seal（封印）＋ off（遮断）➡ 封鎖する

0266 □□□□□□ □

shoot for

目指す、目標にする（≒ go[aim, jockey] for, be gunning for）

▷ **shoot for** a job promotion 昇進を狙う

㊣ shoot（撃つ）＋ for（～に向かって）➡ 目指す

0267 □□□□□□ □

shoot up

急上昇する、急騰する（≒ skyrocket, zoom, soar）

▷ The price **shot up** by 50%. 価格が 50% 高騰した。

㊣ shoot（吹き出す）＋ up（上に）➡ 急上昇する

0268 □□□□□□ □

shy away from

避ける、しり込みする（≒ shrink from, recoil from）

▷ **shy away from** conflict 争いを避ける

㊣ shy（臆病な）＋ away from（～から離れて）➡ 避ける

0269 □□□□□□ □

smack of

（不快・悪いもの）のきらいがある（≒ reek of）

▷ Her statement **smacks of** prejudice.
彼女の発言は偏見のきらいがある。

☞ smack of（～の味がする）から来た表現。

0270 □□□□□□ □

snap out of

～から立ち直る、～から抜け出す（≒ recover one's calm）

▷ **snap out of** a bad mood 不機嫌から立ち直る

▷ **snap out of** depression うつから抜け出す

☞ snap（ぱちんと指を鳴らして）催眠術を解くイメージ。

0271 □□□□□□ □

snuff out

鎮圧する、（人）を殺す（≒ wipe out, stamp out）

▷ **snuff out** the rebellion 反乱を鎮圧する

☞ snuff out（ろうそくの灯を消す）から来た表現。

0272 □□□□□□ □

sober up

酔いをさます、酔いがさめる（≒ become no longer drunk）

▷ The news **sobered** him **up**. その知らせで彼は酔いがさめた。

㊣ sober（しらふ）＋ up（完全に）➡ 酔いがさめる

Track 163

0273 □□□□□□ □
spice up
活気づける、面白くする（≒ jazz up, liven up）
▷ **spice up** the story 話を面白くする
㊥ spice（スパイスを加える）＋ up（アップ）➡ 活気づける

0274 □□□□□□ □
spin off
分離独立させる、（副産物を）生じる（≒ turn out）
▷ **spin off** the film division to a separate company
映画部門を別会社に分社化させる
㊥ spin（くるくる回転させる）＋ off（派生）➡ 分離独立

0275 □□□□□□ □
spirit away
（素早く，ひそかに）を連れ去る（≒ carry away）
▷ **spirit away** the child 子供を誘拐する
☞「千と千尋の神隠し」は "spirited away" と覚えよう！

0276 □□□□□□ □
spur ~ on
（行動するよう）（人）を駆り立てる、（人）に促す（≒ prod）
▷ **spur** him **on** to action （人）を行動に駆り立てる
㊥ spur（拍車）＋ on（どんどん）➡ 拍車をかける

0277 □□□□□□ □
squeak by
辛うじて～する（≒ get by, scrape by）
▷ **squeak by** the test 辛うじてテストに通る
㊥ squeak（キーキー音を立てる）＋ by（過ぎて）➡ 辛うじてする

0278 □□□□□□ □
stow away
（運賃を払わず）密航する（≒ hide aboard a ship）
▷ **stow away** on a ship 船で密航する
㊥ stow（しまい込む）＋ away（どこかに）➡ 密航する

0279 □□□□□□ □
strike on
（思わず・偶然に）発見する［思いつく］（≒ hit upon）
▷ **strike on** a solution to the problem 問題の解決法を思いつく
㊥ strike[hit]（ぶつかる）＋ on（～に）➡ 発見する

0280 □□□□□□ □
stumble on [across]
偶然見つける［出くわす］（≒ come across, run into）
▷ **stumble on[across]** a celebrity 有名人に偶然出くわす
㊥ stumble（遭遇する）＋ on[across]（向かって［横切って］）
➡ 出くわす

Track 164

0281 □□□□□□ □

suck up to

(人) にごまをする [機嫌を取る] (≒ kiss[play] up to)

▷ **suck up to** my boss 上司にごまをする

㊊ suck up (へつらう) + to (～に) ➡ ごまをする

0282 □□□□□□ □

tag along with

(不要に) (人) に付きまとう (≒ accompany, string along)

▷ **tag along with** a friend 友人に付きまとう

㊊ tag (ぴったりつく) + along with (共に) ➡ つきまとう

0283 □□□□□□ □

tail off

次第に弱くなる (≒ taper off, trail off)

▷ The country's economy growth is **tailing off**.
その国の経済成長が次第に弱まっている。

㊊ tail (しっぽ) + off (減って) ➡ 弱くなる

0284 □□□□□□ □

thin out

(過密にならないように) 減らす、間引く (≒ reduce)

▷ **thin out** the workforce 従業員を減らす

㊊ thin (細い) + out (追い出す) ➡ 減らす

0285 □□□□□□ □

touch up

(手を少し加えて) 修正する (≒ fix[do] up)

▷ **touch up** a photograph 写真を修正する

㊊ touch (手をつけて) + up (仕上げる) ➡ 修正する

0286 □□□□□□ □

trail off[away]

次第に小さくなる (≒ taper off)

▷ The voice **trailed off**. 声は次第に小さくなった。

㊊ trail (道) + off (はぜれて) 行く ➡ 小さくなる

0287 □□□□□□ □

trickle down

流れ落ちる、波及する (≒ flow down, spread)

▷ Tears **trickled down** her face. 涙が彼女の顔から流れ落ちた。

㊊ trickle (したたる) + down (下に) ➡ 流れ落ちる

0288 □□□□□□ □

trip up

(人) の足元をすくう、(人) を失敗させる (≒ slip up)

▷ **trip** him **up** on a couple of questions 数問の質問で彼をやりこめる

㊊ trip (つまづかせる) + up (上に) ➡ 揚げ足を取る

Track 165

0289 □□□□□□ □

trump up

(話を) でっち上げる (≒ cook[make] up)

▷ **trump up** charges against the prime minister
首相に対する非難をでっち上げる

㊟ trump (切り札) + up (出す) ➡ でっち上げる

0290 □□□□□□ □

wash over

(急に) 心に強くよぎる (≒ come over)

▷ Anxiety **washed over** her. 心配が彼女によぎった。

㊟ wash (打ち寄せる) + over (上に) ➡ 押し寄せる

0291 □□□□□□ □

weigh in

(議論・争い・競争などに) 加わる (≒ join in, partake in)

▷ **weigh in** with my views 意見を持ち議論に加わる

㊟ weigh (重さを持って) + in (中へ) ➡ 加わる

0292 □□□□□□ □

well up

こみ上げる、湧き出る (≒ spring up)

▷ Tears **welled up** in her eyes. 涙が彼女の目に溢れた。

☞ well (井戸) の水が湧き出るイメージ。

0293 □□□□□□ □

while away

ぶらぶら [のんびり] 過ごす (≒ idle[fritter] away)

▷ **while away** the hours 時間をのんびり過ごす

㊟ while (時間) + away (どんどんと経つ) ➡ ぶらぶら過ごす

0294 □□□□□□ □

whisk away

さっと連れ去る (≒ take[carry] away)

▷ **whisk away** the suspect 容疑者を連行する

㊟ whisk (ほうき) + away (遠くに) ➡ 連れ去る

0295 □□□□□□ □

whittle down

(数・量を) 徐々に減らす (≒ phase[scale] down)

▷ **whittle down** 10 candidates to 3 10人の候補者を3人に減らす

㊟ whittle (ナイフで削る) + down (下に) ➡ 減らす

0296 □□□□□□ □

wink at

見て見ぬふりをする、黙認する (≒ connive at)

▷ **wink at** illegal trade practices 不法取引を黙認する

㊟ wink (まばたきする) + at (〜に) ➡ 見て見ぬふりする

0297 □□□□□□ □

wise up to

(悪い) 真実に気づき始める (≒ catch on)

▷ **wise up to** the hard fact 厳然たる事実に気づく

㊣ wise (賢い) + up to (～まで) ➡ 真実を知る

0298 □□□□□□ □

worm ~ out of ...

～を…から引き出す (≒ wring[squeeze] out)

▷ **worm** a confession **out of** the suspect
容疑者から自白を引き出す

☞ worm (寄生虫) を取り除くから来た表現。

0299 □□□□□□ □

wriggle out of

何とかして抜け出す [逃れる] (≒ wiggle out of)

▷ **wriggle out of** my responsibility 責任から逃れる

㊣ wriggle (くねくねして) + out of (～から) ➡ 逃れる

01300 □□□□□□ □

wring out

(無理やり) 聞き出す [引き出す] (≒ squeeze out)

▷ **wring** a secret **out** of him 彼から秘密を引き出す

㊣ wring (絞る) + out (出す) ➡ 絞り出す

コラム④

時事英語の比喩表現を覚えよう！

英字誌や英語のニュースでよく使われる比喩表現を覚えましょう。

- □ an election debacle 選挙の大失敗
- □ the Holy Grail of scientists 科学者の究極の目標
- □ a political [moral] vacuum 政治［モラル］の欠如
- □ bear the brunt of attack 攻撃の矢面に立つ
- □ (be) up for grabs 仕事・チャンスなどが誰でも手に入れられる
- □ a(n) political [economic] juggernaut 絶対的な政治［経済］力
- □ a game changer 概念や仕組みを一変させるもの
- □ level the playing field 機会の均等
- □ movers and shakers 有力者
- □ a flash point 紛争の火種
- □ a tipping point 転換期
- □ frenemy 友人でもあり敵でもある人
- □ a media circus 報道合戦
- □ out-of-the-box, lateral thinking 独創的思考
- □ play the devil's advocate わざと反論する
- □ pull the plug 突然中止する
- □ push the envelope ぎりぎりまで頑張る

付 録

アカデミック用語

1 重要「歴史」語彙をマスター！

古代・中世

Track 166

□□□ the Paleolithic Age	旧石器時代　the Neolithic Age は「新石器時代」、the medieval period は「中世」
□□□ the Code of Hammurabi	ハンムラビ法典　「目には目を歯には歯を（An eye for an eye, a tooth for a tooth）」で有名
□□□ the Ten Commandments	十戒　旧約聖書の『出エジプト記』に記されているモーゼが神から与えられた10の戒律
□□□ Rameses [Ramses]	ラムセス、古代エジプトの（数人の）国王名　ラムセス2世（Ramses II）はヒッタイト（Hittite）との和平締結、エジプト再建、アブ・シンベル（Abu Simbel）神殿建造で有名
□□□ pharaoh	ファラオ、古代エジプト王の称号、専制的な国王
□□□ mausoleum	壮大な墓
□□□ the Christian Crusades	十字軍　11～13世紀に、イスラム教徒から聖地エルサレムを奪還するため、欧州のキリスト教徒が結成
□□□ the Black Death	黒死病　ペスト菌（plague bacillus）による感染症
□□□ chivalry	騎士道
□□□ the Reformation	宗教改革　カトリック教会改革のため、プロテスタント教会を樹立した16世紀の宗教運動
□□□ the Counter-Reformation	反宗教改革　16世紀の宗教改革に続いてカトリック教会で起こった改革運動
□□□ serf	（中世の）農奴
□□□ vassal	（封建時代の）臣下

近現代

Track 167

□□□ mercantilism	重商主義政策　貿易黒字によって資本の蓄積を目指す 16 世紀に生まれた経済政策
□□□ the Bill of Rights	人民の基本的人権に関する宣言　the Bill of Rights は米連邦政府が基本的人権を保障した「権利章典」
□□□ the divine right of kings	王権神授説　中世西欧で国王の権力は神から与えられた絶対のものとする思想
□□□ czar	皇帝、旧ロシア皇帝、専制君主
□□□ genocide / wholesale slaughter	大量殺戮
□□□ the Reconquista	レコンキスタ　イスラム教徒が占領したイベリヤ半島のキリスト教徒による国土回復運動
□□□ the Forty-niners	49 年組　1849 年の the Gold Rush で金鉱捜しにカリフォルニアに行った人々
□□□ the Boston Tea Party	ボストン茶会事件　英国の茶条例に抗議したボストンの急進派による、英国東インド会社の茶船急襲事件。米独立戦争の一契機となる
□□□ the Secession	米南部 11 州の連邦脱退（1860-61 年）
□□□ the Civil War	（米国）南北戦争（1861-65）　the（Federal）Union は「北部諸州」、the Confederacy は「南部連合国」
□□□ abolitionism	奴隷制度廃止論
□□□ the Monroe Doctrine	モンロー主義　米・モンロー大統領の米欧相互不干渉主義政策（1823 年）
□□□ gunboat diplomacy	砲艦外交　1853 年に軍艦を率いて浦賀に来港したペリーが具体例
□□□ the Homestead Acts	ホームステッド法　開拓民に公有地を無償で与えた 1862 年成立の米国の法律で西部開拓に寄与

□□□ **the Emancipation Proclamation**	奴隷解放宣言　第 16 代米大統領 Abraham Lincoln 著 (1863 年)
□□□ **Jim Crow laws**	《米》黒人差別法　1877-1950 年代の米南部諸州で制定
□□□ **the Roaring Twenties**	狂乱の 1920 年代　米国で経済繁栄を背景に、ジャズなどに象徴される新文化・風俗が開花した時代
□□□ **Prohibition**	禁酒法　1920～33 年に米国で施行された酒類の製造・販売を禁じた法律
□□□ **Malcolm X**	マルコム X (1925-65)　米国で急進的な黒人分離主義を主導したムスリムで黒人解放運動の指導者
□□□ **the Great Depression**	世界大恐慌 (1929 年)
□□□ **pogrom**	ユダヤ人大虐殺
□□□ **The Holocaust**	ナチスによるユダヤ人大虐殺 (1941-45)
□□□ **the Marshall Plan**	マーシャルプラン　第二次世界大戦後の米国務長官による欧州復興支援 (1948)
□□□ **McCarthyism**	マッカーシズム　冷戦時の米国の赤狩り (1950 年代)
□□□ **racial integration**	《米》(白人と黒人の) 人種統合 (1954)
□□□ **the Ku Klux Klan (KKK)**	クー・クラックス・クラン　白人至上主義の秘密結社
□□□ **the Montgomery Bus Boycott**	モンゴメリー・バス・ボイコット事件　米公民権運動のきっかけとなった事件 (1955-56)
□□□ **the Cultural Revolution**	文化大革命　1966 年から 10 年に渡り中国で毛沢東 (Mao Zedong) が主導した革命運動
□□□ **the PTBT (the Partial Test Ban Treaty)**	部分的核実験禁止条約　1963 年米英ソ連が調印

□□□ the INF treaty (the Intermediate-Range Nuclear Forces Treaty)	**中距離核戦力全廃条約** 米ソ連間で 1987 年に締結
□□□ Sea Lines of Communication (SLOC)	**シーレーン** 有事に国民の生存と戦争逐行のため確保すべき海上交通路
□□□ SALT (the Strategic Arms Limitation Talks)	**戦略兵器制限交渉** 米ソ連間の軍事危機緩和が進展 (1972, 1979)
□□□ the Amsterdam Treaty	**アムステルダム条約** 欧州連合 (European Union) を創設したマーストリヒト条約の改正条約 (1997)
□□□ the Oslo Agreement	**オスロ合意** イスラエルとパレスチナ解放機構 (PLO) が紛争解決を目指して 1993 年に調印

文化人類学

Track 168

□□□ bipedalism	**二足歩行**
□□□ nomad	**遊牧民**
□□□ kinship	**親族関係**
□□□ monogamy	**一夫一婦制** polygamy は「一夫多妻制」
□□□ exogamy	**族外婚** 同族集団内の婚姻禁止。endogamy は「同族結婚」
□□□ aborigine	**(一国・一地方の) 先住民** Aborigine は「オーストラリア先住民」
□□□ totemism	**トーテム崇拝** 特定の社会集団と, 特定の動植物・鉱物 (トーテム) などとの間の儀礼的、神秘的な関係。北米・豪州・アフリカなどにみられる
□□□ Bantu (languages)	**バンツー諸語、バンツー族** 中央・南アフリカのスワヒリ語 (Swahili)、ズールー語 (Zulu) など 500 以上の言語の一群
□□□ rite of passage	**通過儀礼** 誕生・結婚・成人・死など

2 重要「政治」語彙をマスター！

国際政治

Track 169

□□□ nuclear proliferation	核拡散　denuclearization は「非核化」
□□□ nuclear holocaust	核の大惨事　radioactive fallout は「放射能の死の灰」
□□□ deterrent power	抑止力　nuclear deterrence は「核による戦争抑止」
□□□ nuclear club	核兵器保有国
□□□ plea bargaining	司法取引、有罪答弁取引
□□□ rapprochement talks	国交回復交渉
□□□ war reparations	戦争賠償金
□□□ hotbed of [breeding ground for] terrorism	テロの温床
□□□ extradition of terrorists	テロリスト引き渡し
□□□ forced repatriation	強制送還
□□□ deportee	国外追放者　deportation order は「退去命令」、forced repatriation は「強制送還」
□□□ political asylum	政治亡命　Jewish émigré は「ユダヤ人亡命者」
□□□ exodus of refugees	難民の大量流出　refugee repatriation は「難民送還」
□□□ prisoner of war (POW)	戦争捕虜

□□□ **preemptive attack**	先制攻撃　opening gambit は「先手」
□□□ **border skirmish**	国境地帯での小競り合い
□□□ **reconnaissance plane**	偵察機　stealth bomber は「ステルス爆撃機」
□□□ **hand grenade**	手榴弾　tear gas は「催涙ガス」
□□□ **brinkmanship**	瀬戸際外交　核使用などの脅威的な圧力をかけることで、交渉で優位に立とうとする政治手法
□□□ **extraterritorial rights**	治外法権　extraterritoriality、extraterritorial privileges とも言う
□□□ **proxy war**	代理戦争　war of attrition は「消耗戦」
□□□ **logistic support[assistance]**	後方支援
□□□ **stationing garrison**	駐屯軍　troop deployment は「軍隊の派遣」
□□□ **collateral damage**	付帯的損害、（軍事行動による民間人が被る）人的・物的被害　civilian casualties は「民間人の犠牲者」、death toll は「死亡者数」
□□□ **salvo**	爆弾の一斉投下　salvo of gunfire は「一斉射撃」
□□□ **supply depot**	補給基地　supply base とも言う
□□□ **militia**	市民軍　rebel militia は「反乱軍民兵」
□□□ **conscientious objector**	良心的参戦拒否者　信仰や信条に従って兵役につくのを拒否する人
□□□ **nonaligned neutrality**	非同盟中立　permanent neutrality は「永世中立」

□□□ military junta	軍事政権
□□□ undercover agent	諜報部員　counterespionage は「スパイ活動の防御」
□□□ wartime atrocity	戦争時の残虐行為
□□□ martial law	戒厳令　非常時に国の立法権、行政権、司法権を軍部にゆだねる非常法
□□□ ratification of the treaty	条約の批准　国家が条約に同意すること
□□□ consulate general	総領事館　consul は「領事」
□□□ charge d'affaires	代理大使、代理公使
□□□ embassy	大使館　ambassador は「大使」
□□□ peace envoy	平和使節　peace pact は「平和条約」
□□□ diplomatic immunity	外交（官）特権　extraterritorial right は「治外法権」
□□□ ultimatum	最後通告、最後通牒
□□□ belligerent countries	交戦国
□□□ military intervention	軍事的介入　military reprisal は「軍事的報復」
□□□ Balkanization	小国分裂主義　ある地域や国家が、対立する小さな地域・国家に分裂すること
□□□ ethnocentric mentality / chauvinism	自民族中心主義

□□□ **hegemony**	主導権、覇権　長期間に渡り大きな権力と地位を持ち続けること
□□□ **jingoism**	好戦的愛国主義　対ロシア強硬策をうたったイギリスの歌に由来、他国に高圧的態度をとること
□□□ **maritime power**	海洋大国
□□□ **the Tories**	トーリー党　イギリスの保守政党でホイッグ党は the Whigs
□□□ **Israeli enclave**	イスラエル居住地　enclave はある国や都市の中の飛び地、少数民族居住地
□□□ **the Politburo**	旧ソビエト共産党中央委員会政治局　ロシア語で political bureau の意。政策決定の最高指導機関
□□□ **the Golden Triangle**	黄金の三角地帯、麻薬の主要生産地
□□□ **Brussels**	ブリュッセル　本部があることから EU の代名詞となっている

米国の政治

Track 170

□□□ **Uncle Sam**	アメリカ政府（のニックネーム。略すと U.S.）
□□□ **the State-of-the-nation address / the State of the Union Message**	米大統領の一般教書演説
□□□ **the Grand Old Party(GOP)**	共和党　the Democratic Party は「民主党」
□□□ **electoral college**	大統領選挙人団　米国で大統領を選ぶ、一般投票で選ばれた選挙人団
□□□ **caretaker government**	暫定政府
□□□ **the Pledge of Allegiance**	アメリカ合衆国への忠誠心の宣誓

□□□ Foggy Bottom =the U.S. Department of state	アメリカ国務省　外交政策を実施する機関
□□□ the Democratic caucus	民主党幹部会　Democratic ticket は「民主党公認候補者」
□□□ the Republican convention	共和党大会　↔ the Democratic convention 民主党大会
□□□ running mate	副大統領候補
□□□ presidential primaries	大統領予備選挙　by-election / off-year election は「中間選挙」
□□□ Capitol Hill[the Hill] / U.S Congress	米国議会　the Speaker は「米下院議長」、the floor は「議員」
□□□ presidential veto	大統領拒否権
□□□ the First Amendment	合衆国憲法修正第1条　[表現や宗教の自由]
□□□ off-year election	中間選挙　米国で大統領選のない年に行なわれる公選職の選挙
□□□ unilateralism	単独行動主義　exceptionalism 例外主義：唯一の存在として国際社会の合意に反した行動を取る権利があるという、米国の外交に見られる思想
□□□ axis of evil	悪の枢軸　rogue state は「ならず者国家」

国内政治

Track 171

□□□ checks and balances / separation of powers	三権分立
□□□ the legislative branch	立法府　the executive branch は「行政府」、the judiciary branch は「司法府」
□□□ plenary convention	総会　plenary session は「本会議」

□□□ **Diet dissolution**	**国会解散**　Diet resolution は「国会決議」
□□□ **the House of Councilors / the Upper House**	**参議院**　↔ the House of Representatives / the Lower House 衆議院
□□□ **casting vote**	**決選投票**　議会で賛否同数の時、議長が持つ決定票
□□□ **campaign platform**	**選挙公約**　campaign trail は「選挙遊説」
□□□ **gerrymandering**	**勝手な選挙区改定**
□□□ **straw poll**	**(投票前にする) 非公式世論調査**
□□□ **mandate**	**(選挙民から議員などへの) 委任**
□□□ **absentee vote**	**不在投票**　正当な理由で当日投票できない人のための投票、invalid [faulty] ballot は「無効票」
□□□ **by-election result**	**補欠選挙の結果**　「総選挙」は general election
□□□ **major contender**	**有力候補**　front-runner は「最有力候補」
□□□ **lame duck**	**落選議員**　president-elect は「次期大統領」
□□□ **gubernatorial[mayoral] election**	**知事 [市長] 選**
□□□ **election returns**	**選挙結果**　landslide [lopsided] victory は「圧勝」、voter turnout は「投票率」
□□□ **smear campaign**	**組織的中傷**　mudslinging は「政治運動などの中傷合戦」
□□□ **universal suffrage**	**国民参政権、普通選挙権**

□□□ unaffiliated[non-affiliated] voters	無党派層
□□□ exit poll	出口調査　投票所の出口で有権者に対して行う聞き取り調査
□□□ oligarchy	寡頭政治　↔ polyarchy 多頭政治
□□□ pluralism	多元主義　国内に宗教、民族、文化などの異なる集団が共存する社会状態
□□□ filibuster	議事妨害（する）
□□□ constitutional amendment	憲法改正
□□□ impeachment court	弾劾裁判所
□□□ appropriation bill	歳出法案、予算法案
□□□ incumbent mayor	現職の市長　outgoing mayor は「退職する市長」
□□□ red-tape system	官僚的形式主義、お役所的な制度
□□□ political clout [leverage]	政治的影響力
□□□ pork-barrel politics	利益誘導型政治
□□□ secession from the party	党からの脱退
□□□ census bureau	国勢調査局
□□□ propaganda	（主義や主張の組織的な）宣伝活動

□□□ spin doctor	スピンドクター　政治家の広報アドバイザー
□□□ populist reform	大衆受けのする改革案
□□□ prepare for any contingency	あらゆる不測の事態に備える
□□□ pep rally	激励会、壮行会、決起集会
□□□ strife	分派抗争　splinter group は「政党の分派」、sectarian violence は「党・宗派間の衝突」
□□□ popular sovereignty	国民主権　主権は国民にあるとする近代の国家原理
□□□ ombudsman	オンブズマン　国民の権利・利益を守るために行政機関を外部から監視する機関
□□□ court injunction	裁判所命令、裁判所の差し止め命令

3 重要「哲学・宗教」語彙をマスター！

哲学

Track 172

□□□ existentialism	実存主義　各個人が自らの行動を決定する自由と責務を担う存在であるとする
□□□ empiricism	経験論　17-18 世紀のイギリス経験論が代表
□□□ hedonism	快楽主義、性への耽溺（たんでき）
□□□ epicureanism	エピクロス主義　心の平静としての快楽を人生の最高善とする
□□□ humanism	人間主義、人文主義　人間中心の思想
□□□ naturalism	自然主義　一切の現象を自然科学的方法によって解明
□□□ pragmatism	実用主義　真理の基準において実用的効果を重視する
□□□ utilitarianism	功利主義　「最大多数の幸福は、道徳と立法の基盤である」という創始者ベンサムの格言が有名
□□□ dualism	二元論　対立する 2 つの根本原理により個々の実在を説明する
□□□ herd mentality	群集心理　mob psychology とも
□□□ determinism	決定論　一切の事象は予め決められているという考え
□□□ transcendentalism	先験論　カントによる経験に基づく理性批判の哲学、超越主義
□□□ the deductive method	演繹法　一般法則から個々の事例の結論を導き出す方法
□□□ dialectic	弁証法　ヘーゲルによる真理に到達する方法

metaphysics	形而上学　存在と知識の根元を扱う学問
agnosticism	不可知論　神学では人間は神を認識できないとする考え
absolutism	絶対主義　不変的で客観的に真なる絶対的な存在だけで、現実にあるものすべての説明を試みた
the Socratic method	ソクラテス式問答法　問いと答えを繰り返し、他者に無知を自覚させる。「汝自身を知れ」。
philosopher king	哲人王　哲学的理想を持つ者が民衆を導くべきとするプラトンが説いた考え
ladder of nature	自然の階段　自然物に関してアリストテレスが作った、無機物から下等植物、高等植物、人間へと上っていく序列
the Age of Enlightenment	啓蒙時代　ルソーの社会契約説など啓蒙思想の時代。合理的な世界観を説いた
categorical imperative	定言命法　カント倫理学の主要概念。条件付である仮言命法に対し、無条件で「～せよ」と命じる普遍的な命法
a priori	アプリオリ　知識が五感の経験に先んじて獲得されること
postmodernism	ポストモダン主義　近代の合理主義に批判的。脱近代主義

キリスト教

Track 173

the Resurrection	キリストの復活　磔刑（たっけい）(crucifixion) 後のキリストの復活
ecumenism	世界教会主義　キリスト教全教派の再統合を目指す運動
Quaker	クエーカー教　絶対平和主義 (absolute pacifism) を特徴とするキリスト教プロテスタントの一教派
the Amish	アーミッシュ派　アメリカのプロテスタントの一教派で質素な服装をし、電気や自動車を用いない

□□□ **Protestant denomination**	プロテスタント派　Protestant Reformation は「宗教改革」
□□□ **Evangelicalism**	福音主義　儀礼より信仰を重視
□□□ **baptism**	洗礼　体の全部または一部を水で清めることによって罪を洗い清め、キリスト教徒となる儀礼
□□□ **Pope**	ローマ教皇［法王］　ローマ・カトリック教会の最高位聖職者（the supreme pontiff）。イエスの使徒の筆頭ペテロ（Peter）が初代教皇
□□□ **the New Testament**	新約聖書　旧約聖書（the Old Testament）とともにキリスト教の聖典
□□□ **the Scriptures**	聖典　通常、新約・旧約聖書を指す
□□□ **creationism**	創造説　ダーウィンの進化論を否定し、神による天地創造を主張
□□□ **the Atonement**	贖罪　キリストによる人類の罪の贖い
□□□ **the Inquisition**	異端審問　カトリック教会で異端者を摘発・処罰する審問制度
□□□ **salvation**	（罪・罰からの）魂の救済
□□□ **the Advent**	キリストの降臨
□□□ **apocalyptic vision**	世界の終末を思わせるような未来像　doomsday は「最後の審判の日」

イスラム教

Track 174

□□□ **Moslem**	イスラム教徒
□□□ **Sharia**	シャーリア、イスラム法　コーランおよびムハンマドの言行録（hadith）に基づく法律

□□□ **Sunni Islam**	イスラム教スンニ派　全イスラム教徒の 90%を占め、少数派のシーア派（Shias）と対比される。Shiite Arab は「シーア派アラブ人」
□□□ **jihad**	ジハード　イスラムの教えと信徒の人間的本能との葛藤の意
□□□ **Ramadan**	ラマダン　イスラム暦における 9 番目の月。日の出から日没までの断食を 30 日行う
□□□ **halal**	ハラール　イスラム法で食べることが許されている食事
□□□ **caliph**	カリフ　イスラム国家の最高指導者
□□□ **imam**	イマーム、イスラム社会の導師

ユダヤ教

Track 175

□□□ **Zionism**	シオニズム、ユダヤ主義　ユダヤ人国家をパレスチナに復活させる運動
□□□ **synagogue**	シナゴーグ　ユダヤ教の礼拝堂。一辺はエルサレムの方向を向いている
□□□ **the Torah**	トーラー　ユダヤ教の神から授けられた教示。特にモーセの五書を指す
□□□ **the Talmud**	タルムード　ユダヤ教における習慣律（customary law）の集大成。日常生活の指針が多い
□□□ **Bar Mitzvah**	バルミツバー　13 歳のユダヤ人男子の成人式
□□□ **elitism**	選民主義　神に選ばれ恩恵と使命を受けている民族であるという思想。特にユダヤ教で重要な意義を持つ
□□□ **the Diaspora**	ディアスポラ　バビロン捕囚後のユダヤ人の離散、離散したユダヤ人とその居住地域

宗教一般

Track 176

□□□ **pantheism**	汎神論　神と自然を同一視する宗教思想
□□□ **polytheism**	多神教　「一神教」は monotheism
□□□ **fundamentalism**	原理主義　原点回帰を主張。イスラム教の集団に対して用いられることが多い
□□□ **eschatology**	終末論　世界と人類の終末についての宗教思想
□□□ **mantra**	マントラ、真言　密教で真実を表す呪文的な言葉
□□□ **avatar**	《ヒンズー教》(この世に現れた神の) 化身
□□□ **animism**	アニミズム　無生物を含め万物に霊魂が宿るという考え
□□□ **Confucianism**	儒教　Confucian ethics は「孔子の教え」、ancestor worship は「先祖崇拝」、animism は「霊魂信仰」、Taoism は「道教」
□□□ **Armageddon**	ハルマゲドン　善と悪との最終戦争
□□□ **blasphemy**	神聖冒涜　神聖な存在にむやみに接触したり冒涜(ぼうとく)したりすること
□□□ **esoteric Buddhism**	密教　Buddhist scripture / sutra は「経典」
□□□ **atheism**	無神論　agnosticism は「不可知論 (主義)」
□□□ **religious eclecticism**	宗教折衷主義

4 重要「芸術」語彙をマスター！

芸術様式

Track 177

□□□ the Gothic style	ゴシック様式　西欧の 12 ～ 15 世紀の建築・芸術様式
□□□ the Romanesque style	ロマネスク様式　西欧の 10 ～ 12 世紀の建築・芸術様式
□□□ Baroque	バロック様式　西欧の 16 ～ 18 世紀の建築・芸術様式
□□□ Rococo	ロココ様式　渦巻き装飾（scrollwork）や左右非対称のパターン（asymmetrical patterns）が特徴
□□□ Byzantine art	ビザンチン美術　東方文化の影響を受けた鮮色のモザイク壁画（mosaic mural）やイコン（icon）が特徴
□□□ Realism	写実主義　日常活動や農民などを描く
□□□ Romanticism	ロマン主義　神秘主義、恋愛主義、民族意識が特徴
□□□ the Corinthian order	コリント式　ギリシャの建築様式
□□□ Lost Generation	失われた世代　欧米で第一次大戦後、従来の価値観に懐疑的になった世代
□□□ Impressionism	印象派　光の効果を巧みに表現
□□□ Post-Impressionism	ポスト印象派　印象派の影響を受け、それぞれ違う方向に発展
□□□ Cubism	立体派　幾何学的形態や交差する平面、コラージュなどを使用
□□□ Surrealism	超現実主義　20 世紀の視覚芸術・文学の一様式
□□□ Dadaism	ダダイズム　既成の概念を否定し、自由な発想と表現を目指した

□□□ **Art Nouveau**	**アール・ヌーボー** 「新しい芸術」を意味する新しい芸術運動。植物の枝やつるをイメージした曲線美が特徴
□□□ **Minimalism**	**ミニマリズム** 基本色や単純な幾何学的形式など最小限の表現手段を用いた絵画や彫刻
□□□ **Installation Art**	**インスタレーション** さまざまな物体を特定の空間に配置し、その空間全体を作品とする

建築

Track 178

□□□ **basilica**	**初期キリスト教のバシリカ式教会**
□□□ **gargoyle**	**ガーゴイル** 怪物などをかたどった彫刻で屋根の雨どいの役割
□□□ **gable**	**切妻、破風** 本を開いて伏せたような屋根の形状
□□□ **façade**	**建物の正面** 街路や広場に面した建物の顔
□□□ **cupola**	**丸屋根** 教会などの半球形の天井
□□□ **turret**	**小塔** 壁から張り出して上に伸びる小さい塔
□□□ **volute**	**渦巻飾り** ギリシャ建築の円柱の装飾に使用
□□□ **attic**	**屋根裏部屋** mezzanine は「中二階」
□□□ **canopy**	**天蓋** skylight は「天窓」、bay window は「出窓」
□□□ **threshold**	**敷居** cross beam は「大梁(おおはり)」
□□□ **eaves**	**軒(のき)** gutter は「屋根のとい」

□□□ **landing**	踊り場　handrail は「手すり」
□□□ **lattice work**	格子

その他

Track 179

□□□ **retrospective exhibition**	回顧展
□□□ **trilogy**	三部作　posthumous work は「遺作」
□□□ **slapstick comedy**	ドタバタ喜劇　situation comedy は「連続ホームコメディ」。略して sitcom
□□□ **improvisation**	即興演奏　即興で作る詩や曲、その演奏
□□□ **life-size statue**	実物大の銅像
□□□ **matinee**	昼間の興行　a first run of a film は「封切り」
□□□ **capacity crowd**	超満員客
□□□ **ventriloquism**	腹話術

5 重要「経済・ビジネス」語彙をマスター！

経済・財政・金融

Track 180

□□□ laissez faire	自由放任主義　市場の働きに任せること
□□□ austerity measures / tight-money [belt-tightening] policy	金融引締め政策
□□□ trickle-down economics	トリクルダウン政策　大企業優先の経済政策
□□□ pump-priming measures	呼び水政策　economic stimulus packages は「景気刺激策」
□□□ withholding tax / pay-as-you-go system	源泉徴収課税／源泉徴収方式　progressive tax は「累進課税」
□□□ tax deduction for spouse [dependents]	配偶者［扶養家族］控除
□□□ file a tax return	税の申告をする
□□□ indexation	物価スライド制
□□□ denomination	額面単位　revaluation は日本語の「デノミ」、平価切下げ
□□□ the Federal Reserve Board [FRB]	連邦準備制度理事会
□□□ monetarism	通貨主義　通貨量の調整により、国の経済安定成長が得られるとする学説
□□□ prime rate	最優遇貸出金利
□□□ credit squeeze	金融引き締め（政策）、銀行の貸し渋り
□□□ economies of scale	スケールメリット　生産規模拡大により製造原価が下がること

□□□ **social costs**	社会的コスト　企業活動に伴う環境破壊・公害により起こる社会的損失
□□□ **parity**	(他国の通貨との) 平価、等価
□□□ **common market**	共同市場 [国家間の関税を取り除いた組織]　the Common Market は「欧州共同市場 (EU、EC の別称)」
□□□ **cash crop**	換金作物　小麦、綿などすぐに現金になる作物
□□□ **boom-and-bust**	一時的活況、にわか景気と不景気　diffusion index は「景気動向指数」
□□□ **default**	債務不履行　insolvency は「支払い不能」
□□□ **microfinance**	マイクロファイナンス　低所得者層のための金融サービス
□□□ **Chapter 11 (Corporate Rehabilitation Law)**	連邦破産法第 11 章　会社更生法
□□□ **net income[profit]**	純益　総収益から総費用を差し引いた利益
□□□ **oligopoly market**	寡占市場　少数企業に支配されている市場
□□□ **dividend**	配当　volume は「出来高」、high yield は「高利回り」
□□□ **convertible currency**	兌換紙幣　金や世界各国の通貨と容易に交換することが出来る紙幣 (hard currency は「交換可能通貨」)
□□□ **yen quotation**	円相場　the appreciation [depreciation] of the yen は「円高 [円安]」
□□□ **import quota**	輸入割当　import surcharge は「輸入課徴金」
□□□ **retaliatory [punitive] tariffs**	報復関税

□□□ **mint**	造幣局
□□□ **the exclusive economic zone [EEZ]**	排他的経済水域
□□□ **tax in arrears**	延滞税、延滞金　separate taxation は「分離課税」
□□□ **tax haven**	租税回避地、税逃れの場所　tax break「税優遇措置」、tax credits「税控除」
□□□ **assets and liabilities**	資産と負債　liquid assets は「流動資産」
□□□ **the bearish market**	弱気市場　↔ the bullish market 強気市場
□□□ **equities**	普通株式　blue chips は「優良株」、home equity loan は「住宅担保ローン」
□□□ **derivative**	金融派生商品　先物（futures）、スワップ（swap）、先渡（forward）、オプション（option）などがある
□□□ **futures market**	先物市場　spot market は「現物市場」
□□□ **hedge fund**	ヘッジファンド　世界の金持ちや機関投資家から集めた資金を運用して高利回りを得ようとする国際投機マネー
□□□ **capital gain**	（株式などの）資産売却所得　arbitrage は「さや取り：相場などの利ざやで儲けること」
□□□ **corner the market**	株［商品］を買い占める
□□□ **takeover bid [TOB] / tender offer**	株式公開買い付け
□□□ **leveraged buyout [LBO]**	企業買収　management buyout (MBO) は「経営者による企業買収」
□□□ **stock options**	株式購入権

□□□ **margin trading**	信用取引　stock exchange は「証券取引所」
□□□ **offshore funds**	在外投資信託　低課税の国に籍を置く国際投資信託

ビジネス

Track 181

□□□ **creditor**	債権者　↔ debtor 債務者
□□□ **boot camp**	集中短期セミナー
□□□ **product liability**	商品損害賠償責任
□□□ **proceeds**	売上高　主に取引や催しによる収益を指す。 net proceeds は「純利益」
□□□ **royalty**	（通例複数形 royalties）印税、特許使用料
□□□ **collateral / security**	担保（物件）
□□□ **voucher**	商品券、クーポン券
□□□ **bulk discount**	大量購入割引　package deal は「一括取引」
□□□ **low-margin high-turnover**	薄利多売
□□□ **installment plan**	分割払い　lump-sum payment は「一括払い」
□□□ **dishonored bill**	不渡り手形　bounced check は「不渡り小切手」
□□□ **upscale consumer**	金持ちの消費者

□□□ exclusive contract	独占契約　exclusive right は「独占権」
□□□ quotation	時価、費用の見積もり　stock-exchange quotation は「株式取引価格相場」
□□□ troubleshooter	修理係、問題解決者
□□□ shakeout	業界再編成　競争激化により、業界で 1、2 社だけ生き残ること
□□□ Credit Default Swap(CDS)	クレジット・デフォルト・スワップ　企業の債務不履行(default) に伴うリスクを第三者に肩代わりしてもらう金融派生商品
□□□ national treasury (government coffer)	国庫　国に属する現金や有価証券などの管理
□□□ bid-rigging case	談合事件
□□□ divestiture	子会社または事業部の売却　downsizing は「企業縮小」
□□□ solvency margin	支払余力、保険会社の支払い能力の指標
□□□ window dressing statements	粉飾決算　虚偽の決算報告
□□□ overhead	間接費　原材料費と労働費を除く (personnel cost は「人件費」)
□□□ fringe benefit	付加給付　perquisite は「役得」、incentive は「報奨金」
□□□ work from home	在宅勤務　telecommuter は「在宅勤務者」
□□□ maternalism	(女性従業員の) 仕事と家庭の両立を配慮した雇用体制 フレックスタイム等
□□□ severance pay	解雇手当て

□□□ **probation period**	見習い期間　probationer は「見習い」
□□□ **migrant worker**	出稼ぎ労働者　undocumented worker は「不法就労者」
□□□ **arbitrary layoff**	一方的解雇　exploitation of workers は「労働者搾取」、overdue wages は「未払い賃金」
□□□ **employee turnover rate**	従業員離職率
□□□ **rank and file / employee with no title**	平社員
□□□ **auditor**	監査役
□□□ **skeleton staff**	最小限度のスタッフ
□□□ **word-of-mouth advertising**	口コミによる宣伝
□□□ **sales quota**	販売ノルマ　sales-promotion gimmick は「販売戦略」、sales pitch は「しつこい売り込み」
□□□ **planned obsolescence**	計画的陳腐化　製品や部品が老朽化するように作るマーケティング方法
□□□ **underwriter**	保険業者、証券引受業者
□□□ **the tertiary sector**	第三次セクター　運輸・金融など第三次産業に関わる部門
□□□ **disposable income**	可処分所得　手取り収入のこと
□□□ **the pharmaceutical industry**	製薬産業　pharmacist は「薬剤師」
□□□ **the textile industry**	繊維産業　the garment industry は「服飾業界」

□□□ **the cottage industry**	家内工業
□□□ **the knowledge-intensive industry**	知識集約型産業　the capital-intensive industry は「資本集約産業」、the labor-intensive industry は「労働集約産業」
□□□ **mail-order business**	通信販売
□□□ **carrier / mover / forwarding agent**	運送業者
□□□ **aquaculture / aquafarming**	養殖　sericulture は「養蚕（業）」
□□□ **subsistence agriculture**	自給自足農業　subsistence economy は「自給自足経済」
□□□ **consortium**	共同事業［企業］体
□□□ **retail outlet**	小売店　retail price「小売価格」 ↔ wholesale price「卸売価格」
□□□ **consignment sale**	委託販売
□□□ **deindustrialization / industrial hollowing-out**	産業の空洞化　基幹産業としての製造業が衰弱化する現象
□□□ **no-frills flight**	余分なサービスはしない航空便
□□□ **high-ticket items**	高額商品　low-end[high-end] products は「低価格［高額］商品」
□□□ **trade-in price**	下取り価格　unit price は「単価」
□□□ **flagship**	主力商品　loss leader / come-on は「目玉商品」
□□□ **breach of contract**	契約違反　the term of contract は「契約条件」

□□□ **three-martini lunch**	社用の昼食、豪華な昼食　マティーニを 3 杯も飲むような豪華な昼食ということから
□□□ **downtime**	（機械の故障・修理などによる）就業停止時間 maintenance downtime は「保守整備のための休止時間」
□□□ **featherbedding**	（組合による）水増し雇用、生産制限行為 featherbed は「安楽な状態」を指す
□□□ **underemployed**	不完全雇用の　学歴や職歴から考えると能力を発揮できない、畑違いの仕事に従事していること
□□□ **long tail marketing**	ロングテール商法　あまり売れない商品をネット上のニッチな市場でターゲット顧客に効果的に販売すること
□□□ **bargain-basement price**	格安値段
□□□ **forthcoming book**	近刊書　supplementary edition は「増刊号」

6 重要「教育・言語」語彙をマスター！

学校・教育

Track 182

□□□ pedagogy	教育学、教授法　etymology は「語源学」
□□□ anthropology	人類学　archeology は「考古学」、zoology は「動物学」
□□□ emeritus [honorary] professor	名誉教授
□□□ dean	学部長　registrar は「教務係」
□□□ academic clique	学閥
□□□ sabbatical term	(大学教授に与えられる) 長期有給休暇期間
□□□ substitute teacher	代用教員　teaching certificate は「教員免状」
□□□ teaching practicum	教育実習　trainee[cadet] teacher は「教育実習生」
□□□ probationary acceptance	仮入学許可
□□□ commencement ceremony	卒業式　valedictorian speech は「卒業生のスピーチ」
□□□ gap year	ギャップイヤー　欧米で卒業と就職の間の1年に社会経験を積むこと
□□□ honors student	優等生　cum laude は「優等で卒業した人」
□□□ alma mater	母校　alumnus は「同窓生 (男性)」、alumna は「同窓生 (女性)」
□□□ bachelor's degree	学士号　master's degree は「修士号」

□□□ **master's thesis**	修士論文　doctorate は「博士号」、dissertation は「学位論文」
□□□ **audit**	聴講する　auditor は「聴講生」
□□□ **(theological) seminary / divinity school**	神学校
□□□ **truancy / school refusal**	不登校
□□□ **charter school**	特別認可校　保護者や教師が自治体から認可を受けて開く、公的教育規制のない学校
□□□ **remedial education**	補習教育
□□□ **crash program**	特訓コース　examination ordeal は「受験地獄」
□□□ **rote memorization**	丸暗記　cram-free education は「ゆとり教育」
□□□ **open-book examination**	教科書持ち込み可能試験　pop quiz は「抜き打ちテスト」
□□□ **prom date**	大学・高校の学年末ダンスパーティーのパートナー
□□□ **room and board**	部屋代と食事費
□□□ **Forensic Club**	スピーチ・クラブ
□□□ **curator**	館長　librarian は「司書」
□□□ **carrel**	（図書館の）個人閲覧席

言語学

Track 183

□□□ lingua franca	共通語、通商語　vernacular は「自国語、お国言葉」
□□□ Creole	混交語　ピジン混合語が造語や借用語を加えて母国語化したもの
□□□ figure of speech	比喩表現
□□□ metonymy	換喩（かんゆ）「長髪（長髪の人の喚喩）お断わり」のような技法。simile は「直喩」、synecdoche「提喩」は「花」で「桜の花」、"hand" で "worker" を表すような比喩
□□□ alliteration	頭韻　語の頭に韻を踏むもの
□□□ oxymoron	矛盾語法　open secret（公然の秘密）のような矛盾する複数の語句を含む修辞技法
□□□ onomatopoeia	擬音擬声語　自然界の音響を言語音で表した語
□□□ polysemy	多義性　homonymy は「同音（同形）異義性」
□□□ hyperbole	誇張法　主張を大げさにする修辞技法
□□□ phonology	音韻論　言語の音声を扱う言語学の一分野
□□□ lexicography	辞書学、辞書編集
□□□ connotation	言外の意味、含意
□□□ syntax	統語論　文構成の仕組みを扱う言語学の一分野
□□□ semantics	意味論　言語の意味を扱う言語学の一分野

□□□ **elocution**	雄弁術、演説法
□□□ **phonics**	フォニックス　単語の読み方を発音と関係づけて教える方法
□□□ **ideogram**	表意文字［記号］　一つ一つの文字が意味を表す文字体系
□□□ **proxemics**	近接学　コミュニケーションにおいて空間が持つ意味を分析
□□□ **cognate**	同語族、同語源語　例：英語 cold の同族語はドイツ語の kalt
□□□ **acronym**	頭字語　頭文字を並べ1単語として発音可能なもの。UNESCO[United Nations Educational, Scientific, and Cultural Organization] など
□□□ **pictographic language**	絵文字的言語　phonetic alphabet は「音標文字」
□□□ **hieroglyphic inscription**	象形文字の碑文
□□□ **Braille**	点字　finger reading は「点字読法」
□□□ **Noam Chomsky**	ノーム・チョムスキー　米言語学者、変形文法の祖
□□□ **metalanguage**	メタ言語　ある言語体系の分析に使う言語
□□□ **paralanguage**	周辺［パラ］言語　顔の表情、動作など会話以外の表現
□□□ **abridged edition**	簡約版　unabridged dictionary は「大辞典」
□□□ **bibliography**	参考文献一覧表
□□□ **kinesics**	動作学　表情や動作などを通して人がどう意思伝達するのかを分析

7 重要「社会一般」語彙をマスター！

一般社会問題

Track 184

□□□ extended family	拡大家族　nuclear family は「核家族」
□□□ bereaved family	遺族
□□□ maternal[paternal] lineage	母方［父方］の家系
□□□ role reversal	（夫婦・親子などの）立場の逆転
□□□ Electra complex	ファザコン　Oedipus complex は「マザコン」
□□□ latchkey child	鍵っ子
□□□ surrogate mother	代理母
□□□ extramarital sex	婚外交渉　premarital sex は「婚前交渉」
□□□ joint custody	（離婚した［別居中の］両親による）共同親権
□□□ binuclear family	（離婚によって生じる片方の親と子供だけの）2つの核家族
□□□ sheltered upbringing	温室育ち　pampered upbringing は「過保護な教育」
□□□ sibling rivalry	兄弟間の競争意識
□□□ filial piety / devotion to one's parents	親孝行
□□□ boomerang kid	都会から故郷に戻り、親と一緒に生活する子供

□□□ **empty-nest syndrome**	からっぽの巣症候群　子供の独立で憂うつになること
□□□ **community chest**	共同募金
□□□ **brain gain**	頭脳流入　brain drain は「頭脳流出」
□□□ **social mores**	社会慣習
□□□ **outreach program**	地域社会への福祉・奉仕計画
□□□ **gentrification**	貧困地区の高級住宅化
□□□ **ceremonial functions**	冠婚葬祭　betrothal gift は「結納」
□□□ **the age of discretion**	分別年齢　英米の法律では 14 歳
□□□ **eligible man**	結婚相手にふさわしい男性
□□□ **social withdrawal**	ひきこもり　geek / nerd は「オタク」
□□□ **puberty**	思春期、年ごろ
□□□ **corporal punishment**	体罰
□□□ **moral vacuum**	道徳感の喪失　political vacuum は「政治的空白」
□□□ **egalitarian society**	平等社会　hierarchical society は「縦社会」
□□□ **hate crime**	ヘイトクライム、人種・性差別への憎しみから起きる犯罪

□□□ **affirmative action**	少数派優遇措置、差別是正措置　reverse discrimination は「(少数派優遇策のために生じた) 逆差別」
□□□ **tokenism**	(学校・職場などでの) 名目ばかりの少数派優遇策
□□□ **social stigma**	社会的不名誉　social alienation は「社会的疎外」
□□□ **graffiti**	落書き
□□□ **sexual pervert**	変態性欲者
□□□ **pro-choice activist**	人工中絶に賛成の活動家　pro-life は「中絶反対者」
□□□ **scalper**	ダフ屋　scalping は「転売によって利ザヤを稼ぐこと」
□□□ **sit-in**	座り込みストライキ　walkout は「ストライキ」
□□□ **whistle-blowing**	内部告発
□□□ **silent majority**	物言わぬ大衆、声なき声
□□□ **plutocracy**	金権社会　金の力で政治権力を握ること
□□□ **media hype**	メディアによる宣伝、マスコミの煽り
□□□ **landmark[watershed] event**	画期的 [重大な転機となる] 事件
□□□ **political correctness**	ポリティカル・コレクトネス　性差別や人種差別を防ぐ目的で言葉を置き換えること
□□□ **linguistic xenophobia**	外国語嫌い　xenophobia は「外国人嫌い」

8 重要「生活・娯楽」語彙をマスター！

交通・観光

Track 185

□□□ frequent flyer[flier]	頻繁に飛行機を利用する人　frequent flier miles は「マイレージ」
□□□ baggage claim carousel	空港の手荷物運搬用円形ベルトコンベア
□□□ security screening	手荷物検査
□□□ coach class	エコノミークラス　coach は「客車」
□□□ stopover / layover	途中下車　layover time は「(旅客機などの) 乗り継ぎ待ちの時間」
□□□ junction	乗換駅
□□□ courtesy car	送迎サービス車
□□□ convertible	オープンカー　camper は「キャンピングカー」
□□□ high-mileage car	低燃費車　fuel-efficient car / gas-sipper ともいう
□□□ license plate	ナンバープレート　steering wheel は「ハンドル」
□□□ liner	定期船　tramp は「不定期船」
□□□ berth ticket	寝台券　excursion ticket は「周遊券」
□□□ toll road	有料道路
□□□ sobriety [balloon] test	飲酒テスト

□□□ **fork road**	分岐路　approach way / entrance lane は「進入路」
□□□ **forced landing**	（飛行機の）不時着　runway は「滑走路」
□□□ **head-on collision / frontal crash**	正面衝突　pileup / chain-reaction collision は「玉突き衝突事故」
□□□ **wicket / ticket gate**	改札
□□□ **platform ticket**	駅入場券
□□□ **caterer**	仕出し業者
□□□ **wine connoisseur**	ワインの目利き
□□□ **tripod**	三脚　thirty-six exposure film は「36 枚撮りフィルム」
□□□ **mat finish**	つや消し仕上げ　glossy finish は「つや出し仕上げ」

生活

Track 186

□□□ **lodging house**	下宿　mountain hut は「ロッジ」
□□□ **sewer**	下水道　sewage は「下水」、plumber は「配管工」
□□□ **studio**	ワンルームマンション　condominium は「マンション」
□□□ **ferroconcrete**	鉄筋コンクリート
□□□ **scaffold**	足場

□□□ **makeshift house**	仮設住宅
□□□ **fire hydrant**	消火栓　fire extinguisher は「消火器」
□□□ **drainage pipe**	排水管　faucet は「蛇口」
□□□ **durable goods**	耐久消費財　goods and chattels は「家財道具一切」
□□□ **sundry goods / miscellaneous daily goods**	雑貨品
□□□ **humidifier**	加湿器　dehumidifier は「除湿器」
□□□ **canteen / flask**	水筒
□□□ **duplicate key**	合い鍵　key chain / key ring は「キーホルダー」
□□□ **kaleidoscope**	万華鏡　binoculars は「双眼鏡」
□□□ **pesticide / insecticide / bug spray**	殺虫剤　mosquito repellent は「蚊取り線香」
□□□ **disposable diaper [nappy]**	使い捨て紙おむつ
□□□ **pacifier / dummy**	おしゃぶり
□□□ **bunk bed**	二段ベッド
□□□ **swivel chair**	回転椅子　folding chair は「折りたたみ椅子」
□□□ **cardboard box**	ダンボール箱　plywood は「ベニヤ板」

□□□ Philips screwdriver	十字ドライバー　gimlet は「錐（きり）」、chisel は「のみ」
□□□ clippers	バリカン　tweezers は「ピンセット」
□□□ adhesive tape	粘着テープ　packing tape は「ガムテープ」
□□□ shoehorn	靴べら
□□□ snail mail	従来の郵便

スポーツ

Track 187

□□□ track and field	陸上競技
□□□ tug of war	綱引き
□□□ jump rope / rope skipping	なわとび
□□□ press-up / push-up	腕立て伏せ　handstand は「逆立ち」
□□□ calisthenics / shape-up exercise	美容体操
□□□ breast stroke	平泳ぎ　backstroke は「背泳ぎ」、dog paddle は「犬かき」
□□□ preliminary competition / elimination	予選　first-round elimination は「第1次予選」、finals / championship game / final match は「決勝」
□□□ winners' podium	表彰台

9 重要「スペースサイエンス」語彙をマスター！

天文学

Track 188

□□□ **the solar system**	太陽系 ☞ Neptune（海王星）、Uranus（天王星）、Saturn（土星）、Jupiter（木星）、Mars（火星）、Earth（地球）、Venus（金星）、Mercury（水星）、Sun（太陽）
□□□ **crescent moon**	三日月
□□□ **solar eclipse**	日食 ↔ lunar eclipse 月食 total solar eclipse は「皆既日食」、annular solar eclipse は「金環日食」
□□□ **Polaris / the polestar**	北極星 the Big Dipper は「北斗七星」
□□□ **the Milky Way / the galaxy**	銀河（系）、天の川
□□□ **superclusters**	超銀河団 銀河の集まりを「銀河団（galaxy cluster）」、銀河団の集まりを「超銀河団」と呼ぶ
□□□ **celestial body**	天体 constellation は「星座」、the zodiac は「十二宮図」
□□□ **asteroid**	小惑星 the asteroid belt は「小惑星帯」、asteroid impact は「小惑星衝突」
□□□ **quasar**	クエーサー 非常に離れた距離に存在し、恒星のように見える天体。かつては「準星」と呼ばれていた。
□□□ **supernova**	超新星 大質量の恒星がその一生を終えるときに起こす爆発現象のこと
□□□ **meteor**	流星、隕石（meteorite） white dwarf は「白色矮（わいせい）星」、meteor shower は「流星群」
□□□ **meridian**	子午線 the International Date Line は「日付変更線」
□□□ **geostationary orbit**	静止軌道 stationary satellite は「静止衛星」
□□□ **the stratosphere**	成層圏 stratospheric ozone は「成層圏オゾン」、the troposphere は「対流圏」

宇宙工学

□□□ **terraforming**	テラフォーミング　惑星を地球のように変化させて人が住めるようにすること
□□□ **lift-off**	ロケットの打ち上げ　splashdown は「着水」
□□□ **lunar module**	月着陸船
□□□ **escape velocity**	脱出速度　ロケットなどが惑星の表面から脱出しきるために必要な速度
□□□ **rocket trajectory**	ロケットの軌跡　trajectory tracking は「軌道追跡」

その他

□□□ **dark matter**	暗黒物質　電磁波による天体観測では見つかっていないが、銀河系内に存在するとされる仮説上の物質
□□□ **space debris**	宇宙ゴミ　terrestrial magnetism は「地磁気」

10 重要「地質学」語彙をマスター！

地質学

Track 189

□□□ latitude	緯度　↔ longitude 経度
□□□ topography, topographical features	地勢（図）　terrain は「地形、地勢」
□□□ contour line	等高線
□□□ plateau	高原　tableland は「台地、高原」
□□□ sand dune	砂丘　sandbar は「砂州」
□□□ ravine / gorge	峡谷　canyon は「大峡谷」、gully は「小峡谷」
□□□ meadow / pasture	牧草地　ranch は「牧畜場、放牧場」
□□□ arable[farm] land	耕作地
□□□ cape / promontory	岬　strait は「海峡」
□□□ the river basin	河川流域　upper reaches は「上流」
□□□ estuary	（潮の干満のある）河口　inlet は「入り江」
□□□ rapids	早瀬、急流　ford は「浅瀬」
□□□ reservoir	貯水池　cascade は「小滝」
□□□ dike / levee / embankment	堤防

□□□ **oceanography**	海洋学
□□□ **atoll**	環礁、環状サンゴ島　Bikini Atoll は「ビキニ環礁」、coral reef は「サンゴ礁」
□□□ **ocean trench / deep**	海溝　the Mariana Trench は「マリアナ海溝」
□□□ **elevation / above sea level**	海抜　海面からの高さ。「標高」とも呼ぶ
□□□ **the Pacific Rim**	環太平洋　the Ring of Fire は「環太平洋火山帯」
□□□ **breakwater**	防波堤　pier / wharf は「岸壁」
□□□ **land [ground] subsidence**	地盤沈下
□□□ **soil erosion**	土壌浸食　erosion は「浸食」
□□□ **weathering**	風化　chemical weathering は「化学的風化（作用）」、physical weathering は「物理的風化（作用）」
□□□ **crust**	地殻　surface は「地表」、mantle は「マントル」
□□□ **tectonic activity**	地殻活動　tectonics は「構造地質学、地質構造」
□□□ **tremor**	微震　aftershock は「余震」
□□□ **epicenter**	震央　seismic center は「震源地」、seismic intensity は「震度」
□□□ **primary wave**	P 波　地震の縦波。secondary wave は「S 波、第 2 波（地震の横波）」
□□□ **stratum / strata**	地層　crustal movement は「地殻変動」

□□□ **permafrost**	永久凍土層　tundra は「ツンドラ」
□□□ **aquifer**	帯水層　reservoir は「貯水池」
□□□ **active fault**	活断層　fault [tectonic] movement は「断層造構運動」
□□□ **dormant volcano**	休火山　↔ active volcano 活火山、extinct volcano は「死火山」
□□□ **pyroclastic flow**	火砕流　噴火で生じる土砂移動現象
□□□ **molten lava**	（噴き出た）溶岩
□□□ **stalagmite**	石筍（せきじゅん）　洞窟の床にできる石灰質の石
□□□ **intermittent spring / geyser**	間欠泉　周期的に噴き出す温泉
□□□ **quasi-national park**	国定公園　national park は「国立公園」
□□□ **the Paleozoic Era**	古生代　カンブリア紀からペルム紀（5 億 4200 万年前～2 億 5100 万年前）

岩石

□□□ **igneous rock**	火成岩　火成岩は basalt「玄武岩」と granite「花崗岩」に大別される
□□□ **pumice**	軽石　溶岩の冷却時に、ガスが急に逃げ多孔質になったもの
□□□ **gravel**	砂利　graphite は「黒鉛」
□□□ **limestone[stalactite] cave**	鍾乳洞　石灰岩が浸食された洞窟

11 重要「エコロジー & 気象学」語彙をマスター!

エコロジー

Track 190

□□□ biodiversity	種の多様性　food chain は「食物連鎖」
□□□ flora and fauna	動植物　flora、fauna はそれぞれある地域に生息する「植物相」と「動物相」
□□□ alien [nonnative] species	外来種
□□□ deep ecology	ディープエコロジー　全生物の平等生存を説くエコロジーの考え方
□□□ natural habitat	生息地　wildlife sanctuary は「鳥獣保護区」
□□□ biosphere	生物圏　atmosphere は「大気圏」、hydrosphere は「水圏」、lithosphere は「岩石圏」
□□□ de-extinction	種のリバイバル　遺伝子操作による絶滅種の復活
□□□ microorganism	微生物　decomposer は「分解者」
□□□ termite	シロアリ
□□□ carnivorous animal	肉食動物　herbivorous animal は「草食動物」
□□□ nocturnal animal	夜行動物
□□□ aquatic plants and animals	水生動植物　fresh water は「淡水」
□□□ photosynthesis	光合成
□□□ coniferous tree	針葉樹　↔ deciduous tree 落葉樹 perennial plant は「多年生植物」

□□□ **virgin forest**	原生林　windbreak は「防風林」
□□□ **deforestation**	森林破壊　↔ afforestation 植林 desertification は「砂漠化」
□□□ **slash and burn agriculture**	焼畑式農業
□□□ **hydroponics**	水耕栽培　養液を使って植物を栽培する方法
□□□ **ocean dumping**	海洋投棄
□□□ **oil slick [spill]**	流出油
□□□ **radioactive contamination**	放射能汚染
□□□ **incineration site**	焼却場所　incinerator / furnace は「焼却炉」
□□□ **land reclamation / landfill**	埋め立て
□□□ **irrigation**	灌漑　irrigated land は「灌漑地」
□□□ **marine culture**	養殖　tissue culture は「組織培養」
□□□ **liquefaction**	液状化現象
□□□ **ozone depletion**	オゾン枯渇　the ozone layer は「オゾン層」
□□□ **desalination plant**	淡水化施設［設備］
□□□ **sewage treatment**	下水処理　sewer は「下水」、domestic drainage は「生活排水」

□□□ **sludge**	ヘドロ
□□□ **cogeneration**	熱電供給　発電時の排熱を冷暖房に利用するなど同一燃料を2種のエネルギーに変えて利用すること
□□□ **biodegradable [recyclable] materials**	再利用可能物質
□□□ **biomass energy**	バイオマスエネルギー　木くずなど再生可能な動植物資源（化石燃料以外）
□□□ **virtual water**	仮想水　農畜産品や工業製品を生産するのにどの程度の量の水が必要かを推定したもの
□□□ **carbon footprint**	二酸化炭素排出量　ecological footprint は「人為的な環境負荷」
□□□ **emission trading**	排出権取引　温室効果ガス排出権を売買する仕組み。zero emission は「排ガスのないこと」
□□□ **urban mine**	都市鉱山　大量廃棄される家電製品の中の有用資源
□□□ **back-end cost**	後処理費用　原子力発電後に必要な、使用済み燃料の保管、再処理、放射性廃棄物の処分などの費用
□□□ **the (urban) heat island phenomenon**	ヒートアイランド現象［略：UHI］　都市部の気温が郊外部よりも高くなる現象
□□□ **hormone-disrupting chemicals**	環境ホルモン、内分泌攪乱（かくらん）物質
□□□ **shale gas**	シェールガス　地中の硬い頁岩（けつがん）の岩盤に閉じ込められた天然ガス

気象学

Track 191

□□□ **climatology**	気候学、気象学
□□□ **the Frigid Zone**	寒帯　the Temperate Zone は「温帯」、the Torrid Zone は「熱帯」

□□□ **tropical cyclone**	熱帯低気圧
□□□ **hazard map**	災害予測図
□□□ **ebb and flow**	潮の干満　red tide は「赤潮」
□□□ **precipitation**	降水（量）
□□□ **hail**	ひょう　sleet は「みぞれ」、blizzard は「大吹雪」
□□□ **downpour / torrential rain / cloudburst**	どしゃ降り　drizzle は「霧雨」
□□□ **pressure trough**	気圧の谷
□□□ **dew point**	露点　大気中の水蒸気が冷却して露を結び始める時の温度
□□□ **mirage**	蜃気楼（しんきろう）　mist は「霧、かすみ」、haze は「もや」
□□□ **vernal [spring] equinox**	春分　winter solstice は「冬至」
□□□ **inundation / submersion under water**	浸水
□□□ **avalanche / snowslide**	なだれ
□□□ **natural convection**	自然対流
□□□ **gale**	強風、大風、疾風　gale warning は「強風注意報」
□□□ **blizzard**	大吹雪　tempest は「暴風雨［雪］」

12 重要「物理・電気・機械」語彙をマスター！

物理

Track 192

□□□ kinetic energy	運動エネルギー　potential energy は「位置エネルギー」
□□□ the law of inertia	慣性の法則　inertial force は「慣性力」
□□□ centrifugal force	遠心力　centripetal force は「求心力」
□□□ hydraulic power	水力　hydraulic pressure は「水圧」
□□□ infrared rays	赤外線　ultraviolet rays は「紫外線」
□□□ convex lens	凸レンズ　concave lens は「凹レンズ」
□□□ fission	分裂　nuclear fission は「核分裂」（原子核が 2 個の原子核に分裂する現象）、nuclear fusion は「核融合」（軽い原子核が融合して重い原子核になる反応）
□□□ quantum	量子　quantum mechanics は「量子力学」
□□□ static charge [electricity]	静電気
□□□ superconductivity	超伝導　絶対零度近くで電気抵抗がゼロになる現象。superconductor は「超伝導体」
□□□ insulation / insulator	絶縁、絶縁体
□□□ feasibility test	実現可能性試験　feasibility study は「予備調査」
□□□ the Doppler effect	ドップラー効果　波源と相対的に運動している観測者が測定する振動数が波源の振動数と異なる現象
□□□ aerodynamics	空気力学　気体の運動に関する学問。thermodynamics は「熱力学」

□□□ **optics**	光学　optical fiber は「光ファイバー」
□□□ **acoustics**	音響学　acoustic wave は「音波」
□□□ **electromagnetic wave**	電磁波　electromagnetic field は「電磁場」
□□□ **electromagnetic force**	電磁力　電流と磁界の相互作用で生じる力
□□□ **high resolution**	（画面や印刷の）高解像度

電気

Track 193

□□□ **blackout / power failure**	停電　mean power は「平均電力」
□□□ **dynamo / electric generator**	発電機
□□□ **fluorescent light [lamp]**	蛍光灯　incandescent lamp は「白熱電球」
□□□ **photovoltaic cell**	光電池　光を電気エネルギーに変える装置。photovoltaic power generation は「太陽光発電」
□□□ **ceramic capacitor**	セラミックコンデンサー　capacitorは「コンデンサー（蓄電器）」。condenser（熱交換機）は自動車用語
□□□ **electrolysis**	電気分解　electrode は「電極」、electrolyte は「電解質」、electrolyte solution は「電解液」
□□□ **thermal power generation**	火力発電　hydroelectric power generation は「水力発電」、nuclear power generation は「原子力発電」、geothermal power generation は「地熱発電」
□□□ **spent nuclear fuel reprocessing plant**	使用済み核燃料再処理工場
□□□ **decontaminate**	除染する

機械

Track 194

□□□ elasticity	弾性
□□□ ductility	延性　物質が弾性の限界を超えても破壊されずに引き伸ばされる性質。malleability は「可鍛性」
□□□ combustible	可燃性の　incomplete combustion は「不完全燃焼」
□□□ regeneration	再生　reinforcement は「強化」
□□□ altimeter	高度計
□□□ fuselage	機体、胴体
□□□ glitch	機械の不調［故障］
□□□ arc welding	アーク溶接　溶接対象と電極の間に生じさせた放電現象（アーク放電）を利用した溶接法

13 重要「化学」語彙をマスター！

化学薬品・物質

Track 195

□□□ antiseptic	消毒剤・防腐剤　preservative は「保存料・防腐（防虫）剤」
□□□ desiccant	乾燥剤　detergent は「中性洗剤」
□□□ lubricant	潤滑油［剤］
□□□ chemical herbicide	化学除草剤　chemical fertilizer は「化学肥料」
□□□ carbohydrate	炭水化物　hydrocarbon は「炭化水素」
□□□ sulfuric acid	硫酸　sulfurous acid gas は「亜硫酸ガス」
□□□ acrylic resin	アクリル樹脂
□□□ saline water	塩水

その他

□□□ catalyst	触媒
□□□ evaporation / vaporization	気化、蒸発　distillation は「蒸留」、solidification は「凝固」
□□□ fermentation	発酵　fermented milk は「発酵乳」
□□□ gold plating	金めっき
□□□ metallurgy	冶金（やきん）　welding は「溶接」、casting は「鋳造」

14 重要「医学・心理学」語彙をマスター！

医療全般

Track 196

□□□ congenital disease	先天性疾患　hereditary disease / genetic disorder は「遺伝病」
□□□ biomimicry	生体情報科学　生物の構造や機能から着想を得て、それらを人工的に再現する技術
□□□ iPS cell	iPS 細胞　人工多能性幹細胞ともいう
□□□ remission status	寛解状態　痛み・病状などが一時的あるいは継続的に軽減またはほぼ消失すること
□□□ active euthanasia / mercy killing	積極的安楽死／安楽死
□□□ death with dignity	尊厳死
□□□ comatose patient	昏睡状態の患者
□□□ suspended animation	仮死状態
□□□ malpractice liability	医療過誤責任　misdiagnosis は「誤診」
□□□ healthspan	健康寿命　医者にかからず健康でいる期間
□□□ ophthalmologist	眼科医
□□□ orthodontist	歯科矯正医　cosmetic [aesthetic] dentist は「審美歯科医」
□□□ orthopedic[plastic] surgeon	整形［形成］外科医
□□□ prosthetic limb	義肢

□□□ **pediatrician**	小児科医　obstetrician は「産婦人科医」
□□□ **artificial insemination**	人工受精　in vitro insemination は「試験管内［体外］受精」、semen は「精液」
□□□ **oral contraceptive**	経口避妊薬
□□□ **paramedic**	救急救命士
□□□ **cardiopulmonary resuscitation [CPR]**	心肺蘇生法、人工呼吸
□□□ **hypnotherapy / hypnotic therapy**	催眠療法　chemotherapy は「化学療法」
□□□ **immune therapy**	免疫療法　therapeutic effect は「治療効果」
□□□ **holistic approach**	心身一体的アプローチ
□□□ **osteopathy**	整骨療法　chiropractic treatment は「背骨矯正」
□□□ **moxibustion**	灸　acupuncture は「鍼(はり)治療」
□□□ **mastectomy**	乳房切除術
□□□ **endoscopic treatment**	内視鏡的治療　endoscopic operation は「内視鏡手術」
□□□ **cryosurgery**	冷凍外科手術　appendix operation は「盲腸の手術」
□□□ **local anesthesia**	局部麻酔　general anesthesia は「全身麻酔」
□□□ **kidney dialysis**	人工透析、腎臓透析

□□□ living liver transplantation	生体肝移植
□□□ corneal transplant	角膜移植
□□□ intravenous drip	点滴　intravenous injection は「静脈注射」
□□□ antibiotic	抗生物質　antidote は「解毒剤」、sedative は「鎮静剤」
□□□ tetanus vaccination	破傷風ワクチン接種
□□□ bone marrow transplant	骨髄移植
□□□ electrocardiogram	心電図　gastrocamera は「胃カメラ」
□□□ stethoscope	聴診器　hearing aid は「補聴器」
□□□ hallucinogenic drug	幻覚剤　stimulant は「覚せい剤」
□□□ placebo effect	擬似薬効果　panacea [cure-all] は「万能薬」
□□□ Medicaid eligibility	(米) メディケイド [低所得者と身障者を対象とする国民医療保障制度] 受給資格
□□□ twenty-twenty vision	正常な視力

人体

Track 197

□□□ lymphatic gland	リンパ腺　thyroid gland は「甲状腺」、prostate gland は「前立腺」
□□□ bodily secretion	分泌液　internal secretion は「内分泌」

□□□ **the endocrine system**	内分泌系　growth hormone は「成長ホルモン」、corticosteroid は「副腎皮質ホルモン」
□□□ **cerebral cortex**	大脳皮質　adrenal cortex は「副腎皮質」
□□□ **hypothalamus**	視床下部　pituitary gland は「脳下垂体」、pineal gland は「松果腺」、amygdala は「扁桃体」
□□□ **eardrum**	鼓膜　lobe は「耳たぶ」
□□□ **pancreas**	すい臓
□□□ **genitals / genital organ**	性器
□□□ **goose pimples[bumps]**	鳥肌
□□□ **dimple**	えくぼ　mole は「ほくろ」、skin blemish は「肌のシミ」、pimple は「吹き出物」
□□□ **rib**	肋骨　clavicle / collarbone は「鎖骨」、skull は「頭蓋骨」
□□□ **shoulder blade**	肩甲骨　pelvis は「骨盤」
□□□ **umbilical cord**	へその緒
□□□ **wisdom tooth**	親知らず　canine tooth は「犬歯」

病名

Track 198

□□□ **cedar pollen allergy**	スギ花粉症
□□□ **atopic dermatitis**	アトピー性皮膚炎　dermatologist は「皮膚科医」

□□□ **rheumatoid arthritis**	リュウマチ性関節炎　bone dislocation は「脱臼」
□□□ **osteoporosis**	骨粗鬆症
□□□ **migraine**	偏頭痛　subarachnoid hemorrhage は「クモ膜下出血」
□□□ **arteriosclerosis**	動脈硬化（症）
□□□ **depression-associated insomnia**	うつに関連する不眠　hypersomnia は「過眠症」
□□□ **sleep apnea syndrome (SAS)**	睡眠時無呼吸症候群　hyperventilation は「過呼吸」
□□□ **autonomic imbalance**	自律神経失調症
□□□ **gastric[stomach] ulcer**	胃潰瘍
□□□ **plaque**	歯垢　full denture は「総入れ歯」
□□□ **cardiac disease**	心臓病　cardiac arrest は「心臓の停止」
□□□ **cerebral hemorrhage**	脳出血　stroke は「脳卒中」
□□□ **tuberculosis**	結核　cardiopulmonary function は「心肺機能」
□□□ **leukemia**	白血病　scurvy は「壊血病」
□□□ **hemophilia**	血友病　hemophiliac は「血友病患者」
□□□ **hepatitis**	肝炎　cirrhosis は「肝硬変」

□□□ **epilepsy**	てんかん　epileptic seizure は「てんかん発作」
□□□ **convulsion**	けいれん　withdrawal symptom は「禁断症状」
□□□ **menopausal discomfort [disorder]**	更年期障害　menopause / change of life は「更年期」、menstrual [period] pain [cramps] は「月経痛」
□□□ **cataract induction**	白内障誘発　glaucoma は「緑内障」
□□□ **detached retina**	網膜はく離　pupil は「瞳孔」、iris は「虹彩」
□□□ **paranoia**	偏執病、被害妄想
□□□ **Stockholm syndrome**	ストックホルム症候群　誘拐や監禁事件の被害者が生存戦略として、犯人に深い同情や好意を抱くようにすること

15 重要「先端科学技術」語彙をマスター！

AI

Track 199

□□□ deep learning	ディープラーニング　脳の認知機能をモデルとした神経回路網を利用した人工知能（AI）技術
□□□ neural network	ニューラルネットワーク　人間の脳の神経回路をモデルにした人工知能の情報処理システム

コンピュータ・IT

□□□ quantum computer	量子コンピュータ
□□□ data mining	データマイニング　大量の情報の中から有意な情報を発掘する技術
□□□ grid computing	グリッド・コンピューティング　複数のコンピュータを用いて高速処理する方法
□□□ molecular computing	分子コンピューティング　ナノテクを用いて性能を向上させる試み
□□□ biometrics	バイオメトリクス　biometric identification とも呼ぶ、指紋・顔・音声認証などの生体認証。biometric passport は「バイオメトリック・パスポート（生体識別情報を含む）」
□□□ smart fabrics	スマート織物　布地にコンピュータチップを入れた織物
□□□ emoticon	顔文字
□□□ skimmer	スキマー　カード磁気情報読み取り機
□□□ malware	コンピュータウィルス、破壊ソフト
□□□ phishing	フィッシング　金融機関を装うなどの手口で、パスワードなどの個人情報を搾取する行為
□□□ pharming	ファーミング　金融機関を装った偽サイトへ自動的に誘導し、個人情報を得ようとする手口

□□□ wired society	ネットワーク社会

遺伝子工学

□□□ Frankenfood	遺伝子組み換え食品 = genetically modified food、transgenic food
□□□ designer baby	デザイナーベビー　受精卵の遺伝子操作により、親が望む外見・体力・知力を持たせた子ども
□□□ vector	ベクター、遺伝子運搬因子　遺伝子組み換え操作のときに、遺伝子を細胞内に入れるために用いられる

医学

□□□ tissue engineering	再生医療、生体組織工学
□□□ complementary and alternative medicine(CAM)	相補・代替医療、補完代替医療　西洋医学以外の治療法
□□□ oxytocin	オキシトシン　脳の下垂体から分泌されるホルモン。幸福感を得られるため「幸せホルモン」と呼ばれる
□□□ trans fatty acid	トランス脂肪酸（TFA）　摂りすぎると動脈硬化の原因になる物質
□□□ avian influenza、avian flu	鳥インフルエンザ
□□□ ADHD(attention-deficit hyperactivity disorder)	注意欠陥・多動性障害
□□□ biobank	生体バンク、生体貯蔵所
□□□ Embryonic Stem cell	ES 細胞（胚性幹細胞）
□□□ eternity leave	末期看護休暇、末期介護休暇

見出し語 索引

見出し語として掲載した単語や句動詞（イタリック体）のチェック用に利用してください。番号は掲載ページを示しています。

G

H

I

J

K

L

T

著者略歴

植田一三（うえだ・いちぞう）

英悟の超人（amortal philosophartist）英語の勉強を通じて人間力を鍛え、自己啓発・実現を目指す「英悟道」、Let's enjoy the process（陽は必ず昇る）をモットーに、36 年以上の指導歴で、英検 1 級合格者を約 2400 名、資格 5 冠（英検 1 級、通訳案内士、TOEIC980 点、国連英検特 A 級、工業英検 1 級）突破者を 120 名以上育てる。ノースウェスタン大学院コミュニケーション学部修了後、テキサス大学博士課程に留学し、同大学で異文化コミュニケーションを指導。著書は中国語、韓国語、日本語学習書と多岐に渡り、その多くはアジア 5 か国で翻訳されている。

上田敏子（うえだ・としこ）

アクエアリーズ英検 1 級・国連英検特 A 級・通訳案内士・工業英検 1 級講座講師。バーミンガム大学院修了、日本最高峰資格「工業英検 1 級」「国連英検特 A 級」優秀賞取得、英検 1 級、TOEIC 満点、通訳案内士国家資格取得。鋭い異文化洞察と芸術的鑑識眼を備え、英語教育を通して多くの人々を救わんとする、英語教育界切ってのワンダーウーマン。主な著書に『英語で経済・政治・社会を討論する技術と表現』、『英検全級ライティング＆面接大特訓シリーズ』、『英語で説明する日本の文化シリーズ』がある。

Michy 里中（ミッチー・サトナカ）

アクエアリーズ英検 1 級講師。ビジネス会議通訳者。ロサンゼルスで長期に渡りショー・ビジネス通訳・翻訳業務に携わる。大手企業での TOEIC 講座やビジネス英語指導経験も豊富で、歴史文化財の英文翻訳にも携わる。英検 1 級・TOEIC990 点満点・通訳案内士国家資格取得。主な著書に『英検 1 級ライティング大特訓』（アスク出版）、『英会話フレーズ大特訓ビジネス編』『英検 1 級面接大特訓』（J リサーチ出版）、『発信型英語類語使い分けマップ』（ベレ出版）、『21 日で速習！社内公用語の英語の重要表現 600』（明日香出版）などがある。

田中秀樹（たなか・ひでき）

アクエアリーズ大阪心斎橋校マネージャー＆教材制作部長。アクエアリーズの英語のプロ・達人養成講座である、「英検 1 級・準 1 級・国連英検特 A 級・通訳案内士・工業英検 1 級講座」の全教材制作とアクエアリーズの全出版物の校正を担当。教材制作をクリエイティブアート＆ライフワークととらえ、超一流のマテをクリエイトするために、年中無休で教材作成に心血を注ぐ教材作りの「鬼」と異名を取る。

省エネ合格でる単語だけ大特訓

英検1級 TOP800

2020年1月28日　初版　第1刷発行

編著者　植田一三
著　者　上田敏子、Michy 里中、田中秀樹
発行人　天谷修平
発　行　株式会社オープンゲート
〒101-0051
東京都千代田区神田神保町 2-14SP 神保町ビル5階
Tel. 03-5213-4125　Fax. 03-5213-4126

ISBN978-4-9910999-0-8

乱丁、落丁、音声の不具合がありましたら、弊社までご連絡ください。

装丁　株式会社カニカピラ／宮村ヤスヲ
カバー・表紙イラスト　八重樫王明
本文デザイン・DTP　清水裕久（Pesco Paint）
印刷・製本　株式会社光邦
音声制作協力　ジェイルハウス・ミュージック

DERU-TAN
DAKE